荊楚文庫

鄧文濱集

〔清〕鄧文濱 著
眉睫 編校

荊楚文庫編纂出版委員會
華中師範大學出版社

荊楚文庫

鄧文濱集

DENGWENBIN JI

圖書在版編目 (CIP) 數據

鄧文濱集 / 〔清〕鄧文濱 著

眉睫 編校

—武漢 : 華中師範大學出版社 , 2016.12

ISBN 978-7-5622-7615-9

Ⅰ . ①鄧…

Ⅱ . ①鄧… ②眉…

Ⅲ . ①筆記—中國—清代

Ⅳ . ① K249.066

中國版本圖書館 CIP 數據核字（2016）第 295445 號

責任編輯：張建英

整體設計：范漢成　曾顯惠　思　蒙

責任校對：魏耀武

責任印制：王興平

出版發行：華中師範大學出版社

地址：湖北省武漢市洪山區珞喻路 152 號

電話：027-67863426（發行部）　郵政編碼：430079

録排：桂子工藝

印刷：湖北新華印務有限公司

開本：720mm × 1000mm　1/16

印張：22 .25

字數：309 千字

版次：2017 年 6 月第 1 版　2017 年 6 月第 1 次印刷

定價：77.00 元

ISBN 978-7-5622-7615-9

9 787562 276159 >

出版説明

湖北乃九省通衢，北學南學交會融通之地，文明昌盛，歷代文獻豐厚。守望傳統，編纂荆楚文獻，湖北淵源有自。清同治年間設立官書局，以整理鄉邦文獻爲旨趣。光緒年間張之洞督鄂後，以崇文書局推進典籍集成，湖北鄉賢身體力行之，編纂《湖北文徵》，集元明清三代湖北先哲遺作，收兩千七百餘作者文八千餘篇，洋洋六百萬言。盧氏兄弟輯録湖北先賢之作而成《湖北先正遺書》。至當代，武漢多所大學、圖書館在鄉邦典籍整理方面亦多所用力。爲傳承和弘揚優秀傳統文化，湖北省委、省政府決定編纂大型歷史文獻叢書《荆楚文庫》。

《荆楚文庫》以“搶救、保護、整理、出版”湖北文獻爲宗旨，分三編集藏。

甲、文獻編。收録歷代鄂籍人士著述，長期寓居湖北人士著述，省外人士探究湖北著述。包括傳世文獻、出土文獻和民間文獻。

乙、方志編。收録歷代省志、府縣志等。

丙、研究編。收録今人研究評述荆楚人物、史地、風物的學術著作和工具書及圖册。

文獻編、方志編録籍以 1949 年爲下限。

研究編簡體横排，文獻編繁體横排，方志編影印或點校出版。

《荆楚文庫》編纂出版委員會

2015 年 11 月

前　　言

鄧文濱及其所處的時代

鄧文濱（1811—1893），字渭卿，號南陽布衣，湖北黄梅人，是晚清的一位不第秀才，後以增貢終老。如同當時大部分士子一樣，鄧文濱也是半生蹉跎於科考途中。道光十三年，鄧文濱與伯父鄧士芹暨同邑世家子帥遠燡（文毅）同補博士弟子員，時年二十二歲。後十八年鄉試不第，咸豐辛亥科（1851 年）始被批中，恰遇當年“九月初三日正考官卒於闈，副考官始遺之”；己未科（1859 年）參與北闈順天鄉試時，題名時再次以額滿見遺。此時鄧文濱年近五旬，已是半百之身。

對於這段半生的科舉經歷，同邑進士帥培寅（畏齋）在《南陽布衣鄧渭卿公傳》中總結道：“公諱文濱，字渭卿，蘄黄之名宿也。幼穎慧，讀書有神勇，於古今載籍，一經寓目，皆能甄差派系，探索本源。爲文萬言立就。年二十，與家伯文毅公同補博士弟子員。以優行，後晋增廣生。累應鄉試，爲南北主司所激賞，而辛亥、己未兩科文藝尤爲士林傳誦。及下第時，人皆爲扼腕。公轉欣然，謂：‘科名爲利禄階梯，余之志趣本不在是。今而後可以謝親族矣！’遂棄去，專究心經世之學。”

同邑舉人洪聯芳亦在《醒睡録》序中云：“先生爲邑知名士，天才宿構，困諸生累年。值粤賊跳梁，鬱鬱適燕趙，戰北闈，不捷。遂絶意進取，留心著作，以維風教而翼綱常。”

在這段“鬱鬱適燕趙”的人生經歷中，鄧文濱曾短期擔任過候補詹事府主簿這樣的虚銜，但不久亦失望而去。這似又與他的性格剛直有關。帥畏齋在《南陽布衣鄧渭卿公傳》中這樣描寫他的性格：“公性抗直，篤於至行。生平喜游歷，舟車南北，所至必交其賢豪英俊。然遇有言行不能相顧者，輒當面揮斥，不稍假易。以故海内外聞公名者，靡不争相接納，思一見爲幸。公之德量服人有如此者。”洪聯芳在《醒睡録》序中也對鄧文濱的性格、形象做過類似的描繪：“芳耳其名最久，歲戊辰，始親光霽，每談事時，目如炬，聲如洪鐘，不作囁嚅態，洵所謂鐵中錚錚者。今覽是圖，意態宛然，而顧名思義，與《易》用晦而明之道，適有合焉；獨清獨醒，不意三閭氏猶在人間也。《離騷》而後，先生其嗣響乎？”

洪聯芳是鄧文濱的子侄輩，帥畏齋爲其孫輩，可見自晚清以來，鄧文濱不但在同輩眼中，而且在子孫輩心目中也是一位剛正不阿、關切時事的民間士子。

鄧文濱之所以由汲汲於仕途，一轉爲傷時罵世、憤世嫉俗，這與他所處的時代是密不可分的。鄧文濱所成長的道光、咸豐年間，已是中國急劇走下坡路的時代。鄧文濱的悲劇命運，表面是個人運氣不好所致，更深層的原因是時代所致。在他的朋友中，即使有運氣好、出身好的，最終也不幸成爲時代的殉葬者。比如與他同一年中秀才的摯友帥遠燡，他爲嘉慶探花、浙江巡撫帥承瀛的長孫，自幼聰明，又出身顯貴，二十成拔貢，二十四歲由道光帝親賜舉人，三十歲即中進士，同年和曾國藩的另三位門生郭嵩燾、李鴻章、陳鼐一起高中，被時人譽爲“丁未四君子”。咸豐初即位，太平軍揮師長江，後帥遠燡徒步到湖南力請曾國藩出山，自募千人投效，不幸於咸豐七年被石達開斬殺。鄧文濱痛定思痛，爲摯友寫下挽聯：“白簡奏彤廷，數千言字挾風霜，今日實踐躬行，所謂不負吾君不負吾學；縞衣濡碧血，一個臣身騎箕尾，後人讀書論世，如此可以教孝可以教忠。”（商宏志提供）然而，此時的鄧文濱還未對清廷絶望，仍“鬱鬱適燕趙”，徘徊於京城，以圖有所效力。

直至太平軍“騷亂長江，梅土受害較鄰邑爲甚”，鄧文濱才懷着滿腔怒憤回到黄梅。帥畏齋在《南陽布衣鄧渭卿公傳》中説：“公留心桑梓，不肯聽其崩潰，因採古之兵法，建議修砦，與公之介弟達甫等創築萬家堡於邑西北大山中，壘石爲城，誅茅爲室，以杜皖贛游匪之後。”鄧文濱的另一位摯友喻同模在《萬家堡略》序中説："咸豐初，賊竄黄梅，寸土蹂躪。鄧子渭卿與其兄弟居龍坪①山中，出私山築堡，曰萬家堡，以號召一村一鄉，使各各爲其財穀妻孥守，而他鄉村之願附者聽。於是一人之自爲守，而不啻爲一村一鄉守。即鄧氏兄弟之能爲一村一鄉守，而適所以自爲守。負隅乘勢，力雖弱而强也；死生相依，情雖涣而聚也。使賊進無可掠，退無所據，堅壁清野之法莫善於此。"

萬家堡既救了族人和家眷，又救了一批朋友，比如同邑同治元年進士梅雨田就曾攜眷到萬家堡避難，今留下石刻之避難詩："古芳（即梅雨田）攜眷避亂處，渭卿（即鄧文濱）摩崖萬仞顛。清風明月聯知己，終古兩人互爲緣。"保衛桑梓是鄧文濱樸素的家國情懷，但他没有找到時代巨變的深層次原因，衹能一味地痛罵太平軍。回到黄梅後，鄧文濱除了構築萬家堡，還開始了"維風教而翼綱常"的教化活動。他在五祖寺、老祖噴雪崖、南山南烏崖、西山碧玉流、萬家堡火焰洞等處，留下了摩崖石刻大小共百餘字。其中五祖寺的"福"、"德"二字爲巨型石刻，約兩米見方，至今爲文人騷客流連之地。與此同時，鄧文濱又催促時任知縣覃瀚元纂修《黄梅縣志》，並"助其編纂"，於是給後人留下了一部堪稱"古代黄梅百科全書"的光緒丙子縣志。帥畏齋贊曰："吾邑士民猶能擅研志乘，稽考文獻者，要非公之幸劬不能得此。"

鄧文濱著述頗富，除《醒睡録》外尚有《萬家堡略》二卷、《餘園古文》六卷、《南陽家言》一卷、《楹聯觸書》一卷、《示兒草》前後篇各兩卷、《蠶桑輯要》兩卷、《堅壁清野略》一卷、《平原堡基式》兩卷、《水守事宜》一卷、《粵逆榧聞》四卷（以上書名均據商宏志兄文，採自黄梅鄧氏宗譜），惜乎今已不存。即便是《醒睡録》已經出版的也衹是初集十卷，其實尚有餘集二十卷、續集八十卷，也已不存於世了。從留下的這些書名來看，在時代的激蕩下，鄧文濱也確實"遂棄去，專究心經世之學"了。

---

① "龍坪"今作"壠坪"，後不贅述。

鄧文濱生於嘉慶辛未年（1811 年）五月二十日，歿於光緒十八年臘月二日晨，享年八十二歲。他的祖父鄧朋是歲貢生，候補訓導。父親鄧士藻也是歲貢生。二弟文煥同治元年中舉，其他兄弟、子侄也多爲秀才、貢生。他的家族是一個典型的下級科舉世家。

《醒睡録》的價值與影響

《醒睡録》作爲一部晚清的筆記體實録，具有極重要的史料價值，並在一定的歷史時期産生過影響。這種影響還將繼續擴大，它的價值正漸漸爲人所知。其史料保存之功，不勝枚舉。

首先，在《醒睡録》裏可以找到大量村鎮的名字，尤其是作者所在的黄梅的各村鎮。鄧文濱將目光投向了底層百姓，寫出了他們在時代巨變中的困頓與苦痛。這在古代文人筆記中是極其罕見的。這是《醒睡録》作爲一部文人筆記最閃光的地方，也與作者的底層鄉紳身份相契合，因爲他具備了與底層百姓接觸的生活基礎。

其次，《醒睡録》對於研究晚清歷史尤其是太平天國史具有一定的史料價值。目前學術界在研究太平天國時，雖對《醒睡録》還不够重視，但亦有學者從中擇取史料。鄧文濱爲一鄉紳，曾築萬家堡以抵制太平軍，在書中處處都稱太平軍爲“粵逆”，但他的記載卻從另一個側面爲我們研究太平天國提供了一些史實。

如“哭不足以濟事”：“咸豐三年冬，粵逆由揚州兩淮至大河南北，擾山東山西界，回竄天津衛，有竊窺宸垣意。炮聲如雷，京師震動，都中大員家眷，及官紳商民，無不各鳥獸散。正陽門外，大市若荒郊，無人跡。時上初服，英武明斷，召王公四輔六部九卿等會議，皆涕泣喪膽，眼眶腫若胡桃。上曰：‘哭不足以濟事，要備長策。’”結合太平天國史實，當爲咸豐三年林鳳祥、李開芳率軍北伐一事。薛福成《庸庵筆記》中“訥相臨洺關之敗”也載：“倉皇失措，車馳卒奔，萬餘人潰散略盡。”從這些史料中，我們可以見出太平軍北伐之初的强勁鋒芒。如果太平天國支持北伐，林鳳祥等或不至於早早戰死。太平天國建都南京後，是固守南京，還是揮師北伐，這一關鍵的決策，領導層内部没有達成一致，最終龜縮於南京，其日後的失敗命運由此似可見一斑。

再如“賣脱父親能抵課”：“吾鄉自粤逆猖獗，貧民多挾賊淩富，而佃風大壞，舞弊名色多……是區區者，能有幾何……此種佃風，除山業外，闔邑皆然，而西北鄉尤甚。西北之中，而金陵、元角、什村、茶兒等鎮尤甚。”另一則筆記顯示太平軍駐守黄梅時，百姓皆抗交租稅，此一作風甚至延續至光緒初年。這種現象與太平天國頒佈《天朝田畝制度》或有極大關係。《天朝田畝制度》提出“耕者有其田”，試圖建立一個“有田同耕，有飯同食，有衣同穿，有錢同使，無處不均匀，無人不飽暖”的絶對平均主義的理想社會。從《醒睡録》反映的民間種種現象來看，太平天國提出的平分土地雖然並未實行，但自《天朝田畝制度》頒佈以後，一些農民卻奪得了部分土地，並敢於少交或不再向地主交糧納租。

《醒睡録》中也有直接反映太平天國的史料。如有關太平天國的紀事詩《獨秀峰壁題三十首》之後，録有湘軍大將李元度《招石逆降書四千言》一文。單從保存這一篇文章而言，就功莫大焉，何况此文對於研究石達開具有極大的價值。此文雖也曾在光緒十三年《金陵兵事匯略》（李圭著）中有所收録，但鄧文濱的文本更詳實、可靠，且早於《金陵兵事匯略》二十年。鄧文濱記録此招降書，離招降書的創作時間不到十年，更爲接近歷史現場。招降書内提到“天京事變”，清廷洞悉天國内訌，石達開出走，招降書就在此背景下應運而生。歷史證明，石達開終究不爲所動，體現了一代名將的風範。《招石逆降書四千言》成爲“天京事變”餘波的重要證據，也成爲太平天國史上一段重要的史料。如果没有《醒睡録》如此詳細的記載，中國戰争史上將少了這一份招降書。

再次，《醒睡録》具有一定的詩話特徵，爲我們研究文學史提供一些史料。比如，“霰雪”載：“道光二十一年仲冬月初一至初十大雪十晝夜。先三日狂風暴烈，積霰五寸許，地面堅凝如鐵。後七日，積雪厚者盈丈，淺亦五六尺，摧民房無算。間有存者，不得其門出入。缺薪菜鹽米，缶釜皆凝裂粉碎，餓斃無算。邑萬家山農夫李某，親迎輿夫及新郎夫婦，雪擁宿於路。其父持火迎接，没雪中，逾數日，始尋其屍。城内罷市，邑令雇人挑挖，冰雪中屍骸枕藉，皆行人凍僵而自殭於雪中者也。邑孝廉蔣西泉（恩瀛）有《挑雪辭》數百言，辛酸令人不忍卒讀。湖濱渡船，始爲冰隔，繼爲雪擁，人遥望不能設法救解，凍餓壓沉而死者，不知凡幾。閱月餘而冰雪始泮，鳥獸死者山積，一奇災也。然自後屢得豐年。”文後即附黄梅舉人蔣恩瀛的長詩《挑雪辭》，其中有云：“挑雪雪已凍，挖雪聲砰磞。一兒忽叫呼，棄鉏走且奔。拉衆前往視，鉏下雪深乃有凍死人。”的確感人至深，不禁淚下。蔣恩瀛著有傳世名作《青燈淚》，對吴宓、湯用彤影響很大，湯用彤自謂一家人皆可背誦。如若不是《醒睡録》記下《挑雪辭》，吾人更將何處找尋？

世人皆知一副名聯：“有志者，事竟成，破釜沉舟，百二秦關終屬楚；苦心人，天不負，卧薪嚐膽，三千越甲可吞吴。”它的作者是誰卻説法不一，一般都公認爲是蒲松齡所作。而《醒睡録》中“掇取科名要志堅”卻説：“吾邑前明孝廉胡寄垣初入學，試下等，憤甚，即登樓讀書，不下梯者三年。自題云：‘有志者，事竟成，破釜沉舟，百二秦關終屬漢；苦心人，天不負，卧薪嚐膽，三千越甲遂吞吴。’後數年遂中。楚北廣濟金會公嘉德居龍坪市，未第時，門前春聯云：‘龍坪千數家，富過我，窮莫過我；鵬程九萬里，時讓人，志不讓人。’年六十，中會元，爲名太史。”胡寄垣爲明代人，而蒲松齡爲清代人，如爲胡寄垣所作，則肯定早於蒲松齡。這一則不經意的史料，又爲我們解開名聯的作者之謎。

如果要説《醒睡録》的影響，這裏可舉錢鍾書曾引用該書爲例。錢鍾書在《談藝録》中説：“换句話説，他們用到 fleshy，bony（多肉的，多骨的）等等，都是指文章的變態説，不是指文章的常態説，不僅説文章有肉有骨，還説文章肉肥如豕或骨瘦如豺，不但是存在判斷，並且是價值判斷，是善惡美醜的批評，不是有無是非的描寫。”然後，錢鍾書在“骨瘦如豺”下自注道：“依照《醒睡録》中故事，改柴作豺，與豕相配。”讓人忍俊不禁。據查閲《醒睡録》，“有眼難分黑白地”一則當首即云：“某中丞，年逾六旬，面瘦如豺，鬚髭旁出，若貓虎狀。”可見錢鍾書所引不假。另外，民國學者王伯祥在其所著《庋榢偶識》一書也對《醒睡録》進行了專文介紹。

《中國叢書綜録》曾將《醒睡録》列於小説家類，認爲它是一本清末傳奇小説集，並稱“是書分十卷，卷一爲序文、題詞、例言、總目等，卷二起爲正文，分天地、世運、人事、人物、鬼神五類。……序文有同治七年自記，稱本書係憶兒時所記可泣可歌、可驚可愕、可嬉笑怒罵、可痛哭太息之事而爲”。可見在一些目録學著作裏，也未將《醒睡録》遺漏。

從黄梅一邑的文獻角度看，筆記體著作最富價值且負盛名的當屬喻文鏊之《考田詩話》、鄧文濱之《醒睡録》和喻血輪之《綺情樓雜記》。此三書皆能將時代與地域相結合，成爲可讀性極强的筆記體著作。

《醒睡録》的版本情況

《醒睡録》自問世以來，公開印行出版大致有四五次。按館藏信息，初印本似爲同治七年刻本，上海申報館版。光緒初年仍由上海申報館推出鉛印仿聚珍版。目前在孔夫子舊書網查得兩種申報館本，一爲“申報館仿聚珍板印”，一爲“申報館仿聚珍版式重印”，此二種版本内文版式相同，均爲一函六册十卷。入民國後，1935 年大達圖書供應社又推出新版，由周去病配以新式標點。1970 年，臺灣廣文書局又將此書影印再版，使用的底本即爲大達圖書供應社版。綜以上情況看來，《醒睡録》其實衹有兩種版本，一爲晚清之申報館本，一爲民國之大達圖書供應社版。

然而還有一點值得注意的是，《醒睡録》有作者自記作於同治七年夏，又有同邑舉人洪聯芳所作序言，據序言云“歲戊辰，始親光霽”，戊辰當爲同治七年，而洪聯芳則於同治六年中舉。由此可以看出《醒睡録》初刻本不會早於同治七年。但據現存《醒睡録》卻有幾則提及光緒年間之事，最晚至光緒七年。

如“迅雷頻擊天有眼”：“某縣令署梅三年，倚當路聲勢，門丁用事，無政不苛。光緒六年，邑東北鄉，蛟水陡起，城地幾成澤國。士民呈災，視爲兒戲。上岸天怒，雷擊衙署者三，本官鬚髮俱焚，蛟水甫退，虎入城市，聞者無不駭栗。”

再如“數月不斃地無皮”：“光緒六年冬，梅令某，江西萬載人，貪酷異常，每聽一獄，未運動者，兩造皆責懲。士民有善辯者，令叱曰：‘天下祇有蠻官府，那有蠻百姓？趕下去！’其子在側云：‘衙門八字開，有理無錢莫進來！’此語敢明目張膽言之，可想見矣。次年元旦，行香朝賀，某門斗家豬一口，奔隨此公輿下，隸役叱逐不退，直入衙。飼豬者乞領，欲重罰，不果，竟宰之。閲數月，因前署某縣得贓數千事覺，檄提甚急，遂自斃。憶咸豐初，莅梅者某，有豬隨輿故事，後爲粼匪戕，此公得保首領，亦倖矣哉！”

據筆者檢索國家圖書館等各大圖書館的館藏信息，確有“同治刻本”，亦是一函六册，或爲館藏記録有誤。據湛如淵題詞提到“同治癸酉”，即爲同治十二年，劉世德題詞提到“乙亥”，當爲光緒元年，李鍾秀題詞提到“丙子”，當爲光緒二年，而《申報》亦於同治十一年才成立，以此觀之，《醒睡録》似不可能在同治年間刊印成書。筆者雖未曾親見“同治刻本”，但從以上史料來看，同治版或係館藏信息記録有誤。申報館版自光緒以來至少梓行兩次，則毫無疑問。

本書名爲《鄧文濱集》，以《醒睡録》爲主體，集外收入鄧文濱《挽帥逸齋聯》及《黄梅鄧氏宗譜》收録的序言、傳記數篇（集外文字爲摯友商宏志提供鄧氏家譜而得），附録收入數篇有關鄧文濱的文字，或對研究鄧文濱有益。本書所收《醒睡録》以大達圖書供應社版爲底本，並改爲繁體横排，個别人、事予以作注，其餘一仍其舊。因才疏學淺，祈望方家指正爲盼。

眉　睫

丙申年作於黄梅朗山軒

目　　録

醒睡録

集　外

附　录

荆楚文库

醒睡録

記

長夏無事，輒被睡魔牽引，倦眼朦朧，幾不自振。因憶兒時所記可泣可歌、可驚可愕、可嬉笑怒罵、可痛哭太息之事，並近來所見所聞，及所傳聞者起而録之，以醒其睡。睡而復醒，醒而益録。上自天時之消息，中至世運之乘除，下逮人物之妍媸，旁及鬼神之情狀，凡有關風俗人心，足以砭愚訂頑者，據事直書，間亦參以管見。若已載入前賢雜集者，概不復收，恐數見不鮮，反增其睡。第慚井蛙，耳目見聞無多，不克常自惺惺耳！爲告睡魔，勿復牽引！睡魔曰："公無怪僕之牽引也。物必先腐而後蟲生之，人必先倦而後睡隨之。人能振拔其精神，昏迷無自而入；況人生世上，若大夢然。洪荒未闢之始，天地一睡場也；興亡遞嬗之交，世運一睡局也；萬感群動之未宣，人物一睡象也；福善禍淫之未兆，鬼神一睡機也。誰牽耶？誰引耶？然天地不能有静而無動，世運不能有陂而無平，人物不能有消而無長，鬼神不能有屈而無伸。此自然理也，亦必然勢也。公於海内鼾睡中，獨具一雙醒眼，醒而益録，録以醒睡，益欲扶陽而抑陰，撥亂而反治，顯微而闡幽，嫉邪而崇正，故見身説法，唤夢者使之覺耳。"余不能辯。録將成，得十餘萬言。睡魔揖余而退曰："小人之睡亦醒，請勿復敢見矣！"因録其言云。同治七年夏南陽布衣鄧文濱自記。

序

録名醒睡，用晦而明也。天下之睡有三：貪劉伶之五斗，費何曾之萬錢，舞飛燕於掌中，呼念奴於帳下，寵彌子而啖桃，嬖董賢而斷袖，酒食聲色，終日昏昏，此一睡也。更有金帶熏心，珠盤勞指，欲獻季子之裘，輾轉盧生之枕，卑污貪鄙，靡所不爲，至有以參政而拂鬚，尚書而由竇，宰衡而鑽李核，節度而禁松薪，海市蜃樓，畢生夢夢，又一睡也。若夫熊蹯請食，魚菽懷諼，馬角生悲，龍漦構釁，人神之所同嫉，覆載之所不容。故在天則日食星隕，在地則山崩海立，在人則女鬚男孕，在物則龍鬥石言，黃霧迷天，黑眚吹垢，陽世泉臺，衣冠禽獸。睡至此，其蔑有加乎！余何憒憒者，存而不論，論而不議，惟一二醒眼人，切齒咬牙，欲得而甘心焉；恨無尺寸柄，不得已走雷霆於紙上，飛霜雪於毫端，磔狐兔於詞鋒，梟虺蛇於舌劍；上則成爲史筆，次亦託爲寓言，雖繁簡不齊，淺深互異，而均足以新一時之耳目，拓萬世之心胸，必不若候蟲時鳥，自鳴自息於天地間也，先生之録是已。先生爲邑知名士，天才宿構，困諸生累年。值粤賊跳梁，鬱鬱適燕趙，戰北闈，不捷。遂絶意進取，留心著作，以維風教而翼綱常。芳耳其名最久，歲戊辰，始親光霽，每談事時，目如炬，聲如洪鐘，不作囁嚅態，洵所謂鐵中錚錚者。今覽是圖，意態宛然，而顧名思義，與《易》用晦而明之道，適有合焉；獨清獨醒，不意三閭氏猶在人間也。《離騷》而後，先生其嗣響乎？世愚侄洪聯芳①謹序。

① 洪聯芳，湖北黃梅大河鎮洪嶺村人。爲黃梅名士黃齊惠（道濟）之外甥兼女婿，附貢生黃森書之表弟和妹夫（黃森書即余外大父黃華德公之曾祖——眉睫按）。清同治六年丁卯科中舉，同治、光緒年間享有文名。

題　　詞

咄咄先生！終日懵騰，欲睡還醒，似逍遥莊子，身都幻化，鼾呼博士，眼望太平，書讀五車，愁驅萬斛。方寸之間百不營，更何論浮雲富貴，逝水功名？

畫圖傳出深情，歎世事空花無定形，但天高作幕，容臣科首；地長作席，任我曲肱。寂寞之鄉，玄虛之府，將夢遨游夢亦清。只難的把夢中滋味，説與誰聽？（壽星明調）

世愚侄吴慶元學題

年來浪跡邯鄲道，一枕黄粱證夙因。到眼繁華剛得意，不知原是夢中身。

曉窗猶賸一燈青，有客懵騰唤不醒。忽被高人開大覺，訂頑端合抵西銘。

世愚侄盧策未定草

謂公醒耶公常睡，兩眼朦朧天地醉；謂公睡耶公常醒，雙瞳剪水耿如星。醒耶睡耶往復續，手執一編隨手録。手録成編何爲乎？一身幻化又成圖。此圖此録涵妙機，妙機微妙知者希。獨醒更欲唤醒人間睡，此事還問南陽老布衣。

愚弟程應玉①拜題

① 程應玉，又名崐山，湖北黄梅人。清咸豐五年貢生，咸豐八年舉人，曾參與纂輯光緒丙子年《黄梅縣志》。其妹嫁於鄧文濱之族弟鄧廷贊。

十二萬年一大夢，幕天席地今古共。功名富貴盡沈酣，黄粱熟後衹堪慟。獨怪斯世人皆醉，長夜漫漫惟濁睡。黑甜誰作大聲呼？擣枕搥牀爲驅魅。先生唤世具苦心，思從腦後下金針。砭愚訂頑一枝筆，嬉笑怒駡豁胸襟。學富五車才八斗，閉户著書歲月久。三十萬言如燃犀，百怪千奇無不有。老我猶栽潘岳花，欲變澤國皆桑麻。未遑白晝成攤飯，敢向黄紬道放衙。一篇坐展風生儿，宜榼潛蹤吾醒矣。官衙燒殘數寸花，雙瞳夜半炯秋水。

粤西古藤州石仙弟覃瀚元①題

鄧子著《醒睡録》既成，有舉以問余者曰："録何爲而作也？謂睡非耶？其有諷刺之意耶？"余曰："唯唯！""謂醒是耶，其自寓高異之致耶？"余亦曰："唯唯！"既而思之，鄧子閱世深而自計審，觀其卷則既自居醒睡之間矣。世間睡者不醒，醒者行而且復睡矣，情狀至不可究詰，不勝録也。惟是所及見聞，輒録之，或以爲一雙冷眼，或以爲滿腹熱腸，任人之各以意爲度量無不可者，曰諷刺，曰高異，鄧子宜不欲居也。問者以爲然，質之鄧子，其信以爲然耶？否耶？

姻愚弟宛名昌②初稿

風塵莽莽行不得，閉門卧訪華胥國。意輪神馬何處投？惟有睡魔善知識。南陽鄧子才絶倫，羊腸歷盡多苦辛。手著奇書十萬字，唤醒邯鄲道上人。我從醉裏參三昧，不願惺惺衹願睡。夢中説夢樂有餘，一編强

---

① 覃瀚元（1815—1883），字致澤，號石仙，廣西梧州藤縣大黎周村人。早年因在廣西鎮壓太平天國立得軍功，兩任廣濟（今武穴）知縣，三任黄梅知縣，頗有政聲，每次去任，縣民無不挽留。任内曾主持《黄梅縣志》，並爲之作序。1875年冬離任黄梅知縣，臨行時賦詩曰："六出花飛柳絮輕，揚帆遥指鄂王城。三春滿眼皆韶景，百里沿途感餞行。此日子期予進步，今秋予望子題名。白湖浩蕩深如許，不及紳民送我情。"

② 宛名昌，湖北黄梅人。著有《大衍制用圖説》（四卷），並參與纂辑光緒丙子年《黄梅縣志》。

聒無乃贅。

荆湄弟吴鐸①拜稿

世人之睡如醉，先生之睡獨奇異。黄粱從不入夢來，一睡絶少關心事。偶然高卧北窗間，羲皇上人同此意。世人醒眼脂糊眶，先生醒眼如炬光。左顧右盼驚電閃，天空地闊闢洪荒。忽爾垂青忽爾白，畢竟不似阮生狂。世人録畢莫可續，先生録盡還不足。或歌或哭總世情，隨地隨時皆感觸。但請縱横下筆時，莫許從旁説殘酷。

雨亭弟錢樹溥拜稿

同治癸酉秋，晤渭卿先生於鄂城時，以《醒睡録》屬題，行色匆匆，未遑搦管。歲再期矣，有觸而感，爲長歌以博一哂！

《醒睡録》，《醒睡録》，唤睡人間睡正熟。風清氣淑，桃紅柳緑，良辰美景，賞心樂事願難足。孺亥步一個五億萬，彭祖過八個三萬六，世間事奇奇怪怪，世間人庸庸碌碌。盗賊不必盡貧窮，英雄不必盡貴族。田舍家，多驕淫，丞相府，多覆餗，王孫泣路草，名士傲籬菊；天臺難重到，南柯衹一宿，阮籍哭有懷，陸雲笑可掬。黄粱飯，時太蹙，蝴蝶夢，睡難復。學不到濂洛關閩，做不到賈董沈陸。又誰知漂母飯，黔敖粥，百里炊，曹交粟，馮驩魚，曹劌肉，李青蓮酒，介子推禄？説的是牢騷語，看的是蘭珊局；有幾個薰心富貴？有幾個勞形案牘？更有幾個不衫不履，不尸不祝？仍他滄海桑田，大造亭毒，舉首昂藏壯懷觸。問蒼天，誰勝誰敗？誰伸誰縮？總不如散閑人，招鶴補梅，養魚種竹，有田可耕，有書可讀。幾見老子肯騎牛？幾見中原還逐鹿？寤言獨，寤歌

① 吴鐸（1827—1905），湖北黄梅考田吴祥村人，譜名衍鐸，字振之，號荆湄。年十六補弟子員，咸豐八年戊午並補行乙卯科舉人，曾任大冶、天門教諭，德安府教授。在晚清黄梅文壇享有文名，著有《緑雨山筆記》（三十二卷）、《緑雨山詩草》（四卷）。其曾孫吴淑林爲黄梅民間文藝專家。

獨，吁嗟乎！齒危髮秃，布衣老人，大半是憤時疾俗。

姻愚弟湛如淵①初稿

嗚乎！睡即醒耶？醒即睡耶？吾烏知醒者之非睡，而人乃以爲醒耶？吾又烏知睡者之非醒，而人乃以爲睡耶？夫世之人，昏酣於醉飽，沉湎於膏粱，迷蒙其心，汩滅其心，有顛倒終身而不一覺悟者，此睡而不醒人也。而偃息於空山之内，逍遥於宇宙之間，神游乎太虚，心入乎寥廓，彼方臨流而卧，枕石而眠，栩栩然夢也，蘧蘧然化也，自以爲睡也睡也云爾；而孰知其睡也，乃正其醒耶？其以醒爲睡，乃其以睡爲醒耶？睡中之醒，醒也，非睡也。醒中之睡，睡也，即醒也。南陽先生，睡人也，實醒人也。不獨以醒醒已之睡，且欲以醒醒人之睡者也。不然，睡即睡耳，何必云醒？醒則醒耳，何必有録？録者醒己，並所以醒世也，而於是乎作《醒睡録》。

南春弟江璧拜稿

世人勞勞緇塵地，先生獨作于于睡；世人夢夢黄粱鏡，先生獨作惺惺醒。一醒一睡俱自如，閑中歲月良有餘。丈夫窮達有時命，空山獨樂宜著書。胸中雲夢吞已久，眼底新奇無不有。小説虞初自古傳，子虚亡是皆吾友。隃糜墨數寸，雞毛筆一枝，著書之樂樂莫支，半生聞見事幾許，一時都向毫端馳。或爲人情寫真贋，白衣蒼狗多奇幻；或爲世態評低昂，嬉笑怒駡皆文章。有時談天學鄒衍，斬電割風騰俊辯；有時爲鬼作董狐，地獄變相工描摹。書成題作《醒睡録》，睡魔聞之驚且縮。夜深人静不敢讀，恐有精靈繞窗哭。同輩傳觀苦不速，争拜奇才下風伏。《搜神》《博物》何足誇，述異齊諧此其續。或云男兒識字能作文，會須獻賦如凌雲；不然筆削繼班馬，不然訓詁功典墳。胡爲作此寂寂事？君家高密應笑君，君言人生各有志。高文典册豈易製？屍頭執筆聊自娱。竿木

---

① 湛如淵，湖北黄梅人。附貢生，署天門訓導。

隨身且游戲，無用之用理若然。滑稽未必非風世。身前富貴身後名，過眼空虛本無謂。若教因此方著書，書亦有魔何况睡？吁嗟先生識獨真！立意早已超群倫。吾聞造化秘奇物，此書妙處當通神。六丁攝取劇可慮，急付梨棗毋因循。流傳願得先披覽，我亦人間磕睡人。

山陰弟范濂拜題

六月徂暑，接奉尺書，字掇簡端，義騰墨表，誠有味乎言之。意蓋謂有機必觸，引緒自伸，譬若參苓，藥我而口不苦；有如醇醴，醉人而心仍怡。於彦輔稱長，爲平陽掩過，長於諷諭，何啻古人。嗟乎我友，已落落晨星，伊人復盈盈秋水。雖善譚而那通玄奧，鶴解舞而宜耐氍毹，明月山間，浮雲天末，思也奚如？至乃示以等身之作，委爲弁首之辭，若謂公袞才華，尚堪俳偶；義山袘褶，不礙撏撦，宜令猴雕難辭，佛糞於時，荷裳被渚，蘭佩垂皋，露湑園壺，風馨山桂。披君圖記，及諸所録，意即喻於獨欣，情又盛乎均戚。恍擊麟皮而郊祀，遠處傾聽；比燃犀炬以燭幽，潛靈灼照。分史氏三長之末，漱文人六藝之餘，已斟酌乎謨觴，復沿洄於道岸，飫其滋味，何讓書雋言鯖？中其支蘭，誠若筆針墨炙乎？柯古《雜俎》，干寶《搜神》，蔑斯過矣。憶昔君髮始燥，僕齒猶齠，頻題漢上之襟，屢蠟臨皋之屐，固皋聲諧皋鶴，誼託雲龍。豐鯨應霜，桐魚拊石，疊爲書箋起草，魚雁因之久停。偶緣客路班荆，僮僕見而益喜。洎乎亂之生也，蒼鴟夜叫，青兕朝横，我衣化緇而乍歸，君室生白而同處。人天小劫，與蒿目於滄桑；哀樂中年，不陶情於絲竹。惟是傅襄陽耆舊記荆楚，幾時作丹篆書空，代青棠蠲忿耳！嗣乃翔禽接翼，走馬其鞭，踟躕伊洛河山，指點燕齊雲樹。桑乾水溆，沙石鳴其不平；碣石天漻，風雲鬱而變色。或則春明落拓，或則秋駕淹遲，鷦鷯借枝，雞鶩分粒。白髮年老，都歸敞廬；青眼高歌，空望吾子。此一時也，亦甚矣憊。祇今君不躍冶而爲莫邪，僕已登場而作傀儡，林巒歗侶，雖小别而猿吟，過軸寤言，松既茂而柏悦。方且拈毫欲笑，弄墨忘疲，合一萬里爲縱横，與五千年相上下，雅經乎赤，經妙於元，見者争題，哀然成集，而必屬僕以駢辭備一體者，豈不以僕之與君情親，則膠之投漆，戚附則莩之與葭；行同車笠之盟，則蛩趨而駏負，學投針莽之契，則鰈泳而鶼翔；異臭不謂乎薰蕕，分飛胡妨乎勞燕？故獨取參星並耀，笙磬同音，以形其訢合云。至若録名醒睡云者，趙簡子由帝所來，依稀五日；陳希夷從華山隱，頃刻百年。一枕易迷，莫向邯鄲小住；雙輪倏轉，好唤蝴蝶歸來。特記夢華，莫嘲囈語。我倦欲栽垂柳，勞人尚訂歸卧之期；年老尚剔殘燈，渴漢寧無及第之日？持此贈君，將毋又笑僕好爲吉語，非達者觀乎？不盡依馳，諸惟珍重！面譚待罄，心照不宣。

愚弟梅雨田①謹書

浮生若夢世如何？大覺翻知大夢多。栩栩蒙莊真自適，蝶飛那羨寄南柯。

此中三昧黑甜餘，踵息均調盡任予。鼾睡東坡雷起處，至人無夢到華胥。

畋游歌哭且無常，堪歎人間盡睡鄉。占夢夢中真是幻，邯鄲尚待熟黄粱。

聞道江黄有異人，名言醒世付閒身。經傳高密家聲遠，一卧廬中萬里馴。

陽春弟劉承輂②拜題

---

① 梅雨田（1818—1893），字古芳，湖北黄梅人。清同治元年進士，曾任瑞金知縣。著有《慎自愛軒文存》、《慎自愛軒詩存》等，輯有《清芬堂叢書》（光緒十六年版）。

② 劉承輂（1821—1893），字鳴騶，號鑾坡，廣東陽春人。清道光二十六年舉人，同治元年進士，授刑部主事，改江西候補同知，署廣豐縣令，調江西瑞州府同知，加知府銜。曾三次組織和率領民團鄉勇協助陽春千總鎮壓各路起義軍。

浮生真若夢，一夢未曾醒。不有斯人起，誰探大造靈？寸衷常耿耿，此念自惺惺。妙筆三長擅，何慚著作庭？先後游京國，淄塵誤少年。砭頑君獨醒，養拙我高眠。木鐸聲同振，金鈴語併圓。願書千萬本，海内定爭傳。

栗山散人弟廷筠①甫稿

抖擻精神息息存，問君何故自銷魂。離騷醒醉原真境，蒙叟逍遥亦寓言。日月常新天未老，江河不舍水多源。人生自有惺惺法，棒喝無須費討論。

多君遍唤睡中人，閲録披圖日日新。具大慈悲爲醒世，現千手眼極能仁。從兹古鑑垂今鑑，須識前因是後因。借問華胥熙皞夢，可曾備述帝如春？

妹壻喻啓焜②拜題

多少愁城戀醉鄉，無何有處漫徜徉。那知高卧隆中客，攤飯春風送草堂。

畢竟惺惺謝睡魔，蒲團一卧醒南柯。安心無策終成恨，蝴蝶飛來覺事多。

覺人覺世頗嘵嘵，搦管呈圖興倍遥。我卻鷗眠驚不起，許君孽海弗

① 鄧廷筠（1814—?），字壽人，一字嶰書，又字小峰，别號栗山散人、栗山逸叟，湖北黄梅人。清道光十九年己亥科鄉試中式第四名舉人，庚戌科充補鑲黄旗覺羅官學教習，三年期滿以知縣侯銓。咸豐四年，曾國藩委辦團練七年，總辦鄉鎮團防襄理營務，欽加同知銜。著有《栗山類藁》。

② 喻啓焜（1820—1892），字佑人，号迪斋，又号森亭渔翁，喻文鏐之曾孫，湖北黄梅人。廪贡生。精诗文，著有《森亭诗鈔》、《森亭文鈔》。妣鄧氏，爲文學生鄧士桂之女，生有增敦、增敬（出嗣弟崇焜）。

停橈。

立夫弟喻中模①拜題

睡翁醒一喟然，般般往事雲煙，冷眼一雙看不足，英雄兒女神仙。

醒翁睡入定禪，如雷鼻息聲喧，古往今來長夜爾，幕天席地鷗眠。

醒睡録鐵網船，津津饒舌堪憐，老鶴夢回還獨語，高談大雪堯年。

農孫弟喻同模②拜題

猗猗修竹翠縱横，榻畔塵消分外清。一枕風來酣蝶夢，三竿日上聽雞鳴。頻年兀坐蒼茫感，大筆摩空感慨情。覺世文刊快先覩，披圖我已寸心傾。

武昌胡毓筠③介卿甫拜稿

人無不睡，睡未必録；人無不醒，醒未必録；時睡時醒，而公皆爲之録。然則公之醒爲真醒，睡非真睡。嗚呼！安得一十二萬年内，皆爲之録，使世之睡者不睡，醒者常醒！

浠川張楷題

人之醒，未始不爲睡；君之睡，未始不爲醒。醒耶睡耶？二而一，

① 喻中模（1810—1890），湖北黄梅人，字興臣，號立夫，文學生，喻文鏊之孫。例贈儒林郎。著有《金粟齋詩鈔》待梓。

② 喻同模（1815—1892），湖北黄梅人，字農孫，號稼秋，中模五弟。咸豐丁巳歲貢，曾任教諭銜試用訓導，兩署荆州府枝江縣訓導兼理教諭，後檄署襄陽府學訓導，辭未赴。著有《一勺亭詩鈔》、《一勺亭文鈔》行世，《幽夢續影》作者朱錫綬爲之序，福建布政使沈保靖爲之跋。曾參與纂輯光緒丙子年《黄梅縣志》。

③ 胡毓筠（1829—1892），湖北武昌（今鄂州華容）人。咸豐九年進士，歷任翰林院編修、江南道監察御史、浙江督糧道、山西雁平道。

一而二者也。君正欲以己之獨醒，醒世之皆睡，遂援筆而發其牘。

浠川張慶齡題

富春打睡嚴子陵，天子親呼不動身。至今七里灘頭水，清風拂拂石粼粼。八埏唯盱渾未鑿，蛩蛩禺禺走霍霍。席天幕地下筆難，籠山絡野苦著作。披圖十萬劍横磨，助君張目爲君歌。醒世正恐醒亦醉，誰識晨鐘暮鼓多？胡不上釣臺，砍取老煙竹。復不到扶桑，濯足萬里流，又不散髮弄扁舟。歲月繁華流水夢，焉得斯人玉堂貢，血氣調和風雅頌，胡爾引吭叫不平，逌然而嘯蘇門之先生。中書君，毛錐子，眼中之人其老矣。

如弟桓石余邦士①拜題

君之貌古，君之心苦。妙也空空，神也栩栩。夢覺分明，括盡萬千語，混沌鑿破造化補。

介山弟尤珪②拜題

紙閣藤牀小畫圖，竹林深處足清娱。平生嬾作公侯夢，不管黄粱熱也無。

醒時辛苦睡時甘，擱筆偷閑夢正酣。誰道夢中問不得，睡魔多事話喃喃？

百之弟李士彬③拜題

立德立言並立功，罔非夜寐夙興中。至人豈必真無夢，止水心原秉至公。

---

① 余邦士，湖北黄梅人，曾參與纂輯光緒丙子年《黄梅縣志》。

② 尤珪，湖北黄梅人，清同治元年举人。

③ 李士彬（1835—1913），字百之，晚號石叟，安徽英山雞鳴河（今湖北英山）人。清同治四年進士，曾與吴耀斗一起纂修《襄陽縣志》。著有《石我集》。

希夷一睡動經年，那有夢魂被牽引？爲問魔從何處去，糾纏争不到神仙。

近日紛紛睡漢多，其如名利念頭何！先生千萬醒人語，誠恐力難勝一魔。

睡魔那比酒魔强，我恨無人共舉觴。若使睡魔能對飲，也應不戀黑甜鄉。

大冶慰農弟楊世霖①拜題

一睡乾坤瞑，先生絶世緣。神從空外覺，妙得個中詮。蠹走殘編疊，龍拏禿筆研。古今多少夢，書破碧雲箋。

我本憨黑者，狂眠醉未醒。蝶飛隨造化，鶴舞失伶俜。説夢癡人拙，書懷官味腥。何年脱韁鎖，濁酒伴遺經？

朗心弟吴耀斗②拜題

靈均悔獨醒，圖南豈真睡？人生且行樂，廓然此天地。先生手一編，述作寓真意。詩書憩田園，韁鎖祛名利。偃室來澹臺，圖册欣相示。足解五斗酲，權當六經醉。風簾宕碧波，鴨爐篆煙細。我尚在夢中，蝴蝶戛雙翅。

廉叔弟袁瓚③拜題

---

① 杨世霖，湖北武昌（今鄂州梁子湖月山）人。清道光十五年舉人，咸同年間任保康縣教諭、襄陽府教授等職，曾纂修《保康縣志》。

② 吴朗心，名耀斗，江西瑞昌人。清同治四年進士，曾任東湖、襄陽、江陵知縣，任曾修《襄陽縣志》、《江陵縣志》。

③ 袁瓚，字廉叔，光緒二年繼覃瀚元以同知銜署任黄梅知縣，甫上任即開雕付印《黄梅縣志》。

未必仙家事果真，無情偏黯輭紅塵。知君遍黯輭涼態，幻作黄粱夢裏人。

如醉如醒卧竹叢，放開眼界劫塵空。浮生好夢都陳跡，别有生涯付遠公。

丙子立夏前三日，豫章少峯弟李鍾秀作於鮑參軍之故宅東齋

乙亥秋冬，年游新蔡，即耳渭卿先生之名，而未嘗謀面。今兹造訪，見其岸然道貌，瀟灑出塵，誠羲皇高卧之侣也。久之，乃以是集見示，其題詠亦皆一時作者。訓詞深厚，醒世情殷，誠有發我深省者。爰題五律一章，以志區區嚮往之忱！

岷江千里下，一覺感今吾。春醒東坡夢，秋披北苑圖。問情高士榻，樂意酒家罏。影證菩提妙，塵寰孰與徒？

川東劉世德拜題

山水源倦游餘，慣作甜鄉主。淑耦代持家，讀書兒負苦。三槃晤碩人，羲皇逢泰古。儂更趣有加，醉鄉娱麴部。近製小圖章云“醉夢乾坤”。

倏作獨醒人，朦朧視餘子。覺世振精神，北窗休倚几。補闕兼拾遺，成編名野史。黄粱未熟時，一聲鶯喚起。

縱横一萬里，上下五千年。兄書齋落成題額曰“上下五千年，縱横一萬里之室”。毒口驚神鬼，婆心侣佛仙。望重長招忌，途窮恥受憐。居然濡大筆，不肯讓名賢。

崧丞弟宗衡①甫稿

---

① 鄧宗衡（1821—1870），湖北黄梅人，字炳南，號崧臣，一號壽山。清咸豐三年進士，曾任刑部主事。

浮生若夢，知者覺焉。扶世翼教，長兹一編。録不盡言，圖不盡意。生機盎然，猗猗竹翠。丙子初夏，櫜筆梅川，適南陽布衣先生以《醒睡録》見示，受而讀之，如暮鼓晨鐘，發人深省。第謂之爲南華寓言，猶淺之乎視是書也。自維末學譾陋，何敢贅一詞？顧讀是書而如夢醒，因推明其意，以告世之未醒者云。

古丹陽誠之熊會源①謹識於鮑參軍故宅之俊逸堂

吏隱琴江十四年，又游羊角洞中天。平生不借邯鄲枕，祇爲看雲白晝眠。

一紙畫圖猶被劫，十年詩句尚關心。二語戊午贈君之句，曾題君悼亡圖，一經劫火，拙句猶朗朗誦之，都門別又廿餘年，賢弟輩登科出仕，君率母山居，著書消夏，此樂勝三公多矣。京華把袂渾如夢，筆硯塵封直到今。

因果從來俗説誣，蕭蕭潘鬢意踟躕。一回客夢一相見，底事君刊醒睡圖？

但序天倫樂有餘，左家阿弟寄瓊琚。梅花驛路吾歸也，來讀山中新著書。

静爲書生，動即將相，何佛何仙，一空魔障？修竹林中，磐石坐上。南陽布衣，高風提倡。

醒魔欲去，又惹詩魔。詩味睡味，濃淡若何？日長山静，倚枕婆娑。羲皇以上，想見吟窩。

便便腹笥，不拾唾餘。廿年別緒，千里傳書。令弟官閒，蝶上階除。

① 熊會源，湖北枝江人，其弟熊會貞爲楊守敬弟子，二人共同開創近代歷史地理學，合著《水經注疏》。

龐公隱處，風景何如？

菉泉弟黄衛之初稿

舉世若大夢，韁鎖苦其身。奔走跼蹐驅且迫，名利兩字胸中横。胸中横，睡魔生，氣日餒，神日昏，心冥冥而不知其所征。其迷也若此！嗟爾熱腸冷眼之人，不平則鳴，一聲霹靂，兩耳爲之醒。見者欲語不得語，聞者欲行不得行。牛渚之犀兮貌敢匿；秦廷之鏡兮膽欲傾。直欲喚起媧皇再摶土，濁流不投投之清，奈何霧結山爲重，雲擁月失明，覺者了了迷者塞，撫卷如聞太息聲！情未已，看君長劍手中提，揮劍欲斷東流水。

同懷弟文垣①謹注

南陽鄧子筆如椽，志怪搜神手一編。紫綬叢中留冷眼，白雲深處聳吟肩。天生我輩書爲命，身在人間骨欲仙。舉世夢夢醒不得，槐柯蕉鹿且隨緣。

邯鄲一覺熟黄粱，已貴神仙盡渺茫。問世要還真面目，論人原是熱心腸。搜羅不已張華博，歌哭無端阮籍狂。我本漆園私淑弟，爲莊爲蝶任徜徉。

愚妹壻喻璨烈②拜稿

---

① 鄧文垣（1836—1881），湖北黄梅人，鄧文濱五弟。例貢生。

② 喻璨烈（1827—1886），湖北黄梅人，喻文鏊曾孫、喻亮模次子。清同治三年舉人，揀選知縣。

例　言

一是録雖以醒睡，頗竊取四詩三傳意，寄勸懲於貞淫，寓褒貶於善惡。自應此物醜類，如天地別災祥，世運判盛衰，人物分臧否，鬼神列正變，庶無魚目混珠之誚。顧分類成帖，涇渭太嚴，未免跡涉僭妄。玆祇就天地、世運、人物、鬼神四項列款，隨得隨録，無甚畛域，知我罪我，付之一笑。

一是録雖無甚畛域，而問察之中，亦參隱揚。如事之可爲圭臬者，必載其姓名字號，詳其里居流寓，表其科第官職，並推原其先人，波及其後嗣，稱道不遺餘力。若事之可爲龜鑑者，除見邸報、案卷外，即明知其人，亦以某字概之。非第寡尤，存心自應如是。

一是録固多見聞確鑿，如通諭、奏稿、書檄見自都門邸報，及碑碣、記序、詩歌、聯語諸類，可以覺世牖民者，長篇钜製，稍爲節減，亦足豁人心目。

一是録夾叙夾議，代人立言。但肖口吻，非必其人實有是語。如《左》、《公》、《穀》三傳，《國語》、《國策》等書，往往事同而叙論各異，即如驪姬夜半而泣，晋獻而外，誰其聽之？鉏麑刺趙盾，不忘恭敬等語，鉏麑觸槐而死，誰其聞之？大約如東坡應制《刑賞忠厚之至論》，歐陽公極爲嘉賞，問其"皋陶曰殺之三，堯曰宥之三"是何出處。東坡笑曰："想當然耳。"歐公亦笑。見古人作文，無非想當然耳。

一是録間有語欠莊雅，近媟嫚謔浪者，似大雅所弗取。但人多聽古樂而思卧，聽新聲而忘倦，不襲新臺牆茨、雄狐株林及婁豬艾豭、衷衵戲朝等意語，不足令鼾睡漢倦眼頓開也。

一近年足未出里巷，耳目狹隘，幸逢遠商、遠館、遠官、遠戍之人，嘖嘖爲余言之，聚腋成裘。倘四方諸君子，惜余集隘，惠而好我，函寄而來，如饋貧糧，定當續補。

天地類

月五色

同治四年季夏六月十三夜，月圓如珪，外圍五色，糺縵相間，較暈微小，炫爛精彩，光華奪目。秋七月十三，八月五夜，復然。按：月五色與日五色同一休徵，即重光重輪象也。

日重光

客有從河南來者云：在彼地見元旦日出時，光輝四溢，較常輪尤大，似日暈小，有紅雲捧之，辰末漸散，可謂重光矣。時同治元年正月朔也。

五星聚奎

星家謂緯星有五，不同次舍。自宋以來，聚奎僅一見。奎爲文昌星，主文學昌明。故周、程、朱、張，一時應運而出。咸豐年間，天文家謂五星復聚奎，分野在楚。豈克復金陵，衡湘多諸君子，奮武即所以揆文，故天亦垂象耶？

雙月並見

咸豐十一年辛酉七月既望，雙月並見於西方，狀如𩯭𩭾，精彩内含，逾三刻。

霰　雪

道光二十一年仲冬月初一至初十大雪十晝夜。先三日狂風暴烈，積霰五寸許，地面堅凝如鐵。後七日，積雪厚者盈丈，淺亦五六尺，摧民房無算。間有存者，不得其門出入。缺薪菜鹽米，缶釜皆凝裂粉碎，餓斃無算。邑萬家山農夫李某，親迎輿夫及新郎夫婦，雪擁宿於路。其父持火迎接，没雪中，逾數日，始尋其屍。城内罷市，邑令雇人挑挖，冰雪中屍骸枕藉，皆行人凍僵而自殪於雪中者也。邑孝廉蔣西泉①（恩濊）有《挑雪辭》數百言，辛酸令人不忍卒讀。湖濱渡船，始爲冰隔，繼爲雪擁，人遥望不能設法救解，凍餓壓沉而死者，不知凡幾。閱月餘而冰雪始泮，鳥獸死者山積，一奇災也。然自後屢得豐年。挑雪詞：

挑雪復挑雪，挑雪出東門。坊户百錢議十擔，挑兒不問十擔與百擔，袛争先給一擔充朝餐。挑雪雪已凍，挖雪聲砰鄰。一兒忽叫呼，棄鉏走且奔。拉衆前往視，鉏下雪深乃有凍死人。急問此何人，疑故還疑親，模糊不復辨，髮蓬面垢齒齶齺。疇昔之夜，嗚嗚咽咽，似是汝吟呻。東街嘩未已，西街噪復起，須臾南北皆如此。縣官聞之徒步來，雪没踝，如憂如慚，抱淚滿把，不哭雪中凍死人，哭爾三街六巷無衣無褐未死者。先哭城中後四野：我從六月來下馬，爾田無粟屋無瓦，而今遂至於此也，復何言哉復何言！此則距心之罪也。挑雪兒爲我舁向北邙下，買板殮之亦聊且。挑兒有淚無處灑，百錢十擔雪不挑，北邙山下去施捨。

---

① 蔣恩濊，原名傚濂，字西泉，湖北黄梅人。清道光五年舉人。著有《青燈淚》、《竹林老屋詩文鈔》等。

彗　　星

彗星之見，占者多謂主赤子盗兵事，亦有不盡然者。咸豐八年戊午七月既望，有星見東北隅，梢如散絲，根若芒箒，約長十餘丈。至八月漸移正北，直衝斗。時予應順天鄉試，鄰號有皖省人，占云，主文場事興大獄，大臣必有遭刑戮者，百日内定驗也。至十月十一而有柏葰、程庭桂之案。（事詳卷二“洗相沿之積弊”則内）

又咸豐十一年辛酉夏四月旁死魄，有星自北而南，約長數十丈，寬數尺，首如白線，尾若疏網，綿亘半天，幾如河漢，至五月望，漸小而散。時吾師汪楚璜夫子斷云：此星直逼紫微垣，主宫中有不軌之臣，窺竊神器；然帝星朗然，罪人斯得。當於百日後驗之。至七月而有端華、載垣、肅順之事。（事詳卷二“罪人斯得”則内）

又前嘉慶十六年辛未春，有星孛紫微垣，占主兵，應在十八年癸酉秋。越二年，則天理教匪興。天理教者，聚衆斂財，愚民苦胥役者争附焉。而河南滑縣李文成、直隸大興林清爲首，煽衆數萬，二賊遥爲聲援，先後及期。有一破滑縣等州縣，一入京内西華門之變。

苦　　雨

道光二十九年正月十八至二月二十八大雨四十天，又四月十三至六月初九大雨五十五天。邑東北鄉自五祖山至縣治馬尾山，中距三十里，田園邱阜，皆成巨海。外江内湖，一日水長以丈計。江堤寸潰，廬舍墳墓，漂没殆盡，被水居民，有避樓棲息者，而浪過屋脊，樓亦蜃市蛟宫。有幫樹檜巢者，而狂風震盪，樹盡蓬飄梗斷，淹没者不知凡幾。縱移居近水高阜，如芭茅山、蔡山、初公堤等處，蛇蛙無棲身所，依人而居，若乞憐然，牀灶釜甑間，充斥無餘地，殺之不忍，逐之不肸。信乎懷襄之世，蛇龍居之，民無所安息，孟子之言，不余欺也！

是年蔡山下鎮某家避水屋上，架木若樓，名搭水閣，麥穗雜粉充積。夜大雷雨逐擊，水中一物，若大豕然，繞閣旁出没。雷大閃爍，延焚閣上，麥草熾矣，舉家大哭，復聞霹靂聲，火驟息，閣亦無恙。

又前道光二十年辛丑二月望後至四月中，天雨連綿，晝夜不休，農人無麥種，大江南北奇荒。時粵東不靖，大兵自北而南，軍書旁午，露布星馳無旦夕。官吏徵民夫，遞送軍裝錢漕力役，三政並行。追呼日迫，買①兒鬻女，枵腹當差，道殣相望，流離之狀，令人惻然。帥文毅②（遠燡）時爲孝廉，有《苦雨歎》古風一首，附録於後：

苦雨止復作，窮民愁以悒。五十五日夜，點點和淚滴。當春二三月，田疇患水溢。昨日望麥黄，今日對麥泣。十室九不火，十人九不粒。鄰舍午飯香，兒女闌門立。兒賣乞爲奴，女賣乞爲妾。賣兒負米回，粒粒皆血脈。官債久未償，遍野追呼迫。那得稍躊躇，縲絏满城邑！海賊昨侵邊，萬里馳羽檄。將士從東來，沿途如火急。胥役徵民夫，日夕箠楚逼。枵腹含淚去，一步一嗚咽。歸來叩柴門，門閉人默默。啓視尋家人，家人盡匍匐。七口已死三，捫心益凄惻。溝壑戀餘生，生誠死不及。書生復何爲？仰天一歎息！

怪　風

道光二十八年七月初四至十一，七晝夜大風，田中禾稻盡落，穗如帚狀。農人有絶穀種者，鄉中屋甚至片瓦無存，牆亦傾焉，木葉盡秃。

---

① “買”，疑爲“賣”之誤。

② 帥遠燡（1817—1857），字仲謙，號逸齋，嘉慶元年探花、浙江巡撫帥承瀛之長孫，湖北黄梅人。清道光十七年拔貢，二十一年賜舉人，二十七年中進士，與同年李鴻章、郭嵩燾、陳鼐被曾國藩譽爲“丁未四君子”。後改翰林院庶起士，散館授編修。咸豐間，納貲道員，後力請曾國藩出山鎮壓太平天國起義。不久爲石達開部所斬殺。著有《帥文毅公遺集》。

尤奇某處場中打稻，牛曳碌碡，接尾輪環，稻盡飛颺，人畜不堪，避屋中。厥明出視，三碌碡亦吹起，層累而積，若浮屠然。又聞某家演劇，正歌舞時，忽有物如房屋從空墜下，壓劇臺爲粉碎，衆驚散。徐視之，則一隻巴斗米船也。中有數人方拭牌，至是震斃，梨園子弟，多壓死焉。

此條中梅古芳①明府、程崑山孝廉，笑謂風吹碌碡、巴斗船二事，近荒唐，未足傳信。尚宜再訪，本理所無也。予自道聽塗説得來，亦疑之。後聞黄岡長圻壋某年有風吹碌碡相累事，土人呼爲旋綱風。但兩物相乘，未聞有三也。因憶《隨園集》載袁公宰江南時，民間有女被風吹數十里外。其翁某明經疑私奔，白於官。袁斷曰："子不聞從前有女子被風吹數千里外乎？"與一卷示之，明經拜服。事聞制府，尹文端公歎曰："宰官必用讀書人也。"又一書載有入場中應試，卷被風吹去，試官不信，閲年餘，海外國王得此卷，遣使送還云。某月某日事。又同治十年庚午三月，兒輩應試黄州，親聞同寫者係黄岡洪家集人，述伊地近日鄉村演劇，日昃時，風雨雷電驟至，觀劇者避雨，咸聚臺下，接膝摩肩，人甚充滿。劇臺忽被大風攝起，懸空中數丈高，衆紛紛散，中一人爲雷擊斃，臺仍還原。所最奇者，此臺十餘柱，皆穴地尺餘，安築極堅固，各柱還原入穴，不移分寸，臺上劇箱數十口，演劇數十人，毫無傾跌。天下理之所無，往往爲事之所有，不知凡幾，未可以少見則怪云。咸豐十一年七月，邑古角山王某被風吹攝空中，去地約二丈許，旋如紙鳶墜下，幾死。移時始蘇，骨節皆散。半年愈，其人素行，亦不足爲人憐者。

白練經天

道光六年四月哉生魄，酉戌之交，天有聲如裂帛，自西而東，見白光一幅如練，寬五尺許，首尾窮目之所極。俄頃，光斂蜿蜒，數刻而消。十一年自南而北，亦然。占者謂主兵戎見於西南。其時正天戈所指之地。

① 即同治元年進士梅雨田。

後予晤吴衢尊孝廉談論及之云：是亦有辨，但察其先後起止耳。事未發之先，主興兵戎；既發之後，主靖兵戎。其起於是處者，即銷在是處也。故道光八年春，楊侯遇春生擒逆夷張格爾；道光十二年夏，羅侯思舉殲斃逆瑶趙金龍；皆在事發之後，起於西南者也。其説適符。

朱霞曜谷

同治四年閏五月二十八日黄昏時，小溪鎮赤塘山程人茅庵側，閃出赤霞一道，狀如錦，約寬二尺，長二里許，浮半空中。望不甚高，光照林谷，幽室能辨五色，蜿蜒縹緲，沿山而行，霞後大煙隨之，由鄢家坂、紅花寨、分水嶺直出洪家西衝，後莫知所終，附近居民，皆屬目焉。未解何兆，録之以俟其驗云。

實水族

道光十二年壬辰二月望後巳午間，天雨魚於張林鎮、汪煬灶、何家壟等處，約計數里地皆有之，大者一二斤不等，小者亦重六七兩。牧童見霧氣從南來，旋墜魚蝦如雨，拾之鬐鱗皆有水氣。牧張口跳躍，烹食無他異。向聞湖中大霧，見魚銜尾逐隊，騰徙别湖。故魚人業湖，往往忌人談霧字，然必相近處乃爾。此地距湖濱四五十里，躍於淵者遠而戾天墜地，亦流離失所象。論者引詩兆爲豐年之説，而是年大疫，十三年癸巳大水，十五年己未大旱且蝗，歷丙丁、戊己、庚辛等年，水災頻仍，至壬寅年大雪後而歲始熟。

雨雜糧

道光四年甲申孟冬月，天雨麥豆，時余年幼居城内，與群兒戲後園中，盛以筐，約半升許。碎之，色如焚瓦灰，嚼之微苦，與雞鴨，不食。

及咸豐十年庚申三月，天雨麻豆、菽麥、黍稷、稻粱秫等物，碎之黑如炭，入口辛澀不堪。十一年辛酉二月初五夜，四鄉間處皆然，均疑變異。道光咸豐甲庚等年，五穀多豐稔，尚不見災。辛酉二月至八月，髮逆回竄，兩救安慶，蹂躪不堪。雖經克復，米價騰貴。至同治元、二、三等年，皆旱，鄰境遭髮撚，米價不減，麻菜油每觔幾至二錢銀矣。

天雨雜物，前代往往有之，皆咎而無休，節録於後：漢成時雨蒼鹿，漢武時雨狗，唐貞元雨木，順治時雨雪甎，元魏時雨小兒，唐元和雨魚，漢元帝時雨草，項羽時雨刀劍，隋開皇雨羝羊，唐中宗時雨金，魏武時雨菓，漢元封雨雹如馬頭，武后時雨血塊，梁大同雨珠玉，宋仁宗時雨藥，宋淳熙雨冰，有文若樓閣、車馬、衣服、人物、冠帶、鳥獸、花卉，百態具備，五日始解。唐元貞雨豬，秦獻公時雨鐵，宋元祐雨黍麥，宋紹興雨龜，漢宣時雨黄金、黑鉛，唐垂拱雨桂子，唐德宗時雨赤雪，周烈王時雨火，漢獻帝時雨冰牌。

大雨雹

道光七年五月既望，大河以北，日正午，行者至衛輝地方，遥望天色微黄，漸昏黑，如百萬軍聲，彌天動地而來；隴畝耘耔，人各奔馳，有不克赴家狀，歸扃户，復抵以木石。少頃風至，晦如夜，不能辨色，同坐莫識有人，窗孔壁隙，砂土飛入，積几席二寸許，閱午未申三時，乃已。牲畜未及歸者，皆驚仆死，間有飄然遠徙，不知下落。拔古木，揠禾苗，傾屋宇，莫許其數。越翌日，雨雹大如牛馬，次如碌碡，最小亦同磚缶，遠近百里許，塌民房無算，穿樓瓦，擊斃人口牲畜亦多，皆異事也。

攝放火婦

邑人陳英字冠群，爲河南貳尹。同治初服，避亂西鄉，宅旁某婦，乞貸未遂。時陳居草舍，婦夜納紙，燃於簷下，熾而自息，至再三亦然。

陳覺，夜伺之，婦果至，遂獲之，兼得火具數件；招至家，餉以酒肉，甘言慰勞，婦有慚色。而害陳之心仍未改，不及梁上君子多矣。一夕，大雷雨，攝婦門外，肉袒跪地，四人舁之不能起，遂吐實。陳聞之，代爲禳解，乃起。（以後數則言雷事）

救捍患翁

咸豐七年五月，粵逆四眼狗陳玉成率大股擾梅糧館。賊目入深山搜糧，偵得黄勝昌家有避亂子女數十人。堂侄（鍾祥）光署内眷亦與焉。賊蜂擁至，猝不及避。昌踞前門，延展之，女從後遁深林箐谷中。賊目怒，結昌手，叱旁二賊曳出斬之。昌神色自若。二賊方舉刃，空中霹靂一聲，刃齊墮地，舉刃再殺，又霹靂一聲，二賊舌吐不能收。賊目徐問曰："雨來乎？"二賊仰視曰："日正午，沓無雲翳，何來雨？"賊目曰："不雨而雷，當也。咱們殺人，何怕雷！"將手刃之，更霹靂一聲，較前愈迅，蓋無雲雨而雷者三矣。賊目猝倒，衆賊戰懼，釋黄縛，扶賊目鼠竄去。是年賊遂無至其家者。勝昌世業農，住老祖寺前鍾子澗，距吾宅十里許，時年逾五十，至今猶矍鑠，與余同修萬家堡云。

顯軍營事

金陵克復，首逆之子洪福鎮逸出，收合餘燼，嘯聚浙閩間，復肆猖獗。同治四年，由粤東竄江右，調提督朱鴻章堵剿。師次吉安府城外，所轄長勝營駐江干，朱軍門館民房，隨行軍裝糧米五船，泊江渚。一夕，暴雨震一聲，館門碎矣。内二船所載火藥、洋槍，皆烏有，板片桅舵，亦虀粉；水工五人，其一則在鄰船鼾睡，天明方覺，身有蘆席爲雨具，不知何由至此。問之乃短縴夫來船未久者也。餘四人皆震斃。一在對江南岸，一在十里外，一在吉安城隅塔下，其一不知屍暴何所也。僉擬軍裝船所過之處，必藉端詐索，因以斃命。四人同謀，故皆殛死；軍門失察，亦劈門以示警，理或然也。同行後有楊姓勇丁，聞雷赤身長跪雨中，所用小鎗，折爲二。逾時始醒。問其近日行爲，則造意謀命而未行者也。祇此一震之威，一刻之際，數顯靈異，天道神而莫測，固如此夫！

震城樓人

道光二十五年六月既望，時方正午，邑某傭於石宅，業麵。是日試新，甚酷暑，飯畢，邀同伴二人，攜竹榻茶煙，踞文明門城樓上納涼。天氣清明，俄見微雲一片，霹靂從垛口飛來，直冲瓦而出。一人跪，一人頭觸跪者胯下，跪者半晌方甦，觸者雷擊而死，衣盡焚，皆燒痕如字，不甚辨識。是樓四柱，二柱無恙，一柱下半截裂爲三，銜其礎，如鼎足狀。一柱裂爲虀粉，盡飛布鄰屋上，如雪花狀。樓瓦冲出之處，口大如升，餘皆破碎如冰折狀，無片完者。卻又懸而不墮，樓外游城者數人，相去不數武，有震倒於城上者，有逼近若不聞其聲者。樓下即城門洞，二人對弈，一人酣睡，皆若無事。然後據甦者供死者情由，因某處女與人苟合成胎，生兒，遺錢布若干，囑其付人養育，伊棄兒而囊其錢布，故遭此事。後知情而未阻其謀，自此得驚悸疾，不期年而殞。又有少年鬻豆腐湯，肩挑釜甑，至城門洞，聞雷驚仆，傾釜，沃背肩以下，如赤蝦，無寸完膚。或問其有孽緣否？少年泣曰："小人平日無罪惡，不過好罵母親耳。"衆大笑。

掣拐子

黄岡土橋店一婦人，左手提籃，右手抱一兒，行往母家，面有瘁容。路旁鋤草人，群相戲曰："誰能爲婦職是役，吾願以肉飽餉之。"一人欣然往尾婦後，挑之曰，"姐姐何往？"婦曰："往母家。"其人曰："吾亦去爾母家不遠，故似曾相識也。一人而兼二任，毋乃憊甚？如不棄，我可分任。"婦從之，與以一籃。此人見財生心，竟拐籃而去。婦追之不及，置小兒於路，而再追之，仍不及。婦返，兒已匍匐入塘，淹斃矣，婦亦將入塘自盡。忽大雷電以風掣拐籃者跪婦前而擊斃之，群相戲語者，亦焦灼其面而唇舌皆枯矣。

擊學生

停前鎮白龍坂程青連業儒，訓蒙十餘人，皆髫齡。一日天大雷電以風，閉户授書，有數童鱗次而立，突霹靂聲從瓦縱縫入，數童皆仆地。逾時始甦，一童年十一歲有傷痕，竟氣絶矣。細訪此童，毫無惡狀，不解何故。

請鎗手

某獵户，善鳥鎗，在外獵，夜夢一黑衣人屬曰："明日助我，當厚報。"及早歸，日將午，風雨驟至，不及避，遂憩大樹下；雷聲旋繞，電光閃灼，若有不能近之勢。因憶夢中人語，仰望樹，見巨蟒盤踞其上，閃一電，吐一煙，雷即卻。獵者從下發一鎗，霹靂聲隨應，蟒墜地矣。能制雷而不能防鎗，首尾難顧，理勢之必然也。寸節含珠，獵者因此致富。

鬥法拳

某家頗豐，幼奇勇，長習拳，辟易數十人。强與鄰女私，其父母不敢誰何。時溽暑，鄉村嘗新期，某飽酒肉，攜胡琴大樹下揮之。青天忽爲雷擊，胸腹下皆糜爛，兩手張拳，若與雷鬥法狀，箕踞身僵，勢猶未收，其兇悍可知。殮後棺已錮矣，母哭而哀，雷聲繞室，攝屍出。家人懼，掘深坑葬，土不能掩。越宿，仍攝出。遂穿棺蓋樹竹竿，曉衆始罷。其子業獄卒，後遂絶。

殛污書賊

咸豐四年甲寅五月二十一日未刻，粵逆在漢口鎮市花樓空池遺屎畢，繫袴行，忽被雷殛。衆賊聚觀，見遺屎處有監本《易經》數頁，上多污穢。始知此賊取聖經揩股，故天誅也。以書籍字畫熏蚊、燒茶、拭器、睡馬，皆賊故習，安得殛盡？雖造物亦聽之，數極理窮，若此賊悖逆滔天，特一懲創以儆其餘耳。

誅謀命優

北山寺僧名寂林者，嫌寺宇狹小，欲宏其規。有鄰邑某豪家子蓄劇班爲業，入寺求神，默禱謀事能成，定以千五百金修寺酬願，約蒲節往取。僧恃爲非常之靠，鳩工庀材，悉賴乎此，遂逞志以行。及期，僧如其言。而豪家子已與净旦兩脚色招雷劈矣。先是某豪子垂涎某處女有姿色，欲娶爲婦，知已許人，誘其夫壻至館會飲，因而謀之。使净旦二脚色勸酒，一舉而斃，誣以發急痧死。嗾人以百金媒女，許之。前所默禱事成者爲此也。嘻！許願酬神者，竟如此乎！亦婦女觀劇者之冶容誨淫也。型家者可以鑒矣！

天開口

咸豐六年十有一月，官兵克復湖北，追至黄梅。邑紳耆迎皇師於境外，時近五更，遥聞東方忽聲如霹靂，裂口十餘丈，寬六尺許，中如電光閃爍，閲寸香時仍合。余華峯師共睹焉。後語予曰："此兵燹象也。東南大兵災矣！"連年兵賊交鋒，烽火不絶，赤地亘數千里焉。

地裂坑

道光八年閲京邸報，直隸山東界，四月初，平地忽裂一坑，寬二三丈不等，長數里，深險莫測，有廬墓衢市陷入而不見影響者。煙瘴轟起，人畜觸之立斃。更有似狼非狼，似虎非虎之獸，狰獰怪異，非中土所習見者，出食人畜，逐隊成群。始見人猶畏忌，繼乃咆哮横行，直入人室。人閉門不敢出，傷人畜無數。以畿輔通衢百十里無人跡，事上聞，加恩賑恤，詔地方官督兵役捕逐，礮火轟擊，仍歸裂口中。閲月餘，大雨淋漓，裂口漸成壅淤。至今猶能指其處焉。

河　　清

咸豐九年冬十有一月，予自都歸，過濴澤口。時風恬浪静，見河水澂澈，天光雲影，相與徘徊。顧舟子曰："此非黄河清耶?"曰："然!"近來已清數次。上年清七晝夜，上下千五百餘里。後至十一年，又聞如是。諺曰："黄河清，聖人生。"《傳》曰："俟河之清，人壽幾何?"吾儕小人，何幸而及身親見之乎?

或謂黄河出入中外，凡九曲，千里一曲，經一曲更千里，爲兩間澮洩之區，宜濁而不宜清，猶人身之有大腸也。此亦變異事，附録之以俟驗云。

地　　震

道光初服，聶漱之①孝廉（兆芳）館於直隸磁州署内。一日，未刻，忽西方有聲如霹靂，同座刑幕某，謂州牧曰："此地震也，災害至矣！速取印行!"人急趨避官署，民房不數刻盡傾。孝廉及同座者，過文廟泮

① 聶兆芳，湖北黄梅人。清嘉慶九年舉人，官咸寧教諭、卓異知縣。

橋，狀如小舟欲覆，顛撲莫可名狀。城内外無寸壁片瓦，壓死人畜無數。一大右橋，上設鋪攤，下行舟筏，斃百餘人，連界數懸挂皆然，而磁州爲甚。震動嘗發，閲一年間，餘釁乃已。

水　沸

塔忠武公（齊布）由岳州擊賊至梅中，復二十餘城，殲賊數十萬。田鎮之捷，即昱役也。僞燕王秦日綱竄梅據城，復敗，縱火夜遁。翌日，余至朱家嶺，同人立朱宅門垣，垣前有塘，水忽湧起，如江湖乘風作浪狀，自東而西，一刻播拋者三，避不及，履爲之濕。水旋落，垣中猶遺小魚數尾，時咸豐四年十一月五日未刻也。後聞鄰邑數百里内，湖池塘水，同時皆然，閲月餘，水營官兵失利，陸路隨之，賊復上竄。與後七年、十一年合計之，賊西竄者三，適符其數。

火　見

兵火曰燹，鬼火曰燐，燹未形而燐先見者幾也。梅自粤逆驛騷以來，每擾一次火先兆焉。始於咸豐二年十月八日，夜大風，行者憚不敢出。忽有火光大如燭，小如燈，密如田中禾，高稱之，上下左右，窮目所極，自東徂西，緩緩排列而行，無參差不齊態。歷亥子二時，盡見火處人不覺，遥望乃見，衆駭異。閲月餘，賊先陷漢陽、武昌。次年正月，下江南。又次年，大股擾梅，自松邑來，始驗。嗣後值天陰及雨前後黄昏時，高阜望之，或亦間出。其照耀一線也，即塔忠武克雙城驛、五沙坡之血流成渠也。其明滅團聚也，即多將軍破陶家嶺、細石寨之屍積如山也。其閃灼湖濱也，即李九帥童子牌一捷殲斃二萬餘賊也。其瑩澈山麓也，即鮑軍門大河鋪以下連破九十餘營也。至若燕賊自南來，狗逆自北往，則如燕雁代飛之火，驗焉；游勇擊於東，王營炸於西，則如熠耀宵行之火，驗焉；一英、輔二僞王也，進而出山救安慶，退而沿水竄蘄黄，則往來如織之火，驗焉；一王先明諸頭目也，始而活埋殛其命，繼而燒灰泯其形，則殘星幾點之火，驗焉。外此而桂家坂、柯家嶺、古角、考亭諸鎮，其火無不旋至立應者。一時避亂人，視火有無多寡爲趨避焉。嗚呼！梅一蕞爾彈丸地耳，火光一見，尚屢試屢驗如此，則通都大邑，當不知若何明效也！姑就所見録之。

咸豐十年二月多帥克復潛太營，駐太湖之新倉，司更巡壘者，見營外由太湖往石牌路一線，火光若游燈狀，照見兩足，不見上身何狀。時石牌至安慶，皆官兵，疑將來或有潰敗。至十一年狗逆兩救安慶，皆敗回，始驗。又同治元年六月初五夜初更時，近縣東北火光絡繹不絶，疑是作齋醮者所爲，次日訪之，居人云，近地並無此事。是年閏八月十四夜，兩河口一帶，山縣至停前大路，四更時火光一線，約十里許，中有高如列炬，望若燈傘，凶焰異常，自西而東。次年三月，髮捻竄梅，沿途騷擾，至是皆驗。

黄昏墜火

咸豐七年三月初旬夜，微雨，黄昏無月，空中忽有火光墜於門前垣内，大如瓜，轉瞬不見。時賊踞宿松，屢掠梅境。予與諸弟庭前散步，籌及避亂時事，互相驚訝，皆曰："此兵燹兆也！此宅難保矣！"至四月望後，賊充斥山中，余宅果遭燹焉。燼家産近萬，然亦失馬爲福也。維時戀家財者非拷掠，即奸擄，多斃命，財亦罄焉。予自宅焚後，以重資雇健足五十餘名，攜眷奪隘而出，途中口占有"全家骨肉烽煙裹，萬卷詩書劫火中"之句。去不復顧，脱然無累，卒能保全，安知非蒙造物示變而知警焉！

黑夜拋磚

道光十五年乙未五月初十、十一等日昏暮時，邑北門外龍華寺門首，皆居民菜園，荆棘籬畔，憑空拋磚而來，大小約百餘件，自南而北，磚上有水若出污泥中者。是處無倒牆敗屋，不解磚從何來。自後百餘日無雨，歲大旱，或云旱魃作祟。

石　　裂

考田鎮王家灣居宅後，山嶺大石，盈數丈，峭拔異常，素無裂縫；忽分爲二，齊截如刀割狀，半留原址，半輾轉至山腰。時秋高氣爽，無雨傾雷劈，一奇也。

土　　崩

道光二十八九年，大雨連綿，高山多起蛟。先時草木陰翳，石骨渾淪，忽而縷煙上冲，土蠕蠕動，即决裂如瓦解狀，或墜一壑，或塌一丘。宿松段鏡湖①孝廉與吾邑梅古芳明府談論及之曰："此盜賊蠭起幾也。"不數年，粤逆猖獗，本地亡命徒，果悉附焉。

石　　徙

小溪鎮打鼓嶺有樟樹大數圍，居民胡人祠墓在焉。宅旁大石高丈餘，厚倍之。嘉慶二十五年秋，平地忽徙數丈，基下露出骷髏一具，大如箕，約重二十餘斤。餘骸杳然，亦無灰炭棺木痕跡。本地故老八九十者猶存，僉云向無古塚。愚按骷髏如此其大，必防風之骨，大能專車，方稱此頭也。噫異矣！

山　　移

道光己酉五月十八，邑東鄉卓壁鎮土名煙鋪。大雨時有山高數仞，

① 段光清（1798—1878），字明俊，號鏡湖，安徽宿松仙田莊段家老屋人。清道光十五年舉人，曾任杭嘉湖兵備道、浙江按察使等職。著有《鏡湖自撰年譜》。

徑三百餘步，忽自移數十弓。其林木墳墓，安然無恙，數小兒樵牧其上，如坐船中，而不知船之行也。

兩鍋精

黄梅馮茂山爲五祖禪林，相傳巨鍋二，一日俱飛。一入太白湖，一爲神鞭下，即今存在寺者是也。鍋厚數寸，圍丈餘。又俗有三月三、九月九，鍋精朝四祖之説。每至必大風雨焉。余初亦不信，及閲魏默集①述其先人明萬曆間魏副使宅内，忽有鐵鑊從空來，大數圍，内實麥飯，平滿猶温。乾隆中改宅建祠，置鑊樓上，至今邵陽魏氏稱望族。凡物興則爲禎祥，敗則爲妖孽；至異之事，自寓至庸之理。梅夙稱佛國，靈蹟頗多，安在鍋精之必不可信哉？

九塔異

國朝克取西藏，不數里地中有九塔，相傳自天竺國飛來。西域花卉不多亦不常有，惟此塔上，諸花咸備，中土名花，西域所無者，皆有之。有一塔，坐落水濱斜石上，勢若垂危，影入湖中，横斜可玩。想飛來時造物隨意措置於此，未及安妥，卒不顛撲，真神奇也。後有一金頂塔，日光照耀，精彩射人，忽爾飛去，不知所之。

木實兵器

戊午、己未，余在都門，晤廣西、湖南同事者，談及彼都近事云：“逆匪未肆之先，草木結實，狀如兵器。”時同邑宛偉甫②刑部見職官多

---

① 指魏源（默深）之書，作者簡稱“魏默集”。

② 宛立俊，字偉甫，清道光二十九年湖北鄉試亞元（其父宛名震爲嘉慶十五年亞元），咸豐九年成進士，官刑部主事。

指捐川陝，慨然曰："如君言，則二省定不安矣。"余上年自蜀歸，舟子指江濱古槐語余曰："此木前實一物，約數尺長，如偃月刀狀。"又長安人曰："吾鄉一木從不實，忽實一物如鉞釜狀。又生一草如箭竿狀，鏃羽宛然。又有藤蘿糾纏，如人馬騎射狀，皆兵象也。"按金本克木，此偏木形肖金，物理反常，令人莫解。及辛壬癸甲，髮捻回逆亂，其事始驗。

樹生倒人

黄梅縣署右，新蔡驛舊址也。圍牆下有皂角樹一株，約數圍，外缺一隅，中半空焉。有物倒懸，狀如人形，長四尺許，即樹心也。時賊踞梅，驛署俱毀，見者驚爲神，欲祀之。賊固素毀神像者也。畏賊勢，不果。余聞而視之，見木空如鐘，内懸一物，頭項肩腹與人不少異，但手足若拘攣然。因叱曰："此生民倒懸象也，木顛當解矣。"後王師克復，木因風而拔。

古木孕鵲

邑上沿鎮地名團林，汪氏祖墓在焉。有古木大數圍，老且枯矣。道光十五年，因風拔，土人劈爲薪炭。中空一穴，狀如木瓢，有二鵲伏其中，一雌一雌，羽毛青碧可愛，非復尋常習見之物。每鵲約重十一二兩，雖不飲啄飛鳴，而精彩自若。穴無歧孔可以出入，蓋木自孕也。一獃漢擊而棄之，不朽腐，越異時，猶香。牧童玩弄，不知何往。或曰："此必精氣爲物也。"木枯而精氣凝結，必有用處，惜當時不知珍惜耳。

吉土生龜

咸豐初服，予表弟汪七遷葬其母於卓壁鎮潘家河開礦，黄土凝結，堅如石，中一穴，約二尺許，有小龜七枚，每枚約重四兩許，穴無旁孔歧路，想亦龜中自生也。加棺其上而掩之，或謂龜爲四靈之一，其中必有生氣，不得謂非吉地焉。

檀柱生蘖

山南鎮放馬廠，南鄉通衢也。鬻茶者構茅棚，居棚前，豎檀爲柱，大如拱，乃三年前薰於厨梁者也。豎後亦歷有年，往來行人，憩息其地，手摩足依，斑痕舊矣。至同治二年夏，此木近土處忽生旁蘖，青挺約二尺許，衆異之。主人以爲不祥，拔之。予聞往觀，猶見其有餘幹焉。

竹籬放光

道光二十八年戊申六月初一、二、三等日，邑治化龍門外南岸沿河一帶，多居民菜圃，皆編竹爲籬，久乾枯矣。忽至夜放光，人争異之，攜入宅視之，亦然，若玻璃水晶狀。日則否，閲數夕，仍枯寂矣，了無他異。至七月初，大水入城。明年己酉，水大丈餘，始知爲水災兆。或謂合花樹，朽亦放光，即腐草爲螢意，亦造物精英，化朽腐爲神奇也。何以前後皆無此事，録之以俟參考。

木　凍

咸豐五年春，大雪後，木上凝冰，枝幹包裹如玻璃瓶内插一柱焉。又木皮裹膜外腠理之間，冰亦凝結，日出冰銷，皮盡脱矣；如竹解籜，如蛇退蜕，亭亭骨立，無一生機。論者謂陰勝陽衰，如賊圍兵，兵圍賊，有外攻内潰之象。時東南半壁，皆成戰場，此則先見之機焉。

樹　哼

邑諸生朱華讀書五祖禪林，禪旁古木森然，有歷年而大數圍者，至夜分作哼聲，聞者心悸。即而聽之，至此若彼哼，至彼若此哼，或疑有怪。陰而伺其確鑿，將斫伐之，遠者哼，近則否。諸生曰：“世事將變，此樹有不平之鳴焉，但劫數未到耳。”及粤逆踞梅，禪林被毁，古木薰爍亦焦枯而成灰燼矣。又四祖佛殿前，有倒垂古柏數株，龍幹虬枝，相傳爲佛手所值。旁二株，乃邑亡命曹鼎元從賊縱火被毁，先時亦有樹哼之兆。

井水卜旱澇

邑西鄉錢家塝，宅旁古井，每歲除夕，土人洗井，點水不留。自酉戌至寅卯，視此夜井水高低，驗來年一歲旱澇。如子時前水來，急且多，主秋前水災，緩而少，主秋前旱災；子時後，水來急且多，主秋後水災；緩而少，主秋後旱災；若水勢照常，不疾不徐，定無災異。此井以磚甃成，按磚層次量水高低，自有井以來，無歲不驗。種湖田者，往往視此爲趨避焉。又水色極濁，主山洪，真靈泉也。

木石成畫圖

熱河山水佳麗，土人伐一喬木，劈分爲二。木中文理，酷似該地山水景致，可作桌面。又有一石，剖開，石中文理，如寫就一幅人物畫圖，見造物生物不測。

鵲巢知水潦

縣治北關外茶兒鎮石家圩，道光二十八年有鵲巢於隴畔，農人蹴之，復然。是歲大水漲至此，明年鵲仍巢於是處，上移半里許，土人因以驗水災高下焉。遂聽之，後復驗。禽鳥誠得氣之先者也。

鼠渡識火災

道光二十八年戊申十一月，楚省塘角火。此地横豎十五里，桅檣林立，遥望如麻，人聲鼎沸，百貨雲集，鹽船米艘萬數。富商多有在舟設匯票局，及銀號者，能不脛而周行海内也。是月望後，船上煙館吸洋煙起火，大風旋繞，閲二晝夜，上下江無一船行，四圍皆熾，由外而中；因錨鍊錯綜，猝不能起，約數十萬人，無一脱者。閲數日，江中浮肢體不全，及焦頭爛額者，不知凡幾。金銀山積，皆淤泥中，古來未有如是之火災也。龍翰臣殿撰（啓瑞）視學楚北，其眷屬赴任，官船直泊其中。太夫人舟居日久，覺寢食難安，命舟子移泊城隅，即行進署，不必選期。甫解纜出套而火起矣，舟尾猶帶焦痕。龍公世宦有隱德，此中若有或使之者。聞起火數日前，有星隕如虹，又有鼠數百萬，銜尾亂流而渡，浮江面如木筏然。後數年，塘角湖水漸淺淤，成大洲數十里，雖地氣已竭，亦天道惡盈也。又對岸漢口鎮市四十餘里，財富甲天下，爲南五省大都會。咸豐四五年間，粤逆充斥其中，塔忠武官軍攻剿，賊氛四出，一炬遂成焦土。先時有鼠渡江，如塘角狀，皆先機也。

虎晝出

咸豐元年至六年，粤逆猖獗時，邑多虎，僉謂亂幾也。他處勿論，予居龍坪鎮地界，若白土村、龍鬚岩、豹子嶺、石隙隴等處，往往虎豹三五成群，視若傳舍，獵者屢獲之，同人購以熬膠，中一雌腹孕胎三，二虎一豹，牙爪森列，毛色斑然，即諺云虎生三子，有一豹也。按食品推豹胎爲八珍之首，兼治虚勞，較熊掌尤美。予三弟達夫素孱弱，食之不見佳，亦無甚益，殆罕而見珍，震於其名耳。十一年六月二十六日，僞英、輔二王蹂躪山中，人聲鼎沸，如潮如海，鄰人胡思泰、錫隆兄弟等，夜半匿宅後芭茅叢中，極幽僻處也。日出時見有斑毛閃灼，隱約林中，相去丈許，疑此炎熱，何來衣虎豹裘者與之匿處乎？諦視則一虎蹲其旁，豎足曳尾，有息喘狀。胡自悲曰：“命休矣！今日不死於賊，必死於虎。”旋自解：“安知非虎畏人聲，亦同避賊，吾輩或假虎威，尚得保全耶？”虎初不覺，俄聞人聲，騰躍踞岩上，約數丈高。是日被擄者多，胡兄弟家人皆無恙，逢人嘖嘖自推爲虎之力也。後一年，英賊俘獲，而虎蹤絶矣。

鳥夜鳴

禽鳥知時，晝動夜静，惟城市中夜聞鼓角更爆聲則鳴，感物而動也。外此若寒鴉、飛雁，水鳧、布穀等，間亦有之。其餘忽而夜鳴者爲變異。咸豐四年二月間，逆氛告警，城内一空，一二守家者，晝入夜出，予與同邑梅古芳進士宿城外張佃家，更深散步門垣，昏黑悄静，鴉鵲不時鼓噪，或南飛北往，或此去彼來，若喜而弄晴，若悲而喚雨，驚警異常，因相語曰：“鳥不得其平，則鳴也；物猶如此，人何以堪？”不一月而賊至矣，焚屋伐樹，毁巢破卵，鳥無依歸，日夕啄食屍骸，是其驗也。至十月間，夜復然，賊踞梅，塔忠武公從上游下擊，賊遁。予入城探屋，過北邙山，屍骸枕藉，無駐足處，見鴉鳴鵲噪，啄食賊屍，若飛蝗雨集然。後數年間，聞鳥夜啼，必有警信，承平時，鵲鴉無故夜鳴者，亦主死喪，蓋屢試屢驗云。或曰：“‘月明星稀，烏鵲南飛’，此非曹孟德之詩乎？見星月而夜鳴者，鳥之常也，何足異？”予笑曰：“孟德之詩，即是讖語。不觀其下句云‘繞樹三匝，無枝可依’乎？當日周郎一炬，八十萬人存無幾，孟德亦焦頭爛額矣。異乎不異乎？”或始恍然。

軍營礮裂

咸豐元年十二月二十三日，粤逆犯廣西荔浦等處，向忠武（榮）用二千斤礮攻城。食藥稍多，食子稍緊，致礮裂，傷兵五名，屍皆不見。另有人卧帳中，飛礮鐵一片，碎其首，目眸子迸黏於帳上，令人心悸。

咸豐四年，楚北官兵駐望山門外，山上輦萬斤大礮，擊賊營，斃三百餘賊，盡爲肉泥。食藥太多，致坐丈餘，我兵亦傷死多人。

道光初，邑東鄉卓壁鎮某獵户善鳥鎗，一日，重食子藥，放時聲甚厲，右手大、二、三指躍黏粉壁上，蠕蠕然動；左手自掌中裂至脈動處，分爲二，如刀劈狀。甫裂時，麻木不知，肉色晶瑩，其人自視吐舌大笑，少頃，血出如箭，即倒地矣，其激烈如此！

火藥局焚

同治六年丁卯九月九日酉刻，月色黄昏，天頂微偏東南，忽閃一凹，火光煞炊，望如深坑中有人物衝突，樓臺傾倒狀。更有流星似箭，旁出擊射，參差不齊狀。少頃，漸成煙雲，漫滅不見。占者謂四十九日内，當有奇災，未指何方何事。時粤捻出没，人疑兵劫。至十月二十六日，湖北省城山前大校場火藥局，有某姓人年五十許，素老成，傭局守門，日正午坐而假寐，恍見黄衣三人，魚貫入，叱其速起。聞後一人問前二人曰："到齊否?"答曰："到齊。"一轉瞬，己身不覺送到山巔，望臺基上，離局三里許。但見山下電閃雷轟，聲如鼎沸，大小石塊，飛舞空中，如衆鳥出林，又如回風舞雪，倏忽萬狀，合抱石礎，羅致山頂，闔城居民，不知所措。在家則牆傾壁倒，出外則地覆天翻，群向有日光處逃避，莫不駭膽慄魄，未解何故。閲一時稍定，至申初復然；日近山時，始知火藥局起火。城中有二局，一在大東門内，一在新南門内。此局方終，彼局復始，相去數里，中隔一湖，大約聲氣相感應也。先是洋商餽西洋子母礮二尊，安置局内，礮西向。因火藥牽累，子母回圈不已，塌民房數千間，斃居民數千口，局長十餘員，局工局役數百人，局牛三百餘頭，皆製碾火藥者也。人畜多不見屍，其遺骸零骨，後於挑挖瓦礫時遇之。堆積如山，慘不忍視。焚硝磺數十萬斤，陷平地百餘丈，重淵巨浸，毗連而七，淺者丈餘，深者五六丈。一局工在局臨飯，欲出典衣，衆留之不聽，去即發矣。一局役在家卧，起欲往局飯，妻沮之，不聽，至即發矣。某富家婚嫁，因擇吉日，遷期已再，至是時新郎新婦，乘輿過此，數十人就道，皆烏有矣。閱數日，家人尋覓僅得零星轎簾彩綢，及新婦弓鞋等件，餘骸皆不辨識。城外十餘里，洪山有二牛自牧，夜無收主，後始知爲局中碾藥者掀播至此。大江中船震翻無數，對岸漢陽、漢口洋行玻璃，一時裂碎幾盡。尤奇督撫二標兵弁，見火藥局如此情形，疑有奸細爲害，用鎗礮向局所齊施，城外水陸營盤，聞城内如此緊急，疑有賊匪竊窺，率礮船向城内環擊，内外夾攻，火上添油，可恨可笑。黄岡陽邏路六十里，且在大江北，驚爲地震，宜天之垂象示變也。

附録數則

咸豐九年秋，在都見報，山東火藥局失事，震陷十里餘，傷死四千餘人，皆有姓名可查，無可查者，不知凡幾。撫院奉詔加恩賑恤。同治二年梅古芳明府在風陵渡，是處有武員，以巨甕儲火藥，日久凝結，命小卒四人，門外承接，二人甕内搗取，因劈柴挫甕，出火即炎矣。時古芳與同事共寓館中，距該處半里許，忽有物穿屋瓦而下，方訝爲鷹隼飛入，諦視，乃一隻人腿也。驚駭不能語，俄聞裂甕事，始知門外四人，僅存一腿，餘成灰燼矣。

康熙末造，大將軍年羹堯門下多高士，有幕友成姓，善六壬，占某月日時難星見，萬莫能解，因修省以俟之。及期，適相知家有慶賀招飲，逡巡不欲往，轉念計曰：“既相知應同患。”且往曰：“或者共相解免乎?”往入門，見賓朋滿座，語相知者曰：“諸君休矣！請急散!”衆揶揄之，成不俟駕行，遺一珊瑚朝珠於相知家，值數萬金，未及歸，路聞轟聲如雷，報火藥局裂矣。附近房屋，陷如深淵，相知家殉焉。成歎曰："真徼幸也!"或問遺朝珠意，成曰："非此不足以殉，劫財可當劫命也。"愚按此君劫財保命，其說固然，亦由修省以俟，及相知同患之説，有以感召耳。

《明史》載：天啓六年五月，忽見飆風一道，内有火光震裂，王恭廠火藥局平地陷二坑，深一二丈許，塌屋一萬九百十三間，死五百三十七人。何人少屋多，豈當日政煩賦重，人多離散耶？有可異者，庭樹拔完而無庭燎之跡，藥樓飛去，而成浚邃之坑。内城駙馬街石獅重五十斤，躍出順承門外，三十餘人同死造藥處，何以一人無恙？是日京師婦女乘肩輿者，皆於輿自去其衣，若有物攝之墮。昌平州與此守門者事略同。

按硝磺二物，一爲陰精，一爲陽精，水火之烈性，分之冰炭不同，合之陰陽相薄，必常見風日，以洩其性。久鬱則火自内生，不燃自焚，多者更甚，亦鬱極必發理也。聞思患預防者，必於禁北城方僻壤四面濬深壕，蓄水令滿，環繞其局，以水制火，於理最合，録之以備採取。

煮鹽異事

古人官山府海，以鹽利爲最，然鹽之出於海者易爲功，而鹽之出於山者難爲力；鹽非煮不成，煮非火不得。河南、山西皆薪炭爲火。余在北闈策問，有鹽政一條，與川陝雲貴同號人談及各省鹽利云："彼地鹽出於山，山中有火。如東山出鹽，對面西山必出火，火不施薪炭，但穴地以竹通之，竹中去節，火從内行，竹以繼竹，直至釜底，火蒸蒸矣。水竭成鹽，火不銷竹，見造物美利之巧也。煮鹽不用鐵鍋，編竹爲之甚便。取火無煩鑽燧，脬囊盛之以行。法用豬羊尿脬吹脹風乾，口向火穴，貫滿其中，可照夜行。欲覓火者，以針刺孔，火吐如芒，可燃燈燭。仍拭以唾津，閉而不出，南人謂爲異事也。

挖錫奇災

廣西多山，山内出錫，開一老丱，積數百年，漸至二三十里四五里不等。挖錫者火鑄爐傾，肩挑背負，絡繹不絶，途中不一二里，茶酒飯館，萃然俱備，以利之所在，衆之所趨也。嘉慶中葉，鄉先輩胡海峯孝廉宰是邦，時錫丱老口山門忽墜，約數里地，莫測其蹤，欲復開口，勢無及矣。坐視千百生靈，束手無策，但聞人聲如蚊，閱半月乃寂，撫軍設壇祭之，垂涕而去。

産　異

道光年間黄連鎮陳中坂陳某婦，一孕而五産。初生較常産嬰兒差小，最後如巨鼠，略似人形，産下皆斃，婦仍無恙。其同室某聞其異，往視之，見盛以小木盤幾滿，曾舉以語人云。

戚王某述西鄉某婦一孕三産，皆異物，胎衣裹之，狀如提茄，色赤，大如瓜，每顆約三四斤。初微動，少頃寂然矣。家有好事者，破以斧，堅如鐵石，婦亦無恙。

鄰右劉某薙髮爲業，其婦已産男女數胎，年四十，産異物，胎衣裹之，並蒂如搭連囊狀，内戛戛有聲。穩婆摩挲，若蛤蚌螺螄等物，欲傾視，産婦恥止之，後下血數月，亦痊。劉某視爲予言云。

邑某劉婦初産男，喜極，兒墮地後，即精理襁褓，不復他顧，三朝洗兒，見兒前後皆有勢，懣甚。欲去之，恐傷兒命，因思油髮束痣疣，可以脱之，如法治勢，果落。今且成人矣。嘗閲《秋雨盦集》内載群兒戲浴於池中，一兒前後俱有勢，今始信之，惜無人授此法也。

人　　妖

嘉慶年間，邑歲貢某，舉子遲，婦中年産一男，周身無骨，提起不減常兒，置之如覆釜上加一兒頭，令人驚異。飲食便溺，同常兒，必需人始能。口音人莫識，惟其母乃辨。愛憎極獃，見沐浴，手提濕巾，滴水於盤則笑。若委之盤内則怒而泣。少頃，提起又笑，想亦惡其狀似己也。陽不能舉，能解人道意，欲娶婦，年逾二十而斃。

道光初，邑宦族某諸生婦，初産一男，一首前後皆有面，耳目口鼻亦全，係夜生。襁置卧榻旁，穩婆及僕婦皆見之，婦未審視，喜極視如掌珠，衆未便言其狀貌。紿問曰："相公降生逾時矣，盍乳之?"婦如其言，一見叱而擲之於地，遂墮斃。

短　　人

湖北漢陽有一短人，羅姓，約二尺有餘。洋人奇之，雇去作把戲玩賣人觀看，三年給厚資送歸，娶妻生子，大如常人。同治十二年，余在漢口親見之，約四十餘歲，唇上有鬚寸許，口音如常人，給食物等件，學洋人口音爲戲。

長　　人

安慶有一長人，九尺，詹姓；洋人亦雇去，與短人同賣，供人觀玩，得重資而歸。

世運類

嘗棘闈之甘苦

國朝科目取士，人才日出。康熙年間，仁皇軫念寒儒，欲與多士共嘗甘苦。查有某省舉人一名，未赴禮闈，代爲投卷。聖駕微服入場，内外諸臣，皆莫知也。坐號竟分得龍字一號。三場完畢，得與榜選。時暮春尚有餘寒，詔嗣後會試，闈中各號，給單羊裘一件，場畢派員經管，爲下科用。日久糜爛，此事遂寢。而聖德高厚，故老猶稱道之。至今龍字一號封，謂御坐也。

知稼穡之艱難

道光年間，麻城程宮詹德楷職司教冑，青宮冲齡受業。一日，上學，面帶淚痕，程疑其如士庶家子弟畏學也，敬問之。青宮曰："受太后責。本日侍膳，偶遺一飯於地，太后責以杖，命親拾之曰：'一粒飯，自辛苦來。百姓終歲勤動，成此粒米，不知汗流多少。遺飯不關緊要，即開暴殄天物之漸，將來何以知稼穡艱難，閭閻疾苦乎？'故責之。"程感泣曰："大哉懿訓！實國家臣民萬世無疆之福也。"遂啓《豳風無逸圖》與青宮口講而指畫之。備録郵書於家曰："太后生長阿保之手，密處深宮，而能洞悉疾苦，垂訓詒謀，雖曰有天授，實從史策書卷中得來也。我士庶家嫗孺，往往視物力如泥塗，對此當爲汗下。"咸豐初，應試黃郡，程宮詹後裔述其祖訓云。

薄眼鏡之陋習

眼鏡之設，原爲年老或短視者用之，行遠路，亦可避風塵，人巧濟天工之窮也。乃近日紈袴子弟，以此炫燿，嘗於尊長前作睥睨狀，而京都宦習尤多。乾隆年間，大考翰詹，詩題賦得眼鏡，得多字，咸鋪張眼鏡妙處，惟阮文端公元作稱旨，有句云："四目何須此，重瞳豈俟他？欲窮千里遠，尚隔一層多。"擢置第一。嗣後眼鏡之習稍斂。國初有李公時修者，骨鯁士也。赴任請訓，奏對畢，復泥首曰："臣有另奏。"上問何事？對曰："臣少孤，幼承母教，宜讀書立品，盡忠報國。臣拜别時，母屬曰：'兒入覲，務睹聖顔，歸爲我言！'臣令仰視，懼犯天顔；不視，有違母命，臣不敢欺。"上笑曰："許爾諦視。"又奏曰："臣短視，非近光不能。"上曰："爾有眼鏡乎？"對曰："有。"命近御座，取眼鏡視之，即謝恩出。上語侍臣曰："此人有孺慕忱，不欺母，自不欺君。求忠臣必於孝子門也。"際遇之隆，一時傳爲佳話。

識手書之微瑕

乾隆五十八年癸丑會試新進士，朝考後，純皇御製《筆誤識過文》云："昨朝考題，三月即擬定手書封識交監試官，以試諸士，可謂謹密之極矣。乃今日閲卷諸臣，定等呈覽，視之則'積古'也，不見於經文，乃憬然悟曰：本擬'稽古'而予筆誤'稽'爲'積'，監試諸臣，見不及此，而未請旨。是諸士子之誤，皆予一人之誤也。夫試題一字之誤，亦何關緊要？然使政之是非，人之生死亦如此，誤書可乎？且予誤而無人敢言，則諸事叢脞，其弊將不可勝言矣。書以自責用戒後。此硃筆之慎也。予更思之，'稽古'固出於典謨，但稽者考也，'稽'在人而'古'在古，猶有彼此之分焉；至積則聚也，稽①而聚古於心，施於言行，播

① "稽"疑爲"積"之誤。

爲政治，而非徒資博雅之爲，不亦宜乎？諸士子並未言及此，是以申而論之。然總類飾非，文過之辭，益重吾過而已耳。”軍機大臣遵旨恭録全文，示新進士。殿撰潘世恩等奏稱：“我皇上熙績釐工，惠疇亮采，合洪纖而無間，實中外所共聞。凡繫乎民生，關乎政治，豈有毫髮未致其精詳者？乃協中既審於萬幾，過並嚴於一字。蓋慎之又慎，彌昭翼翼之小心；雖微乎其微，亦寓煌煌之大誡。况稽於古訓，何如積於厥躬，闡義入神，竭臣等愚蒙，而莫能索解。因文見道，經聖人指示，而頓覺貫通。臣等雒誦迴環，曷勝欽服慚悚之至！”

克嫻名器之重

同治二年，上冲齡，見太監戴白頂子，戲曰：“白頂不甚出色，盍易藍頂？”太監謝恩，易之。後太后問其由來，曰：“佛爺賞。”佛爺者，本朝内豎稱上語也。太后諭上曰：“名器不可妄假，太監無甚功，何濫賞？”上令還原頂。太監曰：“佛爺無戲言。”上曰：“過則勿憚改。”時讀《論語》，即能領會聖經，改過不吝，亦天授也。

能念師傅之尊

道光中年，杜芝農相國（受田）教胄。時未躋卿貳，文宗受句讀於青宫，見上書房官多紅頂，請於上曰：“師傅杜某，何不載紅頂子？”上笑曰：“阿哥亦知尊師乎？”對曰：“師尊則道尊。”上嘉納之，即升卿貳。杜侍青宫，講《資治通鑒》及《大學衍義》二書，全集已遍兩次，宜乎教諭德成，學有緝熙於光明也。

勿啓奇淫之漸

同治三年某月日，艮峯相國倭仁入朝，遇二太監舁一箱進大内。問何物，不答，啓視則梨園子弟所用綱子、鬚子、傀儡殼子及刀劍等件。

問何用？太監曰：“佛爺玩。”相國即上摺，大意謂皇上冲齡，天真未漓，習尚未開，正宜涵養氣質，薰陶德性；宦豎須用老成，毋或作爲淫巧，以蕩上心，似此即開奇淫之漸等語。兩宫甚嘉納之，命毀其玩物，從諫如流，不徒見義方之訓焉。

不開貢諛之端

同治元年，庶常散館安民，則惠賦題以“堯舜帥天下以仁”爲韻。一人鋭意揣摩，鈔襲歷代后宫典故，煉成四六，爲趨時捷徑。場中得此題，腹稿已成，覘同人中未有作頌揚體者，至午刻方謄真，專以頌揚兩宫立意，押舜字韻，有“天上神仙”、“女中堯舜”等語。“堯舜”二字，三擡平寫，敬頌兩宫，餘皆典麗裔皇，自喜得不傳之秘，不作第二人想。閲卷官果擊節歎賞，擬取第一名，進呈太后覽畢，批駁以爲不切題義，故作頌揚，實開貢諛之端，置二等末。閲卷官藉此逢迎，更爲可鄙，著部議！后德謙冲如此！

附録邊御史疏稿

浙江道監察御史奴才邊寶泉跪奏爲督臣進呈瑞麥，風尚攸關，請旨訓飭，以防流弊，恭摺仰祈聖鑒事：竊維貢諛獻媚，端必有所由開；而杜漸防微，機貴嚴於先見。祥瑞之説，盛世不言，即豐年爲瑞一語，亦謂年穀順成，民樂其業，以是爲瑞焉耳。未聞有水患頻仍，民生凋殘之時，而猶復陳嘉祥瑞應者也。自漢迄唐，臣下競言符瑞，其始倡之者一二人，其弊至於一草一木，争獻不已，侈逸上心，愚惑天下，莫此爲甚！奴才恭閲邸抄，大學士直隸總督李鴻章奏清苑縣暨廣平府等屬，呈報麥秀兩歧，並進呈麥樣，以爲靈異。此摺中外傳出，物議紛紛。考之宋太祖乾德四年，澶州濮陽縣麥秀兩歧，至五六歧，各數十年不等。神宗時麥兩歧者，四十畝。徽宗政和二年，蔡州麥一莖兩歧，至七八歧，近約十餘畝，遠或連野。一代如此，他代更不可枚舉。奴才少居鄉里，每見麥非甚歉，往往有之。推原其故，或地力有餘，或得氣偏厚，足以致之，物理之常，何異之有？即以瑞應言之，漢章帝時大臣有以嘉穀、芝草諸瑞，議改元章和。當時何敞據經義面責宋由、袁安，由、安且懼，不敢答。至馬端臨纂《文獻通考》，乃舉歷代祥瑞統謂之物異，夫祥且謂之異，今以恒有無異之物而以爲祥，可乎？上年直隸水災之大，爲數十年所未有，畿輔東南，幾成澤國，至不獲已而集捐外省，發粟京倉，議賑議蠲，動勞宸慮，迄今田廬有没於水中者。就令今年二麥豐收，猶不足補上年之歉，況收成多者不過五六分。近聞永定河甫經蕆工，北岸又行潰決，順天南路州縣，暨保定、天津各屬各河，亦多漫溢秋稼，並間有被蝗之處，雙歧之祥，抑又何取？大抵逢迎諛諂，乃庸劣州縣之故習，遇事揣摩，希圖見好上官；而紳衿之無行者，因而藉端貢媚，摭拾微物，妄事揄揚，弊實由此。況值邊省軍務未竣，民困未蘇。該督臣身膺重寄，名望素隆，當敬體皇太后皇上宵旰之憂勤，效何敞之公忠，懲宋由、袁安之導媚。如果地方收成豐稔，届時奏報，即所以仰慰宸衷。於此等庸劣官紳，宜明曉以物理之常不足爲異，以絶其迎合之私；豈可侈爲嘉祥，據以入告？原摺亦稱豈矜瑞應，竟明知之而故蹈之，抑又何歟？至於漁陽舊事，乃其時民殷物富，百姓樂張堪之爲政而歌之。直隸災害頻仍，小民流離可憫，乃竟飾爲瑞應，上瀆宸聰；而又援據古人，以爲比例，陽爲歸美於朝廷，陰實自譽其政績。竊恐此端一開，地方官相率效尤，務爲粉飾，流弊有不可勝言者。溯查同治元年殿廷考試，翰林院庶吉士嚴辰曲意頌揚，當奉旨嚴飭，中外同欽。夫嚴辰草茅一新進耳，猶且降諭旨以戒將來，況督撫大吏，倡言祥瑞，於吏治人心，關繫尤鉅，理應請加訓飭，庶各省有所儆惕，不致長浮誇而荒實政，天下幸甚！奴才爲預防流弊起見，冒昧直陳，是否有當？伏乞皇太后皇上聖鑒！

同治十一年七月十九日奉上諭：嗣後各該督撫務當勤恤民隱，於地方水旱情形，隨時察看，力求補救；不得率以瑞應嘉祥鋪張入告，用副朝廷痌瘝在抱之意！

罷叵測之權相

千古不患有奸臣，患有權相；亦不患有權相，患無聖君。帝堯當倦勤之時，共驩、苗鯀與稷、契、臯、益同僚；帝舜嗣統，流放竄殛四罪，而天下咸服，重華所以協帝也。國朝列聖相承，左右夾輔，無非一德一心，間有自外生成者，經聖人之燭照，而無所逃罪。若睿皇之殛和珅，顯皇之去穆彰阿等，聖德神武，上邁陶唐，恭録仁宗睿皇帝罪和珅通諭：

嘉慶四年正月十一日内閣奉硃諭曰：和珅受大行太上皇考特恩，由侍衛洊擢至大學士，在軍機處行走多年，叨沐殊恩，在廷諸臣，無有其比。朕親承付託之重，兹猝遇皇考大故，苫塊之中，每思《論語》所云“三年無改”之義。如我皇考敬天法祖，勤政愛民，實心實政，薄海内外所共知。方將垂示萬年，永爲家法，何止三年無改？至皇考簡用之重臣，朕斷不肯輕爲更易。即有獲罪者，若稍有可原，未嘗不思保全，此乃朕之苦衷，自必仰蒙昭鑒！今和珅情罪重大，並經科道諸臣，列款參奏，實難有以刻貸者。是以朕躬頒遺詔日，即將和珅革職拿問，臚列罪款，特諭衆知。朕於乾隆六十年九月初三日，蒙皇考册封皇太子，尚未宣佈諭旨，和珅於初二日在朕前進如意，洩漏機密，居然以擁戴爲功。上年正月皇考在圓明園召見和珅，竟騎馬進左門，過正大光明殿，至壽山口，無父無君，莫此爲甚。又因腿疾乘坐椅轎，擅入大内，肩輿出入神武門，衆目共睹，毫無忌憚。並將出宫女子，娶爲次子妻，不顧廉恥。年内剿辦川楚教匪，皇考盼望軍書，刻營宵旰，乃和珅於各處軍營遞到奏摺，任意耽擱，有心欺隱，以致軍務日久未竣。前奉皇考勑旨，伊管理吏部、刑部事務，銷算係伊熟手，今又兼理户部事件，伊竟將事務一人把持。昨冬皇考不豫，批摺字畫間，有未真之處，和珅膽敢口稱不如撕去，另行擬批。臘月間，奎舒奏報循化、貴德二廳，賊番衆千餘，搶奪達賴喇嘛商人牛隻，殺傷二命，在青海肆行搶掠一案，和珅竟將原摺駁回，隱匿不辦。又皇考升遐後，朕諭令蒙古王公未出痘者，不必來京。和珅不遵諭旨，令已出痘者，俱不必來。不顧國家撫綏外藩之意，其居心實不可問。大學士蘇凌阿兩耳不聽，衰憊難堪，係伊弟和琳姻親，欺隱不奏。侍郎吴省蘭、李璜，太僕寺李光雲俱在伊家教讀，俱列卿階，兼任學政。又軍機處記名人員，任意撤去。種種擅專，不可枚舉。昨將和珅查抄所蓋楠木房屋，僭侈逾制。其多寶閣後隔段式樣，皆仿照寧壽宫制。其園寓點綴，竟與圓明園蓬島瑶臺無異，不知是何居心！又所藏珠寶閣内真珠手串二百餘貫，較大内多至數倍；並有大珠較御冠頂尤大。又寶石頂並非伊應戴之物，伊所藏真寶石頂數十個，而整塊大寶石不計其數，且有内府所未有者。至金銀數目，尚未抄畢，已有數千百萬之多。似此貪黷營私，實從來罕見罕聞。以上各物，皆經王大臣等公同鞫訊，和珅俱供認不諱。如此喪心昧良，目無君上，貽誤軍國重務，弄權舞弊，僭妄不法，貪婪無厭，蠹國肥家，猶其罪之小者，實辜負皇考厚恩。數十年來，有能及早參奏，必蒙聖斷，立置重典，而竟無人奏及者。内外諸臣，皆以皇考年高，不敢煩勞聖心，實則畏懼和珅，箝口結舌，皆朕所深知。今和珅罪狀已具，其得罪我皇考處，擢髮難數，伊亦有嘴難辭。朕若置之不辦，何以仰對在天之靈？此不得已之苦衷，而封疆大臣，以爲何如？除交在京王大臣會審定擬外，通諭各督撫，特指和珅各款應如何擬罪，並此外有何罪款，各行據實覆奏！

抄呈和珅家内積聚財物估值單

上赤金八十萬兩，值銀一千二百八十萬兩。

中赤金三十五萬兩，值銀一百二十五萬兩。

一切金器鎔化，值銀一百七十九萬兩。

人參一百六十四斤，值銀七十八萬二千兩。

大珠一顆，值銀一千五百萬兩。

珍珠二百二十串，值銀二千六百五十萬兩。

散小珠，值銀二百四十萬兩。

紋銀二十四庫，值銀二千四百萬兩。

寶石頂六十八個，值銀六十八萬兩。

大塊寶石四十二方，值銀一百六十八萬兩。

珊瑚瑪瑙，值銀八十五萬兩。

貓兒眼蜜脂綵松石，值銀一百二十四萬兩。

古玩器物，值銀三百七十二萬兩。

五綵各色寶玉，值銀八百四十萬兩。

皮綿夾單紗衣二萬六千餘件，值銀七十二萬三千兩。

大小貂皮五千九百餘張，值銀六萬三千兩。

粗細裝修陳設等件，值銀一百六十萬兩。

恭録文宗顯皇帝罪穆彰阿通諭

道光三十年十月二十八日内閣奉硃諭曰：任賢去邪，惟人君之首務。去邪不斷，則任賢不專。方今天下因循廢墮，可爲極矣。吏治日壞，人心日澆，是朕之過；然替獻可否，匡朕不逮，則二三大臣之職也。穆彰阿身任大學士，受累朝知遇之恩，不思其難其慎，同德同心；乃保位貪榮，妒賢病國，不忠不信，陰柔以售其奸，僞才揣摩，逢迎上意。從前夷務之興，傾排異己，深堪痛憤。如達洪阿、姚瑩之盡忠盡力，有礙乎己，必欲陷之；耆英之無恥喪良，同惡相濟，極力全之。似此之固寵竊權者，不可枚舉。我皇考至公至正，惟以誠心待人，穆彰阿得以肆行無忌。若使聖明早燭其奸，則必立置重典，斷不姑容。穆彰阿恃恩益縱，始終不悛。自本年正月朕親政之初，遇事模棱，緘口不言。迨數月後，則漸施其伎倆，如英人漸至天津，伊猶欲耆英爲腹心，以遂其謀，欲使天下群黎，復遭荼毒。其心陰險，實不可問。潘世恩等保林則徐，伊則屢言柔弱病軀，不堪録用。朕派林則徐馳往粵西，剿辦土匪，伊又屢言未知能去否。僞言熒惑，使朕不知外事，其罪實在於此。若耆英之自外生成，畏葸無能，殊堪詫異。伊前在廣東時，惟抑民以奉夷，罔顧國家，如進城之説，非明驗乎？上乖天道，下逆人情，幾至變生不測。賴我皇考悉燭其僞，速令來京，不即予罷斥，亦必有待也。今年耆英於召對時，數言及英人如何可畏，如何必應事周旋，欺朕不知其奸，欲常保禄位。是其喪盡天良，愈辯愈彰，直同狂吠，尤不足惜。穆罪暗而難知，耆罪顯而易著。然貽害國家，厥罪惟均，若不立申國法，何以肅紀綱而正人心？又何以使朕不負皇考付託之重歟？第念穆彰阿係三朝舊臣，若一旦置之重法，朕心實有不忍，着從寬革職，永不敘用！耆雖無能已極，究屬迫於勢，亦着從寬降爲五品頂戴，以六部員外郎候補。至伊二人行私罔上，乃天下所共見者，朕不深問。辦理此事，朕熟思審處計之久矣，實不得已之苦衷，爾諸臣其共諒之！嗣後京外大小文武各官，公忠體國，俾平時因循取巧之積習，一旦悚然改悔，毋畏難，毋苟安！凡有益於國計民生諸大端者，直陳無隱，毋得自顧師生之誼①，援引之恩，守正不阿，靖共爾位！朕實有厚望焉！佈告中外，咸知朕意！

重守禮之儒臣

高陽李宫保鴻藻，品學兼優。咸豐年間，授讀青宫。今上登極，盡心啓沃，五六年未離左右。同治五年丁太夫人艱，兩宫留在任守制，懿旨不僅再三，陳情且至五六，盈廷奏請勸慰，悱惻纏綿，仰見禮遇之隆，極千載一時之盛焉！

恭録兩宫皇太后懿旨

户部右侍郎李鴻藻之母姚氏秉性淑慎，教子成名。今以疾終，深可軫惻！朝廷優禮大臣，推恩賢母，着賜祭壹壇，賞銀二千兩，經理喪事，由廣儲司給發，以示眷懷！李鴻藻事母至孝，哀痛必切；朝廷以孝治天下，原應聽其照例終制，以遂孝思。第該侍郎膺先帝簡命，授皇帝讀，盡心啓沃，迄今六年，夙夜罔懈。皇帝春秋鼎盛，緝熙典學，功修正篤，李鴻藻諄諄納誨，皇帝樂從，誠不可或離左右。且軍務未平，兼資翊贊。溯查雍正、乾隆年間，大臣如孫家淦、朱軾、稽曾筠、蔣炳、于敏中等，

① “詣”疑爲“誼”之誤。

皆奉特旨在任守制，或開缺辦事，入值内廷。近今如曾國藩、胡林翼、閻敬銘等亦皆奪情起用。李鴻藻着開户部侍郎缺，守孝百日後，即赴弘德殿授讀，仍在軍機處行走，並遵雍正年間世宗憲皇帝諭旨，二十七月内，不穿朝服，不與朝會筵宴，遇有祭祀典禮咸集之處，均毋庸與列。日前召見醇郡王、倭仁、徐桐、翁同龢再三垂詢，均已深喻此意。朝廷不得已之苦衷，中外臣工，應能共量！該侍郎當勉抑哀思，弼成聖德，移孝作忠，以副先帝簡任之恩，國家倚畀之重，勿以守禮固辭！

節録李宫保陳情奏稿（吏部尚書文祥代奏）

先王制禮，原準人情，喪禮之設，非徒以名義具文，範圍後世；蓋以人子之心，必如是而後即安。臣雖不肖，親喪自盡之念，豈獨無知？前以翰林院編修在河南學政任内，蒙先帝特達之知，召還京師，畀以傳儲重任。嗣後扈從灤陽，數蒙召對，語及授讀事理，訓誨周詳，每一追思，痛徹心骨。今聖學日新，四方多事，分當及時圖報，不惜捐糜，何忍專計私情，頓忘公義？第念臣以下材而先帝加之以殊恩，以末秩而先帝委之以重任者，以臣恪慎自將，尚能謹守禮法也。若親喪未終，而出入禁闥，則先已違禮忘情，負罪名教，臣何足惜？不亦有傷先帝知人之明乎？況臣母苦節多年，撫育教誨之恩，分毫未報。一旦慘遭大故，偷生視息，負疚已深。樞要之地，綱紀尤關；輔導聖學，尤貴志行完粹之人。既自蹈愆尤，則進講獻納之際，何以置辭？以不祥之身，而日侍經帷，冒不韙之名，而虚言啓沃，在腹心則無以自安，於聖學則無所裨益。現在弘德殿行走諸臣，如倭仁、徐桐、翁同龢等皆能守道竭誠，盡心輔導。此時因一人暫離右左，似於緝熙進德，尚不相妨。臣無刻不以聖學爲念，而所以敢於縷縷陳情者此也。至若趨直樞廷，則是三年之喪，依然從政，尤令臣進退失據，無以自容。近來各督撫將帥奪情起用，所謂金革勿解，職分當然。臣地異事殊，豈敢援此自解？臣夙夜憂思，欲堅執己見，則似辜恩；欲勉承詔命，則疚心實甚，而終身無以自處。焦灼昏迷，惟有號泣。竊思昔以酬罔極者，僅予三年；而所以報國家者，可期没齒。倘得盡哀盡禮，内可以無愧於亡親，上可以無負於先帝，則異日當竭犬馬餘生，以報厚禮殊恩於萬一。臣今日非敢拘牽古義，亦非顧恤人言，實以區區苦衷，勢處萬難。不得不披瀝上陳，伏惟高厚哀而憐之！

附録軍機處行走同寅官代奏稿

臣倭仁、臣徐桐、臣翁同龢跪奏爲懇恩准予大臣終制，以維禮教，而示矜全，恭摺仰祈聖鑒事：前户部侍郎李鴻藻丁憂，兩宫皇太后以皇上典學方殷，特諭令李鴻藻於百日後照常趨直，凡遇期會，不必與列。仰見聖慮周詳，曲加體恤，朝庭不得已之舉，亦爲中外所共喻；而臣等備員帷幄，尤應仰體宸懷。第念移孝作忠，固臣子當循之分，而緣情制禮，實國家不易之經。臣等復睹李鴻藻事親盡禮，至性過人，其哀痛迫切之誠，亦邀洞鑒。今懇請終制，未荷允從，該侍郎迭被温綸，自益彷徨莫措；若銜哀就列，勢必變服從公。欲固辭則外近辜恩，欲抑情則内多負疚。是朝廷重其品學而轉令無以自安；責以大義，而反使滋其隱痛。揆情度理，勢處兩難。惟有籲懇聖恩，鑒其愚悃，准予終制，使天下後世知盛朝有守禮之儒臣，皇太后、皇上有矜全名節之盛舉，則仁至義盡，兩得之矣。臣等不揣冒昧，謹合詞恭摺具陳，伏祈聖鑒！謹奏。

洗相沿之積弊

國朝法制盡善，超越前古，而考試關防，尤爲嚴密。如科場舞弊，暗通關節，受賄循私，一經發覺，問實斬决，立法極嚴矣。自當路汲引人才，陰求名實相當者，羅致門下爲榮，遂相習成風，沿爲積弊。詭遇求合者，鄉會年分，豫揣某貴顯必膺主試分校等差，暗擬數字，爲闈中詩文關節。場前私相授受，名曰送條子。有上送下，下送上，平等互送之目。初猶顧忌，既乃通行，日相徵逐，毫不爲恥。賄賂自不待言，而師生年友姻婭，視科名爲持贈交易之物。是奪寒儒口中之肉，灰志士好修之心也。其風始於乾隆，盛於道光，沿於咸豐初服。迨乾綱一振，同病相憐者，妄議刑罰之失中，而盱衡時事者，慨然物極必反也。

旗生平齡，儇薄少年也。本未業優，然善歌舞，高興時登場演劇，有賽松林之號。松林者，都中名優也。咸豐八年戊午科應順天鄉試，賄正考官相國柏葰妾兄名靳祥者，夤緣得高榜第七名，意滿挾優酒館。興到時，狎優曰："明年吾以五百金爲爾掇科名，如不信，吾今已驗之矣。"時御史孟傳金適隔席聞之，徉諸生狀，卑詞求捷階。平齡酒酣耳熱，直道巔末。孟據實直奏，時十月十一日，適符皖人所占期也（見前）。上震怒，着九門提督鄭親王端華，拔貢兵部尚書陳孚恩等鞠訊，二人素陰騭，兼與科甲爲讎者也。欲因是周内諸貴顯，以逞志。聞命下，喜相謂曰："吞舟之魚，此舉可一網盡矣。"繫柏葰於獄，嚴訊平、靳，盡吐實而獄成矣。又翰林院編修普安，場前託其同年同館李鶴林貸羅鴻繹三百金，羅籍廣東，與李同鄉，現任四川重慶知府羅某孫也。弱冠新婚，挾資攜婦，沿途避亂入京，捐主事。適普安入内簾，李勸羅受普關節條子，内加連圈五個，暗謂銀五百，三百抵普貸項，二百作李謝儀。羅果中，李索謝儀，羅窘手弗與，互鬥罵，事洩。至是拿問，羅亦盡吐實，普、李無從置喙，悉入獄。是科副考官閣學程庭桂素傲睨，其子捐部郎，名丙采，因父入闈，傳送條子五十餘件。榜後宴會，談及科場案庭，桂誇於人前曰："送條子何妨，但看行不行耳。吾闈中得條子若干，悉於燈下焚之，能挂人齒頰乎？"陳孚恩具聞而奏，請旨，拿庭桂子程丙采問條子何來，有受必有與者。端華苦以極刑，丙采泣曰："大人不必深究，問官子弟，亦有把柄在我手，將和盤托出矣。"供貴顯子弟數十人，孚恩子彦謨與焉，亦捐部郎者也。孚恩愧懼，察其子屬實，自具奏云："臣子某代人送條子，玷臣清名，臣係本案問官，應回避，且失察，請交部議。"上原其自首，着無庸回避，並免議，子革職拿問，亦下程庭桂於獄。此案平齡、靳祥因訊刑，糜爛肢體，以是年除夕斃獄中。又畏法自盡者數人。次年二月十七柏葰、普安、李鶴林、羅鴻繹詔斬立決，七月初始完案。上諭不忍程庭桂父子同日駢首市曹，程丙采着斬立決，程庭桂雖受條子，尚未取中，詔免死，另辦。諸貴顯子弟潘祖同等，詔戍絶塞，其祖父曾邀聖眷者，着加恩從末減，准五千金贖歸，新故致仕侍郎李清鳳子李旦華以獨子丁艱，着加恩暫免戍事。覺時逃歸本籍者，詔各省督撫飛檄拿解來京，前後寬假悉索，蕩貲財數十萬，有灰家無寸土者。《易》曰："惡積而不可掩，罪大而不可解。"其信然歟！然非聖德英武，烏能洗數十年積弊哉？

是科分校官編修張桐無舞弊事，其房所中特少，揭曉時，憒指至公堂上所懸刀，問曰："是何物也？將焉用之？"按康熙五十年辛卯江南鄉試，正主考左必蕃係乙榜出身，衡文本非所長，聽副主考趙晋主持，與總督噶禮受賄通關，中富商子弟，分金至四十萬，事覺，伏誅。左從末減，當時有"左邱明兩眼無珠，趙子龍渾身是膽"之聯，上命懸此刀於至公堂梁上，以示懲戒。

科場舊習，正副考官分名次取中，是科北闈主考三人，柏、程外，尚書朱桐軒師鳳標與焉。公素修潔，所取皆名宿，惜在闈中未專摺參奏，牽累罷職。上知公深，旋簡拔焉。

是歲予僑居都門，科場前有官京師者，向余曰："近日條子盛行，足下艱於遇，順風而呼，易易也。僕年誼頗多，願效指臂勞！"予曰："君意良厚，但得失有命，吾不慣爲詭遇也。"言者而赤，陰爲怪之。及科場獄興，揖予而謝曰："吾今日始服君操守也。不然，命休矣。我累君，君亦累我也。"一笑而别。科場此案，詔端華、陳孚恩審訊，端等故爲羅織，恃顯皇聖眷隆也。柏葰棄市時，滿朝畏懼，肅順監斬，趾高氣揚，毫無戚容。閲三年，端華賜死，肅順亦棄市，而曲刑尤極。陳孚恩坐黨治罪，以重金贖骸骨免戍，不准，而已暴骨絶塞矣。理數循環，有如是耶！

致無事之蒙塵

咸豐十年夏，東南奸民，由天津通州直犯京師，人情洶洶，狀如鼎沸。上命僧王、勝保等督師禦之，稍卻。時上聽政圓明園，廷臣請駕回宫，爲背城之舉。八月朔，上諭回宫，臣民閲邸報，大爲歡呼，人心遂定，謂可仗天威以振國恥。越翌日，而翠華已行，徑出居庸關矣。命恭親王監國，從者爲端華、載垣、肅順等，蒙蔽聖聰，請駐蹕熱河，以備不虞，致上蒙塵，水土不知，頤養失節，遂有明年七月十七日之變，中外如喪考妣，後雖置惡等於重典，不足蔽其辜也。先是文宗登極時，都中有善拆字者，以極字測之云："十年八月了，口外又一年。"可謂奇驗，其亦有數存乎其間耶？

蠲免開扣抵之例

國朝深仁厚澤，爲前代所罕有。康熙、雍正、乾隆三朝，普免天下全税者七次，其餘蠲免，不可勝數。即嘉慶、道光、咸豐年分，每遇災歉，覃恩亦無不廣沛，傳爲令典。其見於邸報者，近如同治四年，江浙大水，是省督撫及在京人員，力陳民瘼，除已經賑卹外，上諭按災重輕，分别蠲免錢糧，已完在官者，准其扣抵，作爲次年正供，俾災黎各沾實惠，毋使吏胥隱匿侵漁，仰見聖朝重視民瘼、救災濟困之至意。當時見者驚爲創見，聞者亦詫爲創聞，豈知破格殊恩，廟謨早已豫定。聖祖仁皇帝於康熙四十五年蠲免江浙等省錢糧，詔内有豁免已完在官，現年亦准扣抵之諭。高宗純皇帝於乾隆二年有旨諭將蠲免錢糧已輸在官，准流抵次年正賦一條，纂入則例。天語煌煌，著爲令典。而各省大吏，未見其刊刻謄黄，先行曉諭，是慢上而殘下也。謹將户部所奏，愷切詳明，原稿附録於後：

同治三年九月初二户部片奏稿

奏再蠲免之典，宣上德而通下情，恩至渥也。然地方官吏，因緣爲奸，則中飽者多，而澤難遍洽。聖祖仁皇帝洞悉其弊，於四十五年蠲免江蘇等省詔内，有豁免已完在官，現年亦准扣抵之諭。至乾隆二年，復奉旨將蠲免錢糧已輸在官，准流抵次年應完正賦一條，纂入則例。防弊已極周詳，原期官民共悉。無如各省州縣，積習相沿，機詐百出，或停擱蠲免詔旨，先期催追；或藉無流抵明文，攔人私橐。即或業户中偶請示遵，而官吏胥差，互相聯絡，虚詞掩飾，巧爲欺朦，倚勢作威，肆其侵蝕。小民不諳條例，自顧身家，何敢終怨官府，致招罪戾？故遇免徵之年，追呼不已；已輸之賦，扣抵無期。及其詳覆院司，虚應故事，不過搆造情詞，便可了局。此外省歷届蠲免難沾實惠之實在情形也。即如本年四月十八日蠲免江屬諭旨，有流抵字樣，正月初二日蠲免蘇屬諭旨，無流抵字樣，載與不載，與例惟均；恐小民無知，或啓猜疑之竇，官吏藉端射影，巧索强取，由此而生，此弊之不得不防者也。擬請特降恩旨申明定例，已蠲免省分，其全年蠲免，先期輸官者，准其流抵次年應完正賦；其豁免定有分數，先期全輸在官者，除應徵分數外，如應豁免分數，亦准下年扣抵。倘官吏朦混隱匿，仍按照侵盜錢糧律治罪，令各省大吏刊刻謄黄，先行曉諭。以後遇有豁免年分，請將此旨列入，如恩旨未及詳載，即由臣部聲明請旨，遵照定章辦理；庶幾恩不虚逮，而欺隱之弊，無自生矣。謹附片具奏，請旨，奉旨已録。吾鄉某翁覽此奏稿，慨然曰：“此事駭人耳目，無怪君以爲創見創聞也。”吾嘗讀刊刻謄黄，類皆語意艱澀，再三玩之，終欠醒豁，令人費解。竊謂天語煌煌，旨趣高深，非淺見渺聞所能測耶？抑或談官話者，皆相率而爲可解不可解之語耶？今觀奏内所云豁免年分，無論諭旨有無流抵字樣，總以流抵爲例，愷切詳明，洞悉閭閻疾苦，燭照胥吏奸回，婦孺能解，斬盡多少葛籐，而各州縣所張挂謄黄，彌縫遷就，問有此流抵字樣乎？賈長沙所謂可爲痛哭流涕長太息者此也。聞某縣值奏銷年徵解糧餉，縣令必請某胥役進署商議，辦若干金，交伊押解；約行百里許，留半在中途，反解回家，早晚繞道而行，僕役車夫，皆其心腹私人，從未洩露此語。後有隙，車夫語相知者曰：“某胥絶大神通，官餉半爲他家解也，非扣抵銀而何銀哉？”蓋此款大吏亦曾染指，某胥熟悉利弊，慣與狼狽爲奸，私相授受，即其本縣官長，亦無從望其項背也。

耆年加寵錫之恩

年之貴乎天下也久矣，帝王養老，朝廷敬老，聖人安老；我朝深仁厚澤，勸士甚隆，而待耆年尤篤。定例，諸生年八十，鄉試完竣，賜副榜舉人；年九十，會試完竣，賜翰林院檢討，由俊秀貢監，捐在十科前，曾與試鄉者亦然。若歲貢年八十、鄉試完竣者，賜舉人；會試完竣者，賜國子監助教。皆引年之意，恩至渥也。附録楚北同治甲子科吴中丞奏稿，餘可例推。

湖北巡撫臣吴昌壽跪奏爲查明鄉試未經中式年老諸生循例恭摺具奏，仰祈聖鑒事：竊照鄉試年老諸生，三場完竣，未經中式年老諸生，有由俊秀捐監，查明捐監在十科以前，曾應鄉試者，如三場完竣，照生員一律奏請，歷經遵辦在案。今同治三年湖北舉行甲子正科鄉試，查有年届九十以上之大冶等州縣恩賜副榜劉廷選、陳本升、羅稷，附生胡兆泰、方學灝、彭維灝，年届八十及八十以上之咸寧等州縣歲貢候選教諭曹復源，附生劉日章、向葵、周澤敬、曹濱、劉泰階、汪開源、宋必相、李長芳、楊斗光，增生龔翊卿，監生張其楷等十八名，均係三場完竣，揭曉時未經中式。臣調閲該老生等原卷，均各字畫端楷，文理明順，復咨准學臣孫家鼐查覆，各該生等年歲均屬相符，其監生張其楷在十科以前捐納，曾應鄉試，據藩司厲雲官查明彙詳前來。臣查該生劉廷選等青燈積學，皓首窮經；沐聖世之甄陶，潛修足式，作士林之表率，勵志堪嘉。燭盡三條，數亥字而祥符絳縣；榜開五老，逢甲子而策貢彤廷。睹七藝之湧泉，綱遺翡翠；渥九重之湛露，澗采菁莪。觀光而願切梯雲，未列明經之選；衍算而休徵人瑞，宜邀獎錫之榮。髦士志傾，拜恩綸而矍鑠；丈人星朗，秉景運以回翔。年例胥符，褒寵宜及。除各該老生學分歲數清册已咨送禮部查核外，謹繕具清單，會同大學士湖廣總督臣官文、湖北學臣孫家鼐合詞恭摺具奏，伏乞皇上聖鑒，飭部核覆施行，謹奏。軍機大臣奉旨禮部議奏單並發。

愚按奏内曠曲之邀，崇其實學乎？重其實年也。實學尚可人爲，實年端由天定。事因難而見巧，物以罕而始珍。近有取巧之人，陰伏居奇之計，應童試時，設徼倖想；大率服官指使之年，豫填杖朝問就之歲。督學被其欺罔，破格取入膠庠，甫辭臺丁，旋膺黄甲；有逾父齒數齡者，有長兄年一倍者，清夜自思，能無愧怍？黄泉如見，奚以稱呼？枉死父，欺生君，忠孝安在？小加大，少凌長，友恭奚存？更有遠適異鄉，沿門托缽，上干當路，投刺乞憐，而廉恥禮義，杳不知其所之也。是褻九重之殊恩，玷一時之名教，吾不知作俑者誰，而尤而效之者之相率不絶也！可勝慨哉！

罪人斯得

咸豐十一年辛酉七月十七日，顯皇上賓於熱河，詔今上嗣統，年號同治，時鄭親王端華、怡親王載垣、端華胞弟輔國將軍肅順等朋比爲奸，矯旨弄權，妄改祺祥。臣民始爲其所蔽，各省時憲書從之。時軍機大臣杜翰、匡源等莫敢誰何，事覺，始復。時上冲齡，太后詔王大臣會議，朝章咸擬，兩宫垂簾聽政，端等嗾故相杜受田子杜翰面争曰："本朝無此祖制。"肅順退而贊曰："杜老三名正言順，真相門子也。"兩宫聞而涕泣，聲徹宫外，肅順伺窗前立聽，后問爲何擅入宫内，肅曰："聞悲啼聲來。"后曰："爾知吾悲啼爲何？"肅慚退。殿中寶座，上聽政位也，非大典不御，端華擅坐，戲謂太監曰："像乎不像？"日肆蠱惑，詭言京師洋人患，有岌岌不可終日勢。矯旨諭恭親王照常監國，無得遠離，反造蜚語。及恭王赴熱河請安，晤端等，不露一毫圭角。同見太后，但奏都中平安無事，請駕回宫。廷臣董元純等交章發端等奸，太后始悟。刻日還京入宫，即召見恭王，授以機密，遣侍衛至軍機房問二王遵旨否。端華、載垣尚坦腹卧，聞而起曰："何不遵旨？"恭王曰："既遵旨，便捆縛起來。"端等嫚駡恭王，上觸兩宫及皇上，語悖謬，思顧左右奪逸，已被恭王屏去矣。械至宗人府，分處收押，家人無一會面者，各鈔家籍産，一面諭醇王帶領侍衛拿肅順於旅邸，肅方擁姬妾伴宿，聞旨下，昂然曰："此時有甚麽旨?"侍衛言醇王奉太后旨拿問，仍昂然曰："甚麽太后！俟明日再講。"醇王足跌其門，著侍衛固縛。械至京，求入家休息，械者曰："家已鈔封三日矣。"俱交刑部官擬罪。尚書趙光曰："正合第一個牌子。"即凌遲處死罪。衆官齊聲曰："大司寇詞嚴義正，真斷獄老吏也。"奏上，詔肅順凌遲，徇市三日，以快人心。端華、載垣因襲王爵，賞延於世，著加恩賜自盡。杜翰等戍邊，中外歡呼，大爲快心。此見恭王周密惡等，迅雷不及掩耳，稍緩即生他變，老成持重，老成持重，自應如是。

立賢無方

道光六年丙戌科大挑舉班時，王大臣皆在座，有某省老孝廉見擯，放聲大哭。某王怪而問之，孝廉曰："舉人年二十中式，今年逾六十矣。至京七千餘里，赴挑三次，恩正科會試十八次，家産用盡，祭資用盡，戚友年誼，顧盼亦盡。一官之難，至於如此！今又向隅，此骨定難歸里，中情慘切，不覺冒昧失聲，望王公大人察恕！"王憐之，命置二等。故某氏之言曰："皮相取士，闇然日章者，自慚形陋；的然日亡者，顧盼自雄，令讀書人氣短也。"若近年軍功保舉，有諸生布衣不數年而位極人臣，賞延孫子者，指不勝屈，與虞廷明試車服之典相符，亦立賢無方之道也。

哭不足以濟事

咸豐三年冬，粵逆由揚州兩淮至大河南北，擾山東山西界，回竄天津衛，有竊窺宸垣意。礮聲如雷，京師震動，都中大員家眷，及官紳商民，無不各鳥獸散。正陽門外，大市若荒郊，無人跡。時上初服，英武明斷，召王公四輔六部九卿等會議，皆涕泣喪膽，眼眶腫若胡桃。上曰："哭不足以濟事，要備長策。"有奏北狩盛京者，有奏遷都長安者，有奏諭各省督撫興師勤王者，有奏派王大臣督兵出戰者，有奏閉城與民死守者。上曰：“棄大業而出奔，古所恥；諭各省勤王兵，勢無及。國君死社稷，禮也。然與其坐而待亡，不若出而剿賊。惟遣帥督兵，戰而捷，則長驅直搗，滅此小醜而還；不捷則深溝高壘，待勤王之師不遲。”詔查本朝拜大將軍儀制，擬拜皇叔惠親王爲大將軍，告廟行推轂禮，壯哉！皇猷允塞，天庥滋至。命甫下，而天津報捷矣。最出力者，守土官係湖南進士出身曾君子城，名士名吏而兼爲名將也。督兵勇，踐屍鏖戰，三晝夜，十蕩十决，而賊始退，推轂之禮遂罷。

和亦可云行權

咸豐八年春，洋人搆患，輪船無數集天津，爲對鈔票來。因近年各省官俸頒發鈔票，國用支絀，改折京錢，照常不過三十分之一，洋商貿易鈔票，不甘坐折，索實遵對約一千八百萬有奇。不遂，即欲進犯。上命起罷相前任兩廣總督耆英率師禦之，耆英恇怯望風靡遁。上怒，賜自盡。命王大臣及六部九卿議禦英策，滿官多主和，漢官多主戰，時端華、肅順正用事，詰漢官曰：“主戰者能保主子江山萬年鞏固乎？”衆答曰：“主和者能保皇上江山萬年鞏固乎？”端等語塞。時恭親王在座，聞而失笑，相持不下，各參半議，一面命藩王僧格林沁備戰具，而怵以威，一面飭欽差大臣桂良、花沙納辦通商而柔以惠，是年竟無事。

宸膳開銷極重

天子玉食萬方，而食用極貴，以分潤多而開銷重也。一雞卵，一蘿葡，每件入宮，約計紋銀一錢，他可類推也。純皇出入圓明園見市間油灼麥麵等件，如餃條油果之類，食之頗可口；命膳夫作此燕茶，取其價廉而工省也。及歲終，户部計帑數千金。上笑曰：“不過食少許耳！何浮濫至此？”光禄寺奏曰：“爲此少許，敬造御膳房，若干金；新製器皿，若干金；採買某地麥料，若干金；添設監造官役，食用若干金；積而成款，本無浮濫。”上頷之，謂人君嗜欲，不可不慎也。顯皇登極，見園廷内一石橋欲傾，命整理。户部動費以萬計。上怪之，工部奏曰：“某處運石，某處運土，某處運灰泥，某處鳩工匠，故積成巨款。”上笑曰：“無怪宫中蘿葡雞子一枚，嘗去百餘錢也。”

御衣頒賜示慈

御衣皆整科裁成，無有兩幅厢縫者。裹衣服一次，不經浣濯。表衣服一季，不用舊章服，後無敢擅用者，多積聚箱中，至賓天時，全行付火。仁、純二廟御宇，皆周花甲，付火衣服，盛如山海，火燼中金珠鈕扣，可用車載斗量，至成廟崇尚節儉，御服浣濯，雖敝不棄。某臣召見，曾見御韠有破綻焉，其儉德可知。倦勤時，遺詔頒賜群臣，不可付火，以惜物力，示慈惠，着著爲令典。

京華二好二醜

或有問於余曰：“公游都門數年，以何物爲最好?”余曰：“字好，相公好。何謂字好？朝卷白摺，點畫匀净，黑色晶瑩，分行布白，横竪錯綜，看來無毫髮憾。近年除鄉會試揭曉後，自覆試以至朝考，策論詩文次之，惟以字樣工拙，分甲乙，他考亦然。若素以書法著名，人擬其將來可以問鼎者，無不畢中。兼此地紙墨筆硯，俱極精良，人争習之，故曰字好。何謂相公好？都中相公有二，一大學士極貴也，一優童極賤也，而其名相埒。余素不觀劇，爲同人强邀。某日某園演某班，皆有定局。辰巳前，略觀大意，歌喉舞技，了不異人。至午正，衆美咸聚，争妍取憐，其態度丰神，有飄飄欲仙之致，如入萬花園中，令人目炫心驚，不覺神爲之奪，意爲之移也。都中諸貴顯，筵燕以不招相公爲寡興，以能致著名相公爲出色。即官太太老師母亦有我見猶憐之譽。都門最豔麗之衣服，惟相公能穿之；極寶玩之珍奇，惟相公能擺之；至闊大之房屋，惟相公能居之。且關防最嚴密也，相公能搭天橋；聲氣易隔閡也，相公能顯神通；名士專家之書畫多秘惜也，相公能致真筆。於是有狎相公而傾家敗産者，有鬧相公而參官罷職者，有包相公至金盡愛弛而雉經自亡者。非好何以致是？故曰相公好。”又問：“以何物爲最醜？”余曰：“白日大街遺屎醜，八股時文醜。何謂遺屎醜？厠屋者，行人應急所也。而都門以市衢爲厠屋，狹隘胡同無論矣。外城若正陽門橋頭琉璃廠，東西内城若太學貢院前後街，東西四牌樓，皆百貨雲集，人物輻輳之區，其地無時不有解溲屈躬者。間有峨冠博帶，荆釵布裙，裸體雜處，肉薄相逼，光天化日之中，毫不爲怪。早晚間堆積纍纍，惡氣穢形，令人不可嚮邇。而巡城官吏，無有以全羞惡，肅觀瞻，蕩穢瑕，免疹疫，經畫區處者，故白日大街遺屎醜。何謂時文醜？國朝文教昌明，以制藝取士，所頒《欽定文選》主試應試者，宜奉爲圭臬。奈近來風氣偷靡，闈中見斂才就範，斂氣歸神，及精心抒妙理諸作，輒視爲怪誕不祥之物，而專以色澤爲工。如棠甘鞠苦、龍飛虎拜，采蘋季女、穠李王姬，草野無庚癸之呼、槐堂有未申之隱等語。而揣摩時風者，轉相慕效，愈趨愈下，愈下愈趨，有令人不可嚮邇狀。故《都門紀事》仿月令筆意至四月云：‘婦腳解，陰溝開，會墨出舉人，化爲官來乃發聲。’配合新穎，足解人頤，莫此若也。故曰八股時文醜。”

父女一薰一蕕

明末相國某，致仕家居，勢利未忘，猶作威福。明例貴貴尚齒，回籍大員，地方府州縣等官，過其里門，必降輿騶從，無傳呼聲。本朝定鼎，此風遂革。一日，某知縣出，清道揚鑣，鳴金呼辟，過門首，仍自若。相國使人讓之，知縣曰：“君爲明代宰相，我是清朝縣官，各戴一天，不相挾也。何憾焉？”相國不負氣，即上表求仕，情詞婉惻。命下，以原官起用，而相國不及一見。正蓋棺定論時，不忍片言，致玷大節，識者羞之。今某處有相國墓。相傳相國雅愛小脚，多姬妾，脚最小，裹疼痛，有禳解法，土人奉爲脚神。每歲上巳，有販婦於墓前，設修脚場，童女往來如市，娼娃多過從焉。焚楮奠酩，祝公呵護，痂癥纍纍，迎刃而解，墦間成鮑魚肆焉。余幼應郡試，過其地，土人爲余言之。父老竊瞋目，惡其貽笑外人也。時江水漲滿，舟泊高阜，見臺址巋然。舟子告余曰："此吾鄉某小姐梳妝臺也。"余訝之，不識小姐何許人，問之，知爲相國女，前明經略江夏熊襄愍（廷弼）公子婦。襄愍爲明籌邊禦寇，動策萬全，後遭讒遇害，傳首九邊。純皇御宇，評論臣工，明臣仕清者，列貳臣傳，相國與焉。褒熊爲襄愍，刊其文集而序之，訪其苗裔而官之，謂雖太祖罪人，實明代忠臣也。天語煌煌，仰見聖人至公無私之心。當時小姐聞襄愍遇害，即以身殉，忠考節義，爲梓里光，故猶傳其梳妝臺焉。視相國墓其薰蕕爲何如哉！相國先人有知，應發生男不如生女之歎。

時文成讖語

事有幾之先見者，如咸豐元年辛亥科楚北鄉試"天下有道，則庶人不議"四句題，某解元①起講，末句云："覺太平景象，宛在目前也。"時湖南告警，間一年而楚北陷，太平天國字樣，僞示門牌，旗幟滿目，皆是此公故作吉祥，以投時好，竟成讖語。

又咸豐二年壬子科江南鄉試"道之以政"一章題，某君中卷文尾作頌揚體云："行見德禮之化，聲教四訖，東西南北，來享來王，俊秀造選，汝爲汝翼，稽首而上，太平天子之頌也。"分明將僞首僞名僞號僞國等字樣，和盤托出矣。

又道光己酉某省鄉試二題，小人反中庸。及次年庚戌，而粤逆倡矣。河南某學使考童生出"我將反，必有妖，是爲賊，反見之，則苗勃然興之矣，堂堂乎張也"等題，越一年，而苗沛霖、張樂行亂，皆先幾也。

---

① 咸豐元年湖北鄉試解元爲黄岡西鄉（今屬武漢新洲區）周禾田。

花樣兆兵幾

道光中葉，書肆中某豎子編次時文段落，巧立名色，附會生新，名曰中式，花樣一時，習舉業者争相傳誦，無不案置一本，幾如洛陽紙貴。遇題不審理法，但摹優孟衣冠，主試者亦視爲去取，摘其所命名，殊爲可愕。有以名鎗者，如連環鎗、子母鎗之類；有以礟石者，如三礟升堂，如三揭礟曉、三礟入營、三礟拔營、子母礟、連環礟之類；有以馬名者，如驊騮開道、駟馬臨門、駟馬擺隊、五馬衝陣之類；有以陣名者，如散行爲長蛇陣、排偶爲鴛鴦陣、前伏後應爲八卦陣、長股中寓排偶爲大陣包小陣之類；外此而額批旁評，未易更僕數。其風氣始於道光辛卯壬辰，盛於丙申丁酉，沿於甲辰乙巳，至丁未己酉，而此風邈矣。迨鴞音丕變，而鴟張頓興。粤氛之亂，自庚戌起，捻匪回逆，相繼蠢動，寰區鼎沸，莫慰宸廑；致天威肅將，戎衣幾遍天下。雖曰言者無罪，而豎儒出口興戎，儼若童謡之適逢其會也。

功名多流弊

前明中葉，重衣衿而薄編氓，捐貢監必千金，每歲徭役繁興，家有衣衿輒免。凡傷人抵罪，委身衣衿家爲奴，免死。國初鄉里豪族，多指爲奴丁出身者，即此類也。嘗有秀才家父子相繼者，名曰鬼接頭；親屬相移者，名曰活剥皮；鄰縣張冠李戴者，名曰飛過海。往往至百餘歲而未死者。查出後，興大獄，株連多人。始創報故丁憂例，必鄰右户長供結，弊遂革。天、崇末造，弘光偏安，捐納衣衿官職，價極廉，百金可鬻。部司數金可鬻，武劄下至編頭、修腳、娼優、厮隸，盡列衣冠，令人失笑。時有“職方賤如狗，都督滿街走”之謡，比之漢時“爛羊頭，關内侯”，真泄泄猶沓沓也。府縣聽訟，兩造立語不跪，各稱官職，相持不下，互毆於庭，官司莫敢誰何。鄉里被其魚肉，宜當時編氓有時日曷喪之恨也。

田地爲禍胎

明季國用難支，撫按以下，皆捐俸助餉，官助外有紳助，紳助外有大户助，括盡江南諸富户，預徵數年錢漕，拷掠多死，家有田地，視爲巨禍。有書立田契，除夕時陰送至人家，元旦祀祖者，得之以爲不祥。邑人石氏曾有人送田百餘畝，兼遺以雞，至今有送雞坂之名焉。

脂膏可治荒年疫

道光十二年壬辰夏大疫，因十一年大水，江堤寸潰，下鄉田園廬舍，漂没殆盡。災上聞，大沛皇仁，蠲租給賑，瘡痍聞風，咸仰膏雨，扶老攜幼，蟻附城衙。官吏辦理不善，冒濫侵蝕，遷延時月，貧民無棲身宇，惟於祠廟公所及郭舍郵亭，枕藉而居，饑苦之後，加以寒濕，遇春夏陽氣發洩，寒熱相薄，病蠱脹泄瀉潮熱等症，陰疑於陽，必戰理也。互相傳染，延及上鄉，人無間家，朝發夕死。其染人多由鼻入，咸佩蒼术大黄以辟之，行路者常帶三五分。醉飽差免，正氣盛而邪氣自衰也。時予應試黄郡，道路屍骸枕藉，目不忍睹；郡城殷實家悲之，白守土官，捐貲設局，獻官山，施蘆席，舁役赴局領席按給工貲，先以二席裹一人，後難遍，減一席，仍難遍，二人共一席。有病莫能興者，亦舁之。病者泣曰：“吾尚能苟延，請稍緩須臾!”舁者叱曰：“爾豈喫長生草者耶？如許炎熱，不趁早收爾，誰爲爾候者？稍遲爾定葬牲畜腹中矣。”言未已，竟舁去，常有臨穴，作呻吟聲者。蓋奸民藉此射利，多領席以博工貲耳。其狠忍如此！不數日，而蘆席罄罄矣。郡東關外掘一濠，長十餘丈，深一丈，寬七尺，積屍其中，滿覆以土，甫半月而填數濠。至五六月間，疫稍減，時醫泥明末吴又可《瘟疫論》，治以消導劑，多不驗。惟其食豬肉及一切腥葷厚味可代耆术參苓，百無一失；勞苦之極，腸胃枯槁，非脂膏潤澤不能養其元氣也。

遷徙須防亂後瘟

咸豐末造，及同治初服，江左若六安、英、霍，江右若彭澤、太、池等府州縣，逆氛煽後，人煙希少，田地荒蕪。守土官徵賦無出，招徠外省人民，居住耕種；或計畝均分，或收租納税。置買田宅，多無賣主，或當官立契，入册推糧，或業户歸來，找給分潤；莫識地名，插標爲記。間有豪猾者流，陰蓄機心，暗謀吉地，雖名塚屋基，牢籠據佔，攜眷偕行，作先入爲主計。意謂無有巧便如此者，往往華堂廣厦，白日出鬼，擊人立斃。《傳》曰："高明之家，鬼瞰其室。"此喻言耳，今竟實有其事耶？又連年戰鬥，屍骸腐朽蒸鬱，積爲瘟氣，毒經觸發，腫頭爛足而死者，十有八九。予佃人停前鎮姜、朱二姓，家小康，棄近業而圖遠利，邀數十人至彭澤、東流界佃田贅婦；所居大厦，平時約值數千金，兼書籍器皿，充積其中，以四十金易之。閱二載，僅一二人歸，毛竦骨立，鵠面鳩形，至親幾莫識，蓋瘟餘也。餘皆道斃，人琴俱亡矣。又下江一帶，曾侯奏請招徠設勸農局，給牛力、農具、籽種，從者如市，疫死者不知凡幾，已往人視爲畏途，閱數年而始平。大兵之後，必有凶年，其流毒有如此夫！

人相食

同治元、二、三等年，徽、池而下，大江南北一帶，被賊荼毒後，四野無人，僅病且老者遺留在家，餘皆殺擄。惟逃亡難民，及游勇往來，棲息於大厦中。聞被擄逃歸者云："此地三年未栽種，田中草木數拱大，長丈餘，遷行半月，不見一米糧。以官兵所給資斧，易牛馬肉度命，四兩約計錢銀。一日，至某處大屋墩，投宿門樓下，聞屋角唧唧有聲，疑爲蟲鼠；跡之，乃數人割一人股下肉，其人氣未絶，不能呼號呻吟，但唧唧耳。始知連日所食牛馬肉，即此類也。又一日，自朝至夕，未見煙火，枵腹難堪，遥望某處有火光，近之，微聞焳炙氣，知必有飲食可售。見一老嫗，熾人畜糞，煨一物，隨嚼隨煨。諦視則人脛以下足骨也。問何來，曰：'賣人肉者遺我耳。爾等不速行，將不脱矣。此地非數十人同行，早晚必爲所剖。'後數日，有人自彼處過者，會晤談及云，此嫗又被人剖食耳。"

婦自售

同治元年江南徽州一府，及寧、池、太等處，人煙幾絶，男丁百無一二。竟有婦女願隨人走，不計一文錢而聽人選擇者。貿易帶至蘄、黄等處，人多娶之，並有陰藏金頁珠寶於身，購婦者轉多致富。先是此地山多於田，口浮於食。人習懋遷，重商賈而輕稼穡；俗尚奢侈，先屋宇而後田疇；家蓄貲財，急金銀而緩穀米。每歲仰給於外，稍歉缺，即有錢無食；聞賊入境，知進貢而不習堵防；財命相連，戀看家而不謀遠徙。以彼險隘之區，財賦之藪，苟儲糧練勇，據險立圍，爲堅壁清野計，賊即垂涎，亦無隙可乘。乃任其蹂躪，坐以待斃，老幼男丁，非殺則擄，惟剩一二婦女，無所依歸，故攜其劫掠餘貲，以苟全殘命耳！此情形之真可憫者。

兩銀一升米

同治七、八、九、十等年，逆回同粵捻餘氛，出没於雲、貴、甘、陜邊界，官兵雲集；地僻稀，轉運匪易，米騰價貴，錢值頓低，兩錢①祇賣②一升米。麻豆粟麥秫粱，雖以次遞減，照平時數十倍，爲近古未有之事也。

① "錢"疑爲"銀"之誤。
② "賣"疑爲"買"之誤。

百錢三斤人

咸豐五、六、七年，六安、英、霍、光、固等州縣，連年蝗旱，及匪捻粵逆蹂躪後，田地荒蕪，草木長如拱把大，路中亦然。行者辟荆而走，長林豐草中，往往見白骨成堆。鬻婦女者，觔兩計值，約百錢三斤。年甫及笄而佳者，倍之，究無有一人值三千錢者，多則賤而瘦則輕耳。丁巳冬，予過其地，路遇販鬻者，絡繹不絶，不禁長爲之太息焉。

大有年

咸豐七年，官兵水陸數萬，雲集下鄉，賊數十萬，竊據上鄉，無微不入，人不敢近，依官兵爲長城。上鄉田禾，皆夜半偷插。是歲自四月至八月，不耘不耨，不問晴，不課雨，不施肥壅，數十年無此豐收。尤妙賊患無糧，有未及耕種栽插者，已代爲之，並爲車水灌溉，已按營分田，插標爲記。穀將黄時，並預築場圃以備之。甫收割，撫憲胡文忠公（林翼）自上游剿下，多、鮑兩帥，連破九十餘營，賊遁出人意外。避亂者歸，家徒壁立，不無愁慘氣象；而視其田，則滿篝滿車，忘其爲亂後人也。

屢豐歲

同治五、六、七年間，金陵初復，安徽無爲、和、含等州縣，人少地饒，時和歲稔，糧食太賤，有“斗米難换斤鹽，石穀莫易丈布”之説。居民有食無用，完糧無資，咸以穀米抵算，牧令以熟爲災，詳請緩徵，所謂“穀貴病民，穀賤病國”也。

人事類

獨秀峰壁題三十首

題壁詩篇，由來舊矣。多目擊時艱，遍採公論，據事直書，以攄意中之憤，而發不平之鳴者。若張船山《寶雞驛題壁詩》因川陝教匪而作，久已膾炙人口。咸豐初服，粵逆洪楊等匪倡亂，當是時僅得一良有司如龔遂治渤海，所至瓦解耳。而秉鉞諸臣，震於邪術之名，畏賊如虎，輒聞風靡。彼都人士，題七律三十首於獨秀峰壁上，亦長歌當哭之意云。

其　一

孤峰卓立聳南天，憑眺關河意惘然！四境風遒傳鼓角，萬山雲瞑接烽煙。邊氛未息勞宸慮，將帥無謀致凱旋。多少不平懷裏事，登高握管恨難捐。

其　二

李花落盡撲楊花，洪浪翻桃水一涯。粵西自李世德、李元發兩逆平後，洪秀全、楊秀清又起。青白旗分千隊列，紫金山險萬重遮。紫金山賊起事處。干戈潦草常滋蔓，歲月因循屢及瓜。賊始庚戌今三年矣。試向潯陽江上望，虎狼到處已無家。潯州所屬四縣賊過一空。

其　三

羽書飛報蹴塵紅，瘴海鯨鯢繫聖衷。金幣遠勞頒國帑，紫泥新詔起元戎。林制君則徐、張軍門必禄均由家奉命來粵。覲梅和靖先歸道，林公未抵粵先卒。銘斗桓侯未奏功。張公甫到即卒。太息將星沈兩地，賊氛疊起望無窮。

其　　四

聞道周郎善用兵，將軍小李亦知名。周制軍天爵、李制軍星沅先後奉命來粤。千行坐擁心原壯，一戰歸來膽已驚。好勇無謀花亂陣，周剛愎臨陣卻顧。潛師不出柳藏營。李恇怯遥駐柳州。寸功未立飄然去，縱賦歸田恥聖明。李在營病故，周引疾還家。

其　　五

三年零雨未班師，諸事彌縫結主知。餘粟更從天府運，使旌重見相公持。欽差大臣來粤督辦一切軍務。絶無豹略誅蠻寇，空有鴉軍振鼓旗。從此大權歸獨攬，寶刀何日靖邊陲？上賜遏必隆神鋒握勝刀，文武官聽其正法。

其　　六

劍影刀光列從官，重重帷幕獨盤桓。圍棋自許争先着，飛檄初傳失永安。固壘深溝容賊據，缺斨破斧轉心寒。孤城在望無人近，半載甘從壁上觀。賊據永安城已七月，我兵隔水無敢與戰。

其　　七

春風春雨又花朝，戰伐經年壯志銷。大帥不須行上策，單于早已遁中宵。二月十五夜深賊棄永安而去。封章連日稱收復，欽差奏報克復永安。城郭無人感寂寥。永安城中雞犬具無，衹存焦土一片而已。最惜群師隨四鎮，模糊身死報當朝。賊據大洞，其地險逼，我軍不能進戰，四鎮强兵以行，全軍盡殁，四鎮墮岩死。

其　　八

伴食名真宰相同，持籌莫展笑群公。達人知命身先退，達都統洪阿引疾遠朝。巴客登場曲便終。巴都統清德喪膽引疾，行至平郡没。望似姚崇都寂寂，姚臬司瑩素爲上所特賞，來粤兩年，恇怯畏死，毫無建白。才如嚴武亦空空。

嚴方伯正基因周天爵保薦來粵，不次升遷，竟没没無聞。南天更有飛來鶴，辜負君恩獎許隆。鄒中丞鳴鶴由府尹開府桂林，上賜詩寵行，抵任以來尤怕死。

其　九

榕城雉堞認迴環，二百年來莫叩關。誰使雄師班馬嶺，馬嶺要隘素有兵守，竟爾撤去，賊遂直入。任教群盜控牛山？賊抵古牛山屯營。訛言半夜聞風起，羸卒六塘帶月還。鄒中丞遣兵往救六塘，賊佈流言，聞風黑夜棄甲逃。獨立東門看癸水，讖詩應向古碑删。粵諺云：癸水繞東門，永不見刀兵。今不驗矣。

其　十

頻年旌節駐南關，團練規條到處頒。中丞專講團練規條，告示遍各屬，並令官紳往勸。浪擲黄金招壯士，轅前募勇五百，間日犒賞，動至數百金。空憑黔首禦諸蠻。四境全無守兵，中丞以團練爲可恃。高談静鎮全無備，壬子二月念七日，賊逼六塘，幕友勸張示居民，中丞猶秘機緘。臨事張惶莫濟艱。念八日，賊將抵省，中丞束手登陴，惟涕泣而已。看爾腸肥兼腦滿，一腔塵俗未能删。

其十一

角聲吹起萬山寒，賊似潮來湧巨觀。象鼻鳴雷争擲礮，象鼻山名賊踞頂駕礮。龍頭近日遍招團。賊至事急，龍殿撰啓瑞遍招居民登城守禦。誓師不少登陴哭，臨渴方知掘井難。幸有將軍天上降，葵心向日報平安。賊至荔浦，向軍門榮由賊後間道荷笠而來，隨卒六人持械，枵腹奔程兩晝夜，抵省登城，佈置守禦，人心始安。

其十二

單槍匹馬走連宵，耿耿精忠答聖朝。范老甲兵真腹滿，武侯心事共琴焦。孤軍聯絡張旗鼓，層堞森嚴静斗刁。更有偏師思直擣，橋頭痛絶霍嫖姚。賊據城外將軍橋，烏都統蘭泰率兵三百，直擣賊營，力戰一晝夜，賊衆兵寡，遂没全軍，都統中礮卒。

其十三

火光燭照滿城紅，附郭閭閻一炬空。廿九、三十城外民房燒毀殆盡。陣勢縱横參婦女，賊開仗間有婦女挾兵擁後。戰聲遠近雜兒童。賊登城遥聞孩子摇旗吶喊。梯雲取月應成夢，賊屢架雲梯登扒城。走電轟雷莫奏功。三月廿七日，賊用吕公車攻文昌門，我軍火器齊施，車中火藥自燃，賊傷數百而退。賊興猖狂開夜讌，笙歌卻在畫樓中。城外得月樓賊張宴，其上笙簫錯雜，我兵瞻仰而已。

其十四

固守金城共枕戈，綸巾風度自安和。向軍門善守禦。雲車夜降排鸞鶴，賊乘夜攻城見有神靈呵護。露寢寒宵肅鸛鵝。軍門號令極嚴，城上晝夜無聲息。臨敵莫嫌名將緩，論加猶讓楚軍多。賊圍一月，楚兵竭力抵拒，得保全城。邊陲不少簪纓集，誰爲承平奏凱歌？

其十五

儒生從未讀兵書，請戰殷殷計已疏。中丞不諳武備，墮賊術中，致安徽兵一陣全亡。出岫無心虚發矢，我兵每戰未見賊隊，空施鎗礮而還。臨江屬目早回車。間有見賊即退者。危場偏有音懷我，亦有兵勇與賊同鄉，臨場必通言語。餘子何曾勇賈余。余提督某奉命來援，沿途濡滯，各營望眼將穿。一望草根纏白骨，馬頭憑弔亦欷歔。

其十六

堂堂練局敞朱門，朱侍御琦總辦團練，設局於家。别有三峰屹立尊。陳桂舫、鄒善甫、朱述之三孝廉從局襄事，氣象昂然。禦寇不曾空畫策，持籌各自效潛吞。井蛙團坐官私語，階蟻聞羶晝夜奔。堪笑重圍城下日，旗槍收拾渺無痕。練局門首旗牌羅列規條鋪張，賊來之日，各人畏禍，收藏洗刷杳無跡矣。

其十七

圍散無須伏遠鄉，省垣門户慎維防。文人各受登壇拜，稚子權教禦悔方。城中紳士率民守城，分七段旗隊，竟使兒童充頂。草菅營屯堪比翼，芳名輪轉似迴腸。守城按户分抽，間日更替。青錢贏得毛詩數，笑殺諸君半飽囊。民夫日給青蚨三百，董事者虚領過半。

其十八

度支隨處置錢臺，用似沙泥亦不哀。當道幾曾償實用？掌官各自積私財。憑空樓閣由心造，依樣葫蘆任手裁。粵西前次軍需開銷已有成案。最惜帑金千萬去，簿書冒濫一篇開。

其十九

請纓半是牧豬奴，氣趾高揚類頓殊。貂尾裝新誇整肅，馬蹄聲急聽模糊。上臺薪水多虚給，捷徑程途各競趨。君問奇勳何處紀？街頭終夜亂喧呼。

其二十

募民千萬係巾紅，名號衣冠迥不同。各路壯勇來援，聚有萬餘，皆係紅巾。未遇賊鋒先氣短，縱抄民物轉心雄。各勇搶掠民財殆盡。江湖盜賊成都會，田里桑麻是處空。辱及娥眉渾莫禁，使君還望奏膚功。潮勇至城姦淫，官莫能禁，中丞連日犒賞，殷殷勸功。

其二十一

宵深鈴閣自焚香，困坐愁城没主張。退賊但知懸賞格，中丞有退賊賞錢十萬之示。逆詞翻取附王章。賊射僞字入城，中丞竟持入奏。牙槍自衛環貔虎，函谷頻遷畏犬羊。中丞畏居節署，移寓新安會館。笑倒無才真肉食，安排遺表奏當陽。

其二十二

束薪如桂米如珠，城郭重圍費轉輸。蠹飽無多肥小吏，狼奔到處捉民夫。練丁成市通交易，良賈居奇較寸銖。丁勇掠民物，開市售賣價數倍。最愛風流京兆尹，理煩才調重當途。張刺史凱崧籌辦守城物用，苦心調度，頗著賢勞。

其二十三

詰奸貲重遍傳呼，内寇壘壘各被拘。糧臺出示拿獲奸細賞百餘金，連日獲數十人。自有荆榛歸翦伐，偏来薏苡訟冤誣。有射利而誣良民者。榕城斗大傳宵柝，茅屋燈籠晃夜珠。萬户千門同守望，邊隅何日靖萑苻？城中居民排户燃燈，徹夜防守。

其二十四

春歸漸遠熟梅天，固守危城衆志堅。帀月環攻多失計，薰風微動又經年。聲傳幾處聞班馬，血灑前途誤杜鵑。妙絶敵人渡江去，諸君猶待枕戈眠。四月初一，賊夜遁，無有知者。

其二十五

碧蓮峰裏擁旌旗，陽朔有山名碧蓮。賊去賊來坐失機。擁得精兵甘遠避，從教群盜合重圍。欽差擁兵數千，遠駐陽朔坐視不援。登樓王粲空悲賦，王部曹錫振隨營無事，惟日填詞而已。化鶴丁郎早退飛。丁軍機守存隨營，知事不濟，託解僞逆送京矣。傳道桂林烽火息，兒童又指相公歸。賊退十日，中堂始還省城。

其二十六

賊來束手竟無謀，事後争功轉不休。薦牘濫邀新翠羽，封侯偏説爛羊頭。苞苴贏得書中考，瓜葛聯來重上游。更有朱門安坐守，高宫五品耀同儔。朱岐亭孝廉賊來之日閉門不出，事後竟以五品保薦。

其二十七

蔓草遷延去更難，永安城破又興安。黄巾不少衝關賊，黑夜争逃守土官。縱有援兵皆退縮，最憐民屋盡傷殘。倘教執法無私曲，應殺商羊剖肺肝。興安令商某，賊未來勒民捐輸，督團練；賊至，棄民潛逃，遂失守。事後錢能通神，上司亦附保奏。

其二十八

天南要隘話全州，賊衆聯航據上流。伍部同心支半壁，曹公高節著千秋。糧空連日皆枵腹，城破無人不斷頭。遥指蓬山離萬里，劉郎觀望轉優游。賊逼全州，兵勇寥寥，適伍都司朝選帶兵四百過境，曹刺史理村遂留與民誓守。賊圍十日，城内糧盡，猶鏖戰三晝夜，斃賊無算，僞南王馮雲山與焉。設當時外有援兵，不惟城保，賊之剿滅亦未可知。而劉提軍帶兵數千赴援，遥駐坐觀成敗，遂致城陷，兵民屠戮殆盡，都司、刺史皆死焉。刺史名燮培，提軍名長清。

其二十九

諸公拖紫荷君恩，濟世無才負至尊。昔日乘輿懷鄭伯，鄭祖琛中丞前撫粤不無政聲。前途芳草感王孫。孫渠田學使粤西軍務曾爲奏效，賊臨城，局外籌畫時深感慨。自憐吴下風光麗，吴方伯鼎昌。不惜勞師晝夜奔。勞方伯崇光。聞道徐陵新捧檄，蠻疆端賴固籬籓。徐方伯恩莊。

其三十

解組歸來隱敝廬，鄉關擾攘正愁余。承恩未效涓涘報，感世真同燕雀居。家室無依勞轉徙，兵戈莫息致欷歔。長歌聊當窮途哭，誰採芻蕘達帝除？

招石逆降書四千言

統領平江水陸全師李元度，謹寓書於石君達開足下：

蓋聞神器不可以妄假，大業不可以力争；昧順逆者受夷誅，識時務者爲傑俊。自洪秀全、楊秀清、蕭朝貴、馮雲山、韋昌輝與足下等稱亂以來，計已八九年矣。荼毒生靈，不下數百萬矣。順逆之理，姑置勿論，足下亦將成敗得失、禍福存亡之故，猛然省悟，通籌而熟計之乎？足下現在已成騎虎之勢，雖有悔悟之心，無由自達，是乃足下之苦衷也。然有絶好機會，可以轉禍爲福，不特救生靈，保九族，並可名垂竹帛，成足下之奇功。機不可失，時不再來，足下其亦知之否乎？今且不遽以空言勸足下，而先將其所以自取敗滅之由，與我聖朝超越前古萬萬，無可抗逆之處，一一陳之，如足下祖宗有靈，則願敬聽鄙言毋忽。

從來草竊倡亂，如漢末之黄巾，唐末之黄巢，元末之劉福通、徐壽輝、張士誠、陳友諒，明末之李自成、張獻忠輩，皆值主昏國亂，天命已去，人心已離，乃敢乘機起事；然且不旋踵而盡底滅亡，其故何也？天道好生惡殺，凡爲戎首者，理必先亡也。至若重熙累洽之世，朝無失政，民不離心，從未有平白發亂，妄起殺機如足下等者。以足下諸人之氣焰，於黄巢、張、李百不逮一，又况洪、楊、蕭、韋之現報，已在目前，足下尚昂然得意乎？其謬一也。自古以布衣得天下者，惟漢高祖、明太祖，後世之亂賊，皆欲妄擬。不知彼值秦、元運終之後，爲天下真主，而又有陳、項、張、劉之輩，先爲之驅除，且皆五六載即成帝業。足下等倡亂端於聖明之世，身爲禍首，而所踞之郡縣，日敗日蹙，黨羽殲滅過半，足下豈猶在夢中耶？其謬二也。足下等所張僞示，多以夷夏之界爲辭，無論舜生東夷，文王生西夷，古有明訓。且足下等所奉者，乃西洋之天主教，不自相矛盾乎？其謬三也。西洋風俗以女爲主，生男反以嫁人，本國皆雜種，無一姓有真骨脈者。足下甘從其教，是相率而爲雜種也。且天主教有兄弟而無父子君臣，以妻爲妹，以母爲妹，滅絶倫常，真無人理，中國能行此道乎？其謬四也。足下等竊發之田，或因前次洋人搆釁時，中國有給洋錢之事，遂疑官軍不振，相率爲亂。豈知洋人志在貿易，原無窺竊之心，故朝廷姑以大度容之。迨後來求進粵城，則已嚴拒之矣。去年在粵東滋事，已盡殺而痛懲之，且燒洋行十三家，勒賠關税三百萬矣。真洋人尚不敢倡狂，而謂竊其緒餘者，獨能成大事乎？其謬五也。治歷明時，閏餘成歲，自羲皇堯帝載在《尚書》，月望則圓，月晦則缺，昭然共見。足下等欲妄更之，朔望弦晦，一概顛倒，是謂逆天。至於改支干如丑好卯榮亥開等字，與所謂天父下凡及六日造成山河等語，皆醜怪荒誕，令人欲嘔。其謬六也。孔孟之道，與天無終極，今欲以邪教壓孔孟，而奪其席，此乃古今未有之奇變，既爲天理所不容，即爲人心所不服，以此愚天下而新耳目，此與黄巾賊所云“蒼天已死，黄天當立”何異？獨不思黄巾賊作何結局乎？其謬七也。《禮》曰：天子祭天地，諸侯以下，皆不得僭。且祀典正神，尤爲聖帝明王所首重。足下等稱天以滅諸神，於天則每食必祭，褻越殊深，於神則見像必毀，兇狠若狂。凡先師之木主，關帝、岳王之遺像，皆一例殘滅。無識者反以神無報應，疑足下等之有所自來；不知天正欲厚其毒而降之罰耳。群孽之貫盈未極，鬼神亦有蒙垢之時，待其氣衰而殲之，將見報愈遠而禍愈毒。足下等平白倡亂，殺生靈數百萬，殘神像數百千，既伏天誅，足下尚得高枕而卧乎？其謬八也。

凡此皆彰明較著者，然既以理言之，請再以勢論之：

天下一十八省，合奉天爲十九省，而蒙古之四十八部，皆隸本朝之版圖。足下等所踞者，在江南惟江寧一城，在安徽惟安慶一城，在江西惟吉安、撫、建三城；城以外，皆非所有，此猶九牛之亡一毛耳。僞示中動稱萬國來朝，豈不可愧？此廣狹之萬不能敵也。自官軍克揚州、鎮江及瓜洲，而金陵之賊困；克廬州及巢湖，而安慶之賊困；克武漢、蘄黄及湖口，而九江之賊困；克袁州及瑞州，而吉安之賊困。現在金陵、安慶、九江、吉安，皆合長圍，糧盡援絶，如鳥在籠中，插翅不能飛出，足下等所恃者不過踞城堅守耳。我軍以長圍困之，糧草縱多，圍至一年半載，勢所必盡。請觀武漢、鎮江、瑞、廬守城，皆痛殲殆盡，人肯爲足下等死守乎？此强弱之萬不能抗也。足下等犯北之衆，渡黄河者十萬有奇，竟至隻船不返；且起事以來，踞武漢而不能取荆、襄，踞揚州而不能得淮、徐，踞岳州而不敢圖巴、蜀，踞常、澧而不敢窺黔、滇。已破湘潭矣，不能遡流以通兩廣之老巢，而爲塔軍門之千二百人所敗；已破邵武矣，不能乘勢以收閩、浙之要郡，而爲團勇之數十萬所殲。此事機之多梗也。自得金陵後，即志得意滿，驕奢貪淫，又加以猜嫌忌刻，楊逆謀殺洪逆，反爲韋逆所殺，誅其全家。足下欲爲楊報讎，而殲韋逆，洪逆復深忌之，全家被戮，身幾不免；禍起蕭牆，自相魚肉，此種奇變，足下自思，當亦寒心。然非足下所得自主也，惡貫既盈，天欲假手以正其罪也。足下等如此猜忌，其黨羽肯信從乎？現在脅從之衆，愁苦不堪，思逃者十有八九，獨足下夢夢耳。此本根之先撥也。

足下起事之初，以假仁假義愚天下，禁擄掠，禁殺戮，禁姦淫，人亦頗爲所愚。故所過都郡，犒獻者有之，迎附者有之，願嚮導者又有之，此不過掩耳盗鈴之術，其勢必不能行也。不擄掠，則衣無從得，食無從得，一切皆無從得，天下有甘受饑寒之賊乎？裹脅者皆無賴之輩，能保其不姦淫乎？既擄掠，復姦淫，有不殺戮者乎？足下知其如此，偶取一二尤甚者，斬之以愚黎首，而仍陰聽其所爲。百姓已皆看破而深恨之矣。從前百姓畏賊，十萬人可以横行鄉里間。今則人人怨憤，處處團練，一縣可得十萬人，步步皆荆棘矣。足下亦人也，非有三頭六足，可以嚇人也。今百姓既看破足下之伎倆，而又屢遭荼毒，財物被汝劫，房屋被汝燒，妻女被汝淫，童穉被汝擄，其充鄉官者，又苦於誅求無厭，枷責難堪，有不傷心切齒，群起而攻者乎？是今日之民情，與前大不相同也。

足下在廣西時，聚亡命之徒，愍不畏死。其時承平日久，官軍多未經戰陣，是以當之輒靡，足下等遂肆然謂天下無人。今則歷練幾及十年，官軍之精鋭，較前百倍矣，我湖南兵尤稱義勇，援江援鄂，隸曾部堂麾下，水陸數十萬人，身經數百仗，餉足固戰，餉不足亦戰，此乃國家之氣運所爲，非可勉强而得者。即如僕所部之平江營，五載以來，殺敵不下二萬矣，足下常深忌之。足下在廣西時，精鋭積於一起，故尚得手。今則散爲數十起，勢分則力薄，日久則氣衰，後來者遠不如前，又見死傷過多。如曾天養、羅大綱等先後就戮，莫不灰心喪膽。各路官軍，又復蒸蒸日盛，窺破伎俩，屢戰不疲。是今日之軍情，與前大不相同也。以理若彼，以勢若彼，足下試平心察之，可有一語之不確否？

凡舉大事在識時變，使足下等舉事於漢、唐、元、明之末造，不仁之行，尚未必可得天下。今值我聖朝全盛之時，忽發此難，則萬萬非其時矣。且足下亦知我聖朝之所以超越萬古者，固大有在乎！自古得天下者，三代以下，漢、明爲正，然或爲亭長，或爲寺僧，於前代猶有君臣之義。惟我朝龍興東土，與前明爲敵國。迨明運告終，中原無主，吴三桂敦請入關定鼎，葬明帝以殊禮，令臣民服喪，如喪考妣。死難之臣，褒忠表節。自唐虞以來，未有若此之盛德者。得統之正，此其一。聖祖仁皇帝御極六十年，高宗純皇帝御極六十年，禪位之後，又三年而升遐，享年之永，各以一朝抵梁、唐、晋、漢、周之五代而猶復過之。自殷中宗以後，無能此者。國祚之長，此其一。本朝之疆域，中國既大一統，又合以東省及内外蒙古、西藏、新疆諸部，縱横五萬里，黔、滇、楚、粤、川、陜改土歸流之郡縣，以百餘計。外此如琉球、朝鮮、高麗、安南、交阯諸國，莫不奉正朔，獻賫書，遣子入侍，爲開闢後所未有。幅員之廣，此其一。我朝以神武定天下，入關後，張、李滔天逆焰，如爐火之見太陽。康熙初，三藩之變，天下幾失大半，聖祖年未弱冠，次第削平。此後如平準噶爾，平青海，大小金川，平黔滇，平臺灣，平西藏，平回疆，平川楚教匪，平苗部，凡天戈所指，皆不勞而定。武功之盛，此其一。自古宦官女謁至漢、唐、明而極，漢之常侍，唐之門生天子，明之九千歲，以及吕、武諸后，皆遺恨千古，此外不可勝舉。我朝宫範肅穆，内官不過六品，如斜封、墨勑，及廷杖諸弊政，均一掃而空之。家法之善，此其一。前代人主，多躭安逸，如明神宗至二十餘年不見大臣。我朝列聖相承，無日不召見臣工，文官知縣以上，武官守備以下，一一過目。輦轂之下，纖悉必聞；萬里而遥，威顔咫尺。所謂禮樂征伐，自天子出也。政治之隆，此其一。國脈之存亡，視人心之向背，皆不可强爲。康熙、雍正、乾隆三朝，普免天下全租者七次，分别蠲免，不可勝數。今皇上不動聲色，芟夷大難，用兵八載，田不加賦，户不抽丁，恩澤之及人最深且久。以故賊踞城池，城以外，即非賊有。賊去之後，立即反正。被擾之邑，依舊完糧，賊雖妄恣屠戮以威之，不能禁也。人心之固，此其一。以如是之深仁厚澤，而欲以悖理失勢違時之舉，執金鼓以抗天威，是自取滅亡，至死不悟也。豈不哀哉！

雖然，足下既已成騎虎之勢，則亦有不能中止之苦。聞足下係桂林富户，爲楊、洪所逼脅，出於不得已。又性慈不好屠戮，本年十月内猶放出老稚二千餘人，即此一端，亦可轉禍爲福。現在韋、楊盡殲，惟足下獨存，或不在劫數之内。僕是以不惜苦口抉摘根由，願足下急急回頭。如果以鄙言爲然，即期迅覆一信。刻下瑞、臨已復，九江、吉安不啻筌魚阱獸，足下能將撫、建二城納土歸誠，凡城中裹脅之衆，概令薙髮而繳軍器，隸江西者，立即遣散；隸上下江及兩湖、兩廣者，分途資送回籍。傳知吉安及早投誠，免盡遭戮。僕當通稟欽差及督撫各憲，立即奏聞，加足下二三品之官，麾下得力之將士，亦從優升賞。倘有假意，雷殛天誅！

僕生平以忠信待人，斷不爲欺詐之事。且足下獨不聞江南副帥，即昔日之張家祥乎？彼在廣西投誠，今已官至一品，名滿天下矣。又不聞福建之世襲澄海公黄梧，世襲靖海侯施琅，皆海寇鄭成功之部將乎？彼當鄭氏將亡之時，歸順反正，公侯茅土，至二百餘年。孰得孰失，何去何從，在足下自擇耳。足下既與洪逆爲讎，此日金陵合圍，不日可破。若足下於解散江西黨與後，留勁卒三千，馳赴江南，共擒洪逆，上報聖朝，下抒夙憤，封侯在指顧耳。倘仍徘徊歧路，眷戀窮城，則撫、建非可割據之區，江、皖更無立足之城，將回竄粤西，而贛、寧不能越，湖南更有精兵，團練則處處同讎，羽翼則紛紛翦除，彼時麾下之士，必有獻足下之首以取功名者。興言及此，足下能不毛骨悚然乎？

夫定大計者視乎勢，足下離家鄉，已經七載，自相殘殺，一事無成，若必待窮蹙之時，而始有歸順之意，一失勢之匹夫而已。廣東兵威正盛，廣西得湖南援兵數萬，已克平、柳、恩、潯各府，前有勁敵，後有追兵，吾見足下之束手就擒也殊甚易易，如欲仍回江、皖，則戰船已扼河干，輜重豈能飛渡！且九江、湖口之師可乘勝而下，鎮江、金陵之師，可乘勝而上，徽、寧各有重兵，江南久非所有，餓荒遍地，野無可掠，此尤必窮之下策也，豈待僕之贅陳耶？昔項羽以拔山蓋世之英雄，經漢兵圍在垓下，尚有烏江之刎，此無他，失勢故也。僕爲設身處地，反覆思維，進退皆無善策，惟有歸順投誠一着，立地見效，不惟保全宗族，並可建立奇功。足下其果猛然省悟焉否耶？

僕帶兵五載，備歷艱難，前此氣焰大張之際，尚毅然不爲少動，此際敵勢方窮，何反代作説客？誠念天心厭亂，劫運將消，不忍生靈之塗炭。又聞足下有可爲善之資，而恰值千載一時之會，是以推誠相告。諺曰："苦口是良藥。"惟足下察裁之！即賜回音爲幸。

秀才書信入奏

秀才邑蔣淡人，夢魁也。素與帥文毅友善。咸豐二年冬，粵逆陷楚省，大搜般隻，蔽江而下。時徵發三江兵，上游堵禦，督帥未諳戎事，中途望風而逃，部下兵盡潰，賊遂長驅，如入無人之境。秀才將長江要隘，某處可守而不守，某處可戰而不戰，據實直書，緘示文毅，不過感於時事，因吐其胸中所欲言耳。適文毅上封事，將信稿封入摺内具奏。

歲貢封章上聞

同治朝，四川歲貢、候選直隸知州楊廷熙上封章奏，爲天象示警、人言浮動及十不解等情四千餘言。時大開言路，無論何官，准在都察院呈請代奏，亦異數也。

苦心逢慧眼

上元吴頡雲殿撰鴻，乾隆某科江南鄉試頭場，“有民人焉”二節題，識高格老，經營慘淡。初九日，漏下三鼓，僅得夾縫二小比，吐血升許，後一氣呵成，勢如破竹，未及天明，而次三藝俱完矣。闈中主司得其卷，擊節歎賞，謂爲不可無一不能有二之文名元也。中二比，批云：“作者苦心孤詣在此，閲者獨具隻眼亦在此。”見文章遇知己，亦争絶詣也。

數語定終身

蘄水陳秋帆殿撰沆①，負姿英異風流，文采獨出。冠時，有才子之目。與先王父②冠秋公同應歲試，學使涂公極賞之。“桃之夭夭”三節題文，並梓入試牘。入都，語吾邑帥仙舟③侍郎曰：“得貴府蘄黄兩名士矣。黄梅鄧某學養深醇，王耘渠流亞也。蘄水陳某天才焕發，劉克猷後身也。將來鄧必艱於遇，曲高者和自寡。陳不永其年，才露者福必薄。”後先王父鄉試擬元，竟不果，老於明經。秋帆會試對策魁天下，齡終强仕。學使數語，定二公終身矣。

若無文字休言命

固始吴淪莊中丞（其濬），予受知師也。爲中州望族，五代十入館

---

① 陳沆（1785—1825），湖北蘄水（今浠水）人，文學家，被魏源稱爲“一代文宗”。原名學濂，字太初，號秋舫，室名簡學齋。清嘉慶十八年中舉，二十四年中狀元，曾任廣東鄉試主考、禮部會試同考官、四川道監察御史。著有《簡學齋集》等。

② 鄧朋（1761—1835），鄧文濱之祖父，道光三年歲貢生，候選訓導，例授修職郎。

③ 帥承瀛（1766—1841），字仙舟，湖北黄梅人。清嘉慶元年探花，授編修，累遷國子監祭酒。曾任山東學政、浙江巡撫等職。

閣，三世八座同朝。公由監生掇狀元，天才高特，面皙而豐，聲清以越，目數行下，官骸並用；視學楚北，雖署延幕賓，卷必親閲。座右自題一聯云："爾無文字休言命，我有兒孫要讀書。"竟日能閲八千卷。收卷時，當堂兀坐，旁侍二僕，展卷陳几上，公執尺長筆一枝，丹黄雨下，一轉瞬即完矣。二僕猶供應不及。道光十三年試黄州、蘄水，童卷三千，甫盡場而案出焉。人擬其疏漏心必多，取落卷出，竟無一本不加評點。所評一二語，或一二字，無不中人要害。其有句讀遺亡，字跡訛誤，必塗拭之，向隅者無不愧服。然其晋秩有不由乎此也。館選後二十年，未膺召見。某年圓明園宫外失火，上問巡視救火者誰？奏以公聞。上曰："詞曹中竟有關心民社者乎？"急召見，侍上書房，三出文差，兩膺讞使，而巡撫粤西矣。方資倚重，遽薨於位。及粤逆蠢動，上追念曰："若吴某在，無此患矣。"復加卹典，賜舉人於其後。

不受栽培莫造門

國朝科場，關防甚爲嚴密。某權相以此樹黨，其舊門生、年家子及有以文字著名者，場前預送條子，爲文内關節，時遂沿爲風氣。惟某部郎頗束身自愛，某科出禮闈，呈文稿於鄉薦，座主某，甚重其文，怪其不預送條子。某曰："門生初試，不知條子爲何物？又愧由詭道貽師門羞。"座主咈然不悦，曰："君不受栽培，嗣後不必過我也。"是科雖中，不與館選，説者謂不受栽培所致。

七韻詩篇中舉有

同治九年庚午科江西鄉試，吾友梅古芳（雨田）進士充内簾，取中一卷，拆彌封，名已書榜，墨卷詩衹七韻，而硃卷八韻。想謄録亦識詩文，特補完以成人之美耳。幸本人詩後忘寫添注塗改，收卷官失察未帖，恰好成就，此君其有陰德耶？

詞曹丁君紹周之子某，順天庚午鄉試，硃卷被謄録，落一比未謄，呈薦時，主試云：文可中，惜後幅少一比。房官請提墨卷，遂中之。

三場添注塗改無

事有無關切要，而能立意不苟，即徵終身受用者。嘉慶辛酉會試，場前某堂官磨勘湖北庚申鄉試硃墨中卷，見有三場一十四藝，通共添注塗改無者，歎爲異事。查其籍貫，係黄陂劉筠圃（彬士），年甫壯，向同鄉同館帥仙舟侍郎曰："君貴省公車劉某，不惟文字優長，兼有過人精神，定有過人福澤。如棘闈真草防錯誤，不計工拙，而舉筆不苟，無瑕可摘，則平日一事不苟可知，此必讀書端静之士，安得不以國士目之？"是科劉果成進士，適此公充殿試閲卷官，拔置十本内，欽點榜眼後，官至二品。

病中授手稿

某諸生優於時藝，窗下操習舉業，秘不示人。嘉慶戊寅恩科，元旦夢得鄉試題，登高榜，簡練揣摩，製成佳藝，自以爲萬選青錢，不作第二名想，諱之甚深，與侄同赴鄉試。場事完備，陡起腹痛，不能入場。侄見叔病，亦不肯入，諸生趣之，對曰："侄入場，叔誰事？功名身外物，吾不忍離叔也。"諸生益趣之，侄愈堅，諸生勸亦益固。啓篋授一手稿曰："科分有命定，文竟爲爾辦也！"言訖，痛稍減。侄勸叔偕往。諸生曰："噫！甚矣憊！入場實難勝任，在外有僕服事，爾毋慮也。"侄遂入。諸生倦而假寐，忽驚醒，如釋重負，若無恙然。急攜籃往，而門已闔一扉矣。求補點入，得題適符所夢。憶舊作若前生事，不記一字，別搆一藝。交卷時，叔侄相晤，皆大笑。及榜發，侄掇高魁，諸生亦得散榜焉。

厠上得頭題

嘉慶戊寅恩科，湖北鄉試一榜，皆名作，大半宿搆，題本正大，擬者多也。某孝廉先年應童試時，即夢其中舉卷，以天字作骨。入泮後，操習舉業，無題不然，歷數科不驗，置而忘之。是科場前下痢，强起入場，無暇他望，擬白戰不持寸鐵矣。候點時，腹痛欲痢往厠，聞同厠二人，述乩仙判今科頭題，"自行束脩以上"一章，未必如此直遂，若重讀"以上"二字，當是"志於道"四句。不覺恍然悟，即回寓檢此題文稿，果獲選。

三千兩金賣命

江南富商子弟，無求不遂，獨制藝出於心血，非可徼倖得也。然金錢可以作怪，踞人物輻輳之區，訪才思敏捷之士，聞某孝廉優於文，而厄於遇，有急欲求窮之心。科場前數月，屬人説之曰："君唾手可得三千金，不出一百日，願幹乎？"孝廉曰："如此便宜，胡不願幹？請問何事？"曰："限百日内成三千文。"孝廉許之，計一日三十藝，信筆立就，文不加點，焚膏繼晷，甫三月而文完，如數得金，心血盡而氣絶矣。亦山木自寇，膏火自煎也。

五十串錢買舉

邑李君寶山孝廉贇①，幼饕餮，有肉癖，善博，藉以償肉值。弱冠游庠，自喜成名早，怠於作文，無意進取。時值大比，其尊人愛憐倍至，而屬望甚殷，諭之曰："兒好博，無非自求口實。吾聞肉食者鄙，未能遠

① 李贇，字日襄，一字葆山，湖北黄梅人。清嘉慶十八年舉人，曾任直隸元城、唐縣知縣，補授定州、直隸州州同。

謀。嗣後作文一首，吾給爾錢五百，博猶分勝負，此不猶愈於博乎?”李君欣然從命，始則思路艱澀，必數日一藝，漸次機致圓熟，一日數藝。自三月至七月，得文百首，尊人計值與之，得五十金。其同爨者，妒翁偏愛，尤而笑之曰:“焉有渠一秀才，習舉子業，作無賴狀，乞若翁用錢買乖巧耶?”翁亦笑曰:“吾今年取巧，在此五十金耳。”及鄉試揭曉後，翁張燈待報，預鳴鑼爲報喜狀，人訝其癡，果獲選焉。

押韻偏能得高榜

咸豐年間，都中考試，最重詩。得題解，某科賦得“秋色牆頭數點山”，得庨字。乃御製詩句也。通闈不解庨字何義。有一卷以不解解之，詩第二句押庨字作頌揚體云:“宸題韻限庨。”竟得高榜。又朝考賦得“喜雨志乎民”得僖字，惟楚北魯君璜詩首聯云:“喜雨詳公穀，勤民紀魯僖。”拔置第一。又會試賦得“高車高捆”得從字，闈中得解者，十不一二。吾同邑宛君立俊①、喻君樹琪②得解於同號湖南某孝廉以民、從二字押韻。二君硃卷一批云“詩得題解”，一批云“詩知出處”，均獲選。如此類者，不可勝録。咸豐丙辰會元馬文瑞呈卷時，名第九，上嘉其詩，得解拔第一。

集注不知出何書

記問之學，不足爲人師。近日求一記問者，不可多得。不必僻典，即目前口邊語句，亦有習而忘者。如乾隆年間，考差題，賦得“也亦作乎”，得張字，通場翰林無有知其出處者。又咸豐年間朝考論題:“二子

---

① 宛立俊，字偉甫，宛名揚子，宛名震嗣子，湖北黄梅人。清道光二十九年鄉試亞元，咸豐九年進士，官刑部主事。

② 喻樹琪（1813—1862），字玉山，號小香，喻文鑾孫，湖北黄梅人。清咸豐二年舉人，九年進士，即用知縣，投牒改教職，選授德安府教授，方之任，遽卒。

之心，非夫子孰能知之?”新進士亦茫然，皆糊塗了事，幾不能完篇，令人失笑。至出場查訪，始知皆上論，前半部《朱注語》，一在“問十世”章，一在“不念舊惡”章，識破不值半文錢，讀者不可以其近而忽之也。

巡號如閲獄

咸豐七年，某翰林爲河南學使，場規酷刻，巡號如閲獄囚，枷鎖載道，以致人犯法爲幸。出題尤謬妄，單句如“必有妖”、“是爲賊”、“我將反”之類。截搭如“羊父母干”、“龜動乎”、“鱉生焉”之類。又鄙夷一切。某兩縣同日覆試，一縣獸蹄鳥跡之道，一縣雞鳴狗吠相聞，蓋謔其字不成字，文不成文也。是省大員嗾言官，彈其割裂經傳，玷辱斯文，詔革職。

點名若訊囚

嘉慶十四五年，楚北學使江右人，閲文頗有眼力，貪酷異常。將試一郡，牌飭提調官備木枷百號，鐵索百條，臨郡時帶有上郡荷枷生童數人游市。試日，號口設瞭高臺，號頭立窺伺差，嚴寒不准攜火器，酷暑無得脱衣冠。見有交接言語，錯火吸煙，輒枷鎖以徇，懷挾越號，必嚴刑以處。坐堂如秋審，點名若考囚。科舉未發，先索書價，否則降等，袒護教官，貓鼠同眠，勒索印錢，張羅院費。時詛以聯云：“厥土爲塗，何故蹧踏湖北？挾輈以走，可憐玷辱江西!”隱切姓名，皆紀實也。後數年出陳臬事，有同寅藩司某，素相契，因事獲咎。汪督志伊委其查訊，雖未授意，諒必原情。時值除夕，藩司稍請寬假，彼設三木以待，檄提數次，藩司不堪，親具供狀，挾懷中刃自盡。子控部，事聞於朝，汪罷職，彼拿問，解員叱上刑具，彼不從，亦設三木以待，笑曰：“請君入甕!”乃從。途中常見藩司索命，亦自經。未有拂人性而災不逮身者也。

命者推命真靈命

江督某，寒素起家，其舅氏某，幼字以女，既而諱之，嫌貧也。某亦莫敢誰何。有演命瞽者，推其四柱，甚奇之，擊節歎賞曰："相公將來貴極人臣，幸勿輕配，待吾物色之!"一日，演命至某家女稱之，謂女父母曰："令嬡起居八座格，不惟得貴夫，亦生貴女。吾閲人多矣，惟吾邑某相公可稱無雙國士，克配一品夫人。"遂爲媒。許之。及某貴，鄙舅氏兩目無珠，而一毫不拔；感命者獨具隻眼，而報以千金。後果督兩江，二女壻亦督撫，益信命者之神，而舅女之無福也。舅與女，慚忿而終。

許滇生宫保，名乃普，嘉慶庚辰科榜眼。未遇時，一星學云："此命有三奇：科名能至一甲，不能得狀頭；仕宦能至一品，不能爲宰相；後嗣能得大貴子，不能舉孫兒。"後果驗，滇翁官尚書，子彭壽會元傅臚，仕至内閣學士。

媒人作媒轉自媒

帥仙舟中丞承瀛，先世單寒，封君亦諸生。中丞幼穎異，塾師姓潘，器之，爲其堂兄某女爲媒，已允諾矣。梅俗舊習，兒女聯姻，媒者遞庚書，男先於女，女從男，即古人文定厥祥意。士庶家多延戚族讌會，迎賓門外，行禮祖堂，重婚姻也。塾師遞庚書時，堂兄不内，荅曰："前言戲之耳。吾女許字，待决於拙荊，吾不能專。"言未已，其堂嫂最悍，出而拒之。塾師温語力勸，謂帥某兒子，幼而英異，定佳婿也，毋失良緣。悍婦曰："有女不配讀書郎，年年月月守空房。彼兒子即善讀書，不過再一窮秀才耳。終年爲人守冷學堂，難道我女將來無人可適耶?"曳其夫入，門閧然閉矣。塾師無可如何，歸謀諸婦曰："吾女亦待字，盍配之?"婦欣然。及覆書，帥翁一見大喜曰："僕素有是心，幸天假之緣也。"後中丞年十二游庠，十六登賢書，歸娶。十餘年，探花歸第。郎與女，錦衣宫袍，過從娘家，人争羡之。悍婦女適一凡夫，羞憤而尤，其父母常飲恨終身焉。雖曰婚姻前生定，亦見人眼不可太淺，婦言不可亂聽也。

兄弟雙賜爵

同治三年六月克復金陵，曾文正公兄弟同日一封侯，一封伯，極古來未有之榮。其仲氏在三河殉難，曾侯謝賜卹典疏，情詞懇切，其略云："臣弟曾國華一介書生，滿腔熱血，鴒原急難，虎穴孤行，爲畫救趙之謀，曾作乞秦之舉；轉戰千里，連下六城，東道始通，西江無恙。乃長圍之甫合，適銜恨以遄歸，撫里言旋，筠州亦克；嗣以降服期滿，重赴皖營，與李續賓共濟艱危，誓同患難。逮三河之失利，竟一蹶而偕亡。田横之客俱從，先軫之元未返；幸邀恩卹，得備哀榮，贈秩監司，延光苗裔。魂招千里，淚滴九泉，昔荷一門忠藎之褒，今叩百世馨香之典。執干戈以衛社稷，聊攄自靖之忱；聽鼓鼙而思將臣，渥荷非常之澤！闔門銜感，累葉增榮。臣仰沐殊施，愴懷同氣，志不忘乎溝壑，身已重於泰山。在胞弟黄壤有知，敢忘結草啣環之報；在微臣素餐無狀，永矢卧薪嘗膽之誠。"讀此可想忠愛無已也。

師生四同科

國初黄岡縣諸生於某友教生徒，年五十餘。某科師生四同榜，生皆前列，師獨後焉。赴鹿鳴宴時，唱名即席，有一人作逡巡不前狀，當事問之，對曰："業師於某在後，門生不敢踰師。"當事笑謂曰："恭賀先生！今日以名次序坐，姑從權！"有間，又一人作逡巡不前狀，當事又問之，對如前。復笑謂曰："恭賀先生！今日以名次序坐，姑從權！"又有間，一人復然，當事亦如之。坐畢，諸生請於當事曰："願另列一席。"門生推師上坐，當事大笑曰："正合鄙意，不如是，不足爲師門光。"列其席於東楹。時在坐者，多有詩歌以紀其事，一時傳爲佳話。

玩弄得高榜

邑宛偉甫部郎立俊述其尊人宛公名震[1]明府，道光戊子分校浙江鄉試，與同事者疏、李二人相友善，閲頭場卷，呈薦畢，相謂曰："連日憊矣！盍少休而爲葉子戲乎?"疏母疾，入闈時未痊，心竊念之。闈中就寢，燈獨[2]下恍見白髮老嫗，隱約帳前，竟夕不能成寐，至晨方熟睡。李催起，疏告之故。李狂少年也，笑爲解寬曰："不關太夫人事，莫非落卷多遺珠，冥冥中有見身指點者乎?"疏年長以老名士自居，應之曰："衹恐後生家無眼力，誤人功名，吾固老眼無花也。"李啓篋抽一卷曰："此卷未薦便冤矣。"以示疏及同事。視之，皆曰薦亦無妨，疏從之。在李抽卷時，隨手舉以相戲，並未閲文，不料兩主試擊節歎賞，擢爲高榜。揭曉即沈君兆霖，時文巨手也。連捷詞翰，屢主文衡，官至總督。蓋沈世有隱德，兼節孝，後疏所見白髮老嫗，彿彷沈君祖母狀貌。李雖戲言，無心暗合，即前人所云"我爲君弄，君爲鬼弄"耳。後疏居官，遺累幾不自脱，沈君篤於師門，所以調劑曲全者無不至，皆此中結不解之緣也。

免帖中亞元

乾隆某科，湖北鄉試頭場盡場時，一諸生犯規，自分必帖，哭聲徹號外。時監臨某公，時藝巨手。素憐才，起更時散步堂前，聞而問之。召諸生出，親攜其卷，命僕納部院官封内，送收卷所。嗣後此卷由外簾至内簾，皆用此封遞至衡鑒堂。兩主考以爲監臨所送，必名作無疑，取中第二名。榜發讌會，主考見監臨無道謝語，恐未取元，稍拂其意。因謝曰："晚生得大人貴門生卷時，元改取定，故置稍後，乞爲見原!"監

① 宛名震，榜名夢龍，字兆鼎，號煦軒，湖北黄梅人。清嘉慶十五年舉人，以大挑簽發浙江知縣，歷任分水、常山、開化，並三次任浙江鄉試同考官。

② "獨"疑爲"燭"之誤。

臨不解所謂，主考因以封筒進。監臨愕然曰："此特爲一老生免貼計耳！並未閲其文字，何意以此送君前耶?"問名次，曰第二。取闈墨視之，果名作也。監臨笑曰："幸此卷出色耳！不然，没眼力而違功令，豈不大笑柄耶?"以此見遇合之有前定也。

士子徑行裸衣出

乾隆年中，湖北巡撫某，蔭生出身，充鄉試監臨，入場搜檢，最苛刻，考籃衣被飲食外，並褫衣跣足。有一老諸生，坦白不遵，撫勒令赤身無寸縷。諸生怒擲其下體衣於公案曰："雖非此道出身，宜留讀書種子，名爲國求賢，實斯文掃地，吾不屑應此試也。"徘徊廡下，旁若無人。不領卷，將出。撫止之曰："爾能屬對，便准；否則，定罰跪。"出對云："雖袒裼裸程於我側。"即應聲曰："與讒諂面諛之人居。"急趨而出，撫大慚，遂不果搜。

科名不自懷挾來

國朝科場，功令森嚴，懷挾必懲。嘉慶某科桐城張公弈漢爲湖北監臨，屏搜檢員役不用，曰："科名有分定，不自懷挾來也。吾當諸生時，急於功名，素備挾帶，極精且多。應鄉試，製考籃三，分一二三等，場中必需物，而區處之。如是者，數科皆未中。惟某科入頭場，僕誤攜二場籃入，場中檢視大失望。是日空所依傍，信筆成文，出場示諸同人，皆謂文章本天成，妙手偶得之，竟獲售。足徵科名有分定，今日任多士車載騾負，總不帶生前未有者而來也。"同事者亦相與嘆服。

拙澀門生拜手

乾隆時高宗純皇帝幸貢院，御製詩有"言孔孟言大是難"，又有"從今不薄讀書人”之句。詔諭主試者，必認真衡文，以副上意。天語煌煌，草莽聞而感泣。因積久玩生，視爲兒戲。聞某省舉子，出場中文呈同鄉某尚書、某修撰閱，皆大加歎賞，決爲必售。後下第，取硃卷出視，分校者係某科翰林，闈中藍筆袛點數行，兼訛句讀，竟批拙澀二字而屏棄之。此人懷憤，刊刷其詩文，及尚書、修撰評語，並分校者拙澀二字批語於紙尾，逢人分送，以鳴不平。又闖入分校宅中，投刺云：“拙澀門生拜。”俟主人出，執其手而責之曰：“爾嗣後猶訛點句讀耶？”互相毆駡，旋至某衙具控求奏。後部議該分校官闈中閱卷，自應盡心，何至點數行未成句讀，即行擯斥？殊屬怠玩，着革職。該尚書、修撰榜前妄評人文，致生事端，一着休致，一着降調。該舉人即遭屈抑，亦宜伏案讀書，勉圖上進；乃不守分安命，妄行具控，平日非端静之人可知，着除名。踰年，此人赴都求原名應試，詔可，由監生中順天鄉試，旋入詞翰，足以吐拙澀之氣。

荒疏老師縮頭

既得人爵，而棄其天爵，不獨在道義也。今人一入宦途，即束四書五經於高閣。益陽湯海秋農部鵬，雄於文者也。道光乙未，分校春闈，其房所取，多卓犖士。如羅椒生惇衍、何根雲桂清、喬鶴儕松年，年皆十八，後躋督撫卿貳。海秋作《三少年行》以誌喜，有“嗟我頭腦豈冬烘，兩目爲燭胸爲籠”之句，然當時有一門生，持頭場“大德不踰閑”題文稿來，請改正。湯自負曰：“焉有海秋所取文，尚需改正乎？”曰：“門生起講中，有可也不可也字面犯下。”湯曰：“何曾犯下？”曰：“如下文小德出入可也何？”湯笑曰：“我闈中閱卷，卻忘記了本題尚有下句，君自改之。”又某科有下第舉子，取卷出，文内用《周頌》“佛時仔肩”句，被典試者塗抹之批云：“佛時是西域梵文，牽入聖賢口氣，殊屬悖謬。”又某卷文内用《繫辭》“天地之道，貞觀者也”句，亦被典試塗抹，批云：“貞觀係東漢年號，豈可攔入時文？”訛唐太宗貞觀年號，爲東漢。

此公不獨荒經，並荒史。時有嘲以聯云："佛時是西域梵文，宣聖悲啼彌勒笑；貞觀係東京年號，唐宗錯愕漢皇驚。"令人拍案叫絶。二卷俱呈薦，後遭擯斥。後下第者訪得其人，即某老翰林素掌文衡而現躋宰輔者也。屢造其邸，欲與談論，縮頭不敢出。一日確訪其有要務，必行，至門首伺之，輿已駕矣，彼從旁門趨出。下第者竟牽其騾。僕夫報曰："某人牽騾去。"曰："任他任他，去一騾撿一臉，所獲多矣。"猶謂失馬爲福也。都中衡文者咸相戒曰："防人牽騾！"一時傳爲笑柄。

專搜戛戛獨造品

道光某科會試，某相國未第時，禮闈分校十八房，已通十七。有一分校者，素嚴正不阿，某卷適落其房，文内暗藏關節十七處，生擒活捉，幾如牛鬼蛇神，令人噴飯。一見概塗之。時總裁爲權相某，私通已久，未得其卷，藉搜遺珠，至某房得之，令其薦。分校者曰："此卷語多支離，晚生已塗抹之矣。"權相擊節歎賞曰："此戛戛獨造品，定非時手所能爲，君應訝爲不倫也，有此文而不録，便傷天害理，須於塗抹處多加圈點。"遂中高榜，殿試朝考，相與維持，入翰林，由府道至督撫，每歲遺權相萬金。前分校者，雖屬房帥，亦白眼視之，報其塗抹未薦也。

定贈纍纍一貫珠

朱桐軒相國鳳標，爲人謙和樂易，而介節凜然，屢掌文衡。門下有一狂士，初見時，遽謂公曰："門生聲希味淡之文，曲高和寡久矣。公竟有此眼力耶？"公曰："珠光劍氣，無鬱而不發之理。足下文有定價，不關吾眼力也。"又門下有一獃生，初見時，袖出其生平詩稿，呈公閱。公偶觸一二首而揄揚之，即置案頭。彼復呈公曰："門生此詩何如？"公曰："善！"又曰："門生此詩更佳。"公曰："善！"如是者數次，欲公及時閱畢也。公笑曰："煌煌大集，美不勝收，容吾静心領教可也。"其謙光如此！同鄉某孝廉，公表叔，幼時曾受業，年近七十，赴禮部試，住公宅，謂公曰："余老矣，無志於官，但願成進士，得一内閣中書，挂朝珠歸里，一爲宗族增光，一爲文章吐氣耳。爾設典試，余以某數字爲關節，須留心！"公曰："諾！"後果入闈，得是卷，極遲，榜已定額，文又多疵。公自忖曰："爲私情而濫朝廷名器，奪寒士口中之肉，吾不爲也。"出闈，定捐纍纍貫珠以報師門，遂不果取。孝廉不知，揭曉日，道路紛紛問訊。孝廉謂公子弟曰："老夫本店自造物，可關門取寶矣，何紛紛者爲！"及日中未至，亦如之；及暮未至，亦如之；夜深，孝廉始驚訝曰："若翁取我會元耶？何遲遲乃爾？"舊例題名時榜首後寫，後來居上意也。言未已，全榜盡出，名在孫山外。孝廉得遺卷，大怒，叱謂公曰："他人可恕，老夫竟遭爾親手打死矣（打死者，都中下第人傷心語也）。爾不念師弟分，應看姑舅情，竟如此草菅人命耶？"公不便指其疵，但跽而請罪，即取數千金捐中書，購朝珠贈之。合觀柏葰案内同事者夤緣舞弊，獨公鐵而冰心，無瑕可摘，其節概又如此！賢者固不可測也！論者謂其和而介云。

岳武穆後事

國朝某公宰湯陰，岳武穆公故居也。接篆後，判斷案卷中，有万俟氏與岳氏争産，累訟數年，案積如山，經數官未能斷結。公集兩造質訊，各呈卷據，皆麾之。但問岳氏曰："爾是武穆後乎？"曰："然！"問万俟氏曰："爾是万俟卨後乎？"曰："然！"公笑曰："本縣嘗學斷斯獄矣。昔岳武穆爲再造宋朝人物，爾祖人万俟卨與秦檜朋比爲奸，害武穆父子，致敗宋室天下，雖粉骨碎身，不足以雪千古公憤。其子孫雖萬世爲岳氏僕妾，不足以報武穆於萬一，安敢與岳氏争産？"舉其案而焚之，斷歸岳氏，論者以爲痛快。

國初都中某戲園演秦檜矯詔班師及誣武穆父子謀反被害事，一屠豬者觀而裂眥憤極，持大屠刀，竟躍劇臺，將頂秦檜腳色，斫爲數斷，而擲其頭於臺下，塊然有聲。衆力拒不能支，白刑部下獄，訊曰："爾何故殺此優童?"昂然曰："小人是殺秦檜，爲岳公報仇，於優童何罪?"獄官笑問曰："爾知是優童作秦檜乎?"仍昂然曰："此時小人衹知其爲秦檜，不知其爲優童，誰叫他作奸賊?"又問曰："爾亦知殺人者死乎?"曰："小人出此憤氣，死亦甘心。"慷慨招供，引頸就戮。部據實奏，上曰："屠户有此正氣，奇男子也。事雖不合，而志可嘉，着從末減，免死，後不爲例。"可見忠臣屈抑，千載下猶有公憤也，武穆生矣。

余在都，見忠武祠前有鐵鑄秦檜夫婦裸跪相，排列左右，長四尺許。檜相頭腦及腰背多殘缺處，以爲當日尚未鑄成，或年久剥蝕。及某月朔晨，至曉市估衣局，復過此，見鬻菜人等以錐擊檜相者三，鏗然有聲，始知其爲人漸擊所傷也。又見有人褫下體衣，竟至長舌婦相前灑溺，或遺矢者，穢惡淋漓，堆積至婦乳下。問其故，僉笑曰："如此則一月内生涯順利耳。"其旁屏牆上有賣卜者，謔題一聯云："我好傷心，有賢妻未必若此；奴真薄命，無鄙夫何至如斯?"令人絶倒。按宋史檜害岳時，尚有悔心，其妻長舌夫人曰："捉虎容易放虎難。"檜意决，檜之害岳，其妻成之也。並鑄此相以誅之。又聞岳公墓前，亦鑄此相，後人題詩，有"青山有幸埋忠骨，白鐵何辜鑄佞臣"之句，語意亦新。

汪尚書逸行

鄉先輩汪公静峯可受①，幼有夙慧，不昧前因，七歲能文，時稱神童。師同邑石楚陽中丞崐玉，楚北制藝名家也。石爲諸生時，器之曰："此子雖在弟子之列，異日科名、官階、建樹，當出吾右。"試以聯云："眼珠子，鼻孔子，珠子反在孔子上。"即應聲曰："眉先生，鬍後生，先生不如後生長。"後師、弟同科，鄉會聯捷，名次皆先，官至兵部尚書，

① 汪可受（1559—1620），字以虚，湖北黄梅人。明萬曆八年進士，曾任薊遼總督等職。師事李贄，友公安三袁。著有《道心説》、《下車草》。

廉能卓著，功業冠時。嘗治黄河，有神龍爲前導，到處即慶安瀾；籌邊禦倭，畏服如神。時神宗倦勤，權奸角立，互相抵牾，知幾勇退，不獲已，詔起田間者二，仍力辭引疾歸。《明史》大書曰："薊遼總督汪可受致仕。"蓋特筆也。後繼公任爲江夏熊襄愍廷弼，卒遇害。又數年，璫禍作矣。惟公能如漢二疏乞骸骨，故史臣以知足知止予之。晚年嗜禪學相，傳爲静鑒祖師後身，故號静峯。曾游九華山，禮地藏，禪林素有古鏡，大如車輪，能監人前後身。公視之而泣，鏡遂黯。或問之，公曰："吾視若中最上一老衲，中即吾身，下則九牛隨之。"諺云："一代官，九代牛。"不誣也。蓋現身説法，爲貪污戀棧者棒喝之。宅在城南隅，今石氏祠猶稱司馬府，即公故里也。解組後，隱居山林。薨時，子孫舁至城中殯殮治喪，邑人士及守土官以爲不祥，且未奉旨，咸郭外阻之。公乘輿中，張目摇首，拂鬚自若，竟不果阻。氣絶猶顯英靈，論者謂見如來身。其子伏闕請卹，御賜祭葬，詔寧南侯左良玉便道親奠其墓，今茅栗山汪家城華表屹然，即公墓也。嘗搆静室二：一在紫雲山旁，名挪步園，自號三槃居士；一在黄蓮洲畔，名汪家圩，又號黄蓮居士。居黄蓮時，萬曆三十六年戊申夏五月十六日，江水潰堤，繞公宅，適公五十生辰，子道春爲公禮佛。有老僕獻一匣，云自洪水中觸舟而來。置室内，夜現八大金剛像。即公叙中云，夜若有鬼物守此者，未解何物，啓視故紙，似已麋爛，展暴日中，點畫如新，則五代僧夢英及宋僧道肯所集篆三十二體《金剛經》也。公驚異，以生辰禮佛，時又經行觀息處，託爲因緣，延善致鬼神者，卜之得七絶二。其一云："何處經文翻貝葉，洪濤千丈擁毫光。龍宫瀉出非凡手，海藏輸來獻法王。"其二云："維摩丈室已隨波，護法諸天幾度過。爲示源頭真脈絡，《金剛》一部本無多。"屬其高弟邑明經洪公度臨摹增譯，閱九旬而成，神韻無毫釐爽。公大喜曰："經爲汝來耶？是可以報龍宫矣。"仍投原本於江。後攜至雲中，序而刊之，洪公亦加跋焉。當時傳覽，奉爲至寶。按原本木刻陽文白質黑字，正是初拓蘭亭，到恰好處。若都門摩訶庵壁上所勒，乃石刻陰文，黑質白字，因原本而翻刻者也。有貌合神離之别，閱者細玩自領之。

不怕死的鐵漢

咸豐三年春，粵逆由楚東下廣濟，宋天佑、吴士友等素善拳法，以賊勢逼近，恃其技勇，因鬧糧滋事。鄰縣鮑令性鷙悍，至濟從而激之，而變成矣。戕署守等官，及勇丁數百人。事上聞，撥兵數千剿撫，江忠烈公宗源署楚臬，奏從末减，謂誅首惡數人。旋委陳君知廣縣事，兼斷斯獄，緝首惡之漏網者。是秋，粵逆復上游，破田鎮水師營，全軍皆没。賊既近縣治，縣又無城，或勸陳微行。陳曰："吾職守土，死守分也。"陳有二子隨任，陳遣之云。長曰："父不捨土，兒不捨父。萬一有事，兒得死所矣。無父何生爲？"老僕攜其幼子以行。翌日，陳方聽訟公庭，子侍側。宋逆誘賊入，父子就擒，罵賊不屈。賊怒，争臠之。一狡賊止之曰："不如脅之降，授以官，真心爲我用，則我得一能者。否則，以極刑苦之，勒其乞哀叫饒，然後魚肉之，雪我之憤，不猶愈乎？"賊曰然之，宋逆挺身曰："不可！彼若肯降我，恐養虎貽患也。"陳涖任捕宋急，故宋急欲去陳以甘心耳。徑坐公堂叱之跪，曰："今日認得宋大人乎？"陳厲聲罵曰："陳太爺欲殺爾逆民久矣，頭可斷，膝不可屈。"凡夾棍敲捶，無一不受，罵愈厲。以巨繩貫陳父子鼻，曳之行，不行。煉赤鐵烙之，皮膚漬漬有聲。又縛陳父子於二柱，相對去尺許，割父肉與子食，割子肉與父食。陳嚼而笑曰："忠孝之肉，吾自食之，不同賊肉，爲烏獸食。"先斷子頭，與陳手捧之。陳以子頭还擊賊首曰："吾父子今日親身擊賊矣。"賊愈怒，遂割耳鼻，分肢體，懸郭門三日，屍猶未寒。論者比之明代方、鐵二公。聞陳初至濟，庠内觀風，題夫子之道忠，庠外題堯舜之道孝，知陳君父子，早安排忠孝兩字矣。身入虎穴，亦自預料必不免也。讀昌黎《汴州亂》詩，竊爲陳君三復歎焉！陳君某省孝廉，遇害時，其長公子年十四五云。

劫不去的銀山

陳雨田明府，楚北江夏人，原籍圻州，江督陳芝楣鑾公猶子也。爲直隸令，於告旋里，年逾七十。粤逆陷楚，避亂深山中，地界兩圻，凡蓄髪、納糧、進貢、隸册、懸牌等賊令，概不耳。充僞職者懷忿，揚言其家有錢山，嗾賊黨蜂擁，劫掠一空，舁陳至賊館，欲脅從之。僞總制問曰："妖有銀山，何不進貢?"陳笑曰："莫説銀山，即是銀海，豈屑與賊?"賊巍然上座，叱之跪。陳正色曰："吾首善縣令，宫保侄郎，肯向逆匪屈膝耶?"賊怒曰："老妖不怕死乎?"陳笑曰："入賊巢而怕死者，庸夫也。"賊曰："爾不事兩朝，方今天朝定鼎，何不自盡?"陳曰："現今天子當陽，諸將用命，刻日官兵臨境，吾將拭目看討賊耳，何敢輕生?"時賊踞楚有年，僞令安民，地方無得擅殺，尤以招致貴顯家爲上賞，爲要結人心計。賊目改容禮之，命旁坐，陳坦腹庭中，毫無顧忌。衆賊不堪，急欲戕。賊目曰："天朝禮賢下士，此老先生節概凜然，不可害也。"送僞局供奉，陳仍薙髪自若。諸僞職半本鄉人，聞多帥克復湖北，倚陳爲解免，路送陳還家云。

完璧歸趙

康熙末造，邑名諸生趙公莘田諱自芸，優於制藝，精鍊名貴，而知音頗希。生平所作，每脱稿不自珍惜，流播生徒，及借刻他氏者不少。嘉慶戊寅恩科，楚北鄉試，首題"志於道"四句，其裔孫磊，闈中全記其文，不願鈔録，恐雷同，且不合時，而思路窘塞，至晚未成一字。始勉强上稿，尚嫌其太短，起講中加四句，第四股後加小段。某房官以爲得未曾有也，亟薦之。兩主司恬吟再四，大嘉賞曰："此成宏規格，歸胡老境，説理如易，造語似子，古調不彈久矣。惜小講中四句成贅語，不如删之，拔置第一。"謂以式刷浮靡闈墨，出起講與原稿，不多一字，作閲手眼，可謂先後同揆。海内推爲名元，聞闈内録此文者，有數卷，俱不同房。或批荒疏，或批生澀，或批筆□直遂，更有未閲完起講而擲之者。獨落此房，遇知己，時謂完璧歸趙，祖武是繩，誠哉是言也！豈亦有數存乎其間耶？抑劍氣珠光，無鬱而不發之理耶？

國朝熊鍾陵侍郎伯龍，馮夔颺大史詠，皆雄於文者也。嘗有借人文刻入稿内者。熊“雖周亦助也”、“周公弟也”題文，乃漢陽李君作，選家批云：“李君，漢陽士子之冠也。”馮生“舜生於諸馮”等題文，乃吾梅李西卜①先生作。薄學使有德已先刻入試牘，批西卜文云：“吾將以鍾陵、克猷兩先生待之。”前輩不掩人善如此！

竊比老彭

道光丁酉科，湖北鄉試榜首爲黄安彭君焕興，子宗逵，字雲衢，同應試，聞在闈中藝成，尚未謄真，父子同號，交相視。父謂子曰：“汝文可去得，難操必勝之權。余老矣，得亦無用。盍易之？”子如其言。及榜發，報捷音者，鳴金於門，問第幾名，曰解元。時同室應試者，多皆焕興受業子弟也。焕譁然於人前曰：“此必吾兒無疑，斯文有定價，非第一人無可位置。”揭泥金帖視之，則己名焕興也。遂愕然。其婦人善戲謔曰：“聞三斤子薑不敵一斤老薑。今老薑反不如子薑辣，明明吾兒一解元，被竊於我老彭也。”衆大笑，其子下數科，亦獲雋。

雲衢一生，爲彭氏科名來者也。父以其文得解元，胞弟宗選資其幫助，得拔貢。及壬子會場，堂兄宗達又用其二三場卷，成進士。蓋達與逵字畫甚相似，彌封官失於查點，不知達之後場，不稱頭場也。將兩人互易而封之，若有陰相之者。

① 李枚，湖北黄梅人，與喻化鵠、蔡洲、黄之騏、熊恢齊名於康乾文壇，號“黄梅五子”，文由喻化鵠作序。

迅雷頻擊天有眼

某縣令署梅三年，倚當路聲勢，門丁用事，無政不苛。光緒六年，邑東北鄉，蛟水陡起，城地幾成澤國。士民呈災，視爲兒戲。上岸天怒，雷擊衙署者三，本官鬚髮俱焚，蛟水甫退，虎入城市，聞者無不駭栗。

數月不斃地無皮

光緒六年冬，梅令某，江西萬載人，貪酷異常，每聽一獄，未運動者，兩造皆責懲。士民有善辯者，令叱曰："天下衹有蠻官府，那有蠻百姓？趕下去！"其子在側云："衙門八字開，有理無錢莫進來！"此語敢明目張膽言之，可想見矣。次年元旦，行香朝賀，某門斗家豬一口，奔隨此公輿下，隸役叱逐不退，直入衙。飼豬者乞領，欲重罰，不果，竟宰之。閱數月，因前署某縣得贓數千事覺，檄提甚急，遂自斃。憶咸豐初，涖梅者某，有豬隨輿故事，後爲粼匪戕，此公得保首領，亦倖矣哉！

解元[①]頭上多一點黑子

同治六年丁卯科，湖北鄉試題"君子上達"二章，正考官某與副考官各分畛域，所取榜首，戛戛獨造，殊堪詫異。海内公車閱其文者，急欲見其人，謂文理怪異，必狀貌懸殊，會試入場時，觀者如堵。彼問某解元是誰，此問某解元是誰，指目交加，其人若無地自容，俯首作新婦狀。有善謔者，拆其姓名字畫爲聯云："象形似元，頭上尚多一點黑子；諧聲爲長，耳旁難加半邊紅圈。"又額云："主失肉眼。"令人絶倒。

① 清同治六年湖北鄉試解元爲亢長青。

造命人是聽命人

國朝舊例，新進士授職，及吏部銓選分發人員，皆至鴻臚寺謝恩。有新選典史，獨先詣午門前，公服行三跪九叩禮，泥首鞠躬，容甚惶恐。時方辨色，某中堂入朝，見而訝之，詰其故，對曰："新選某縣典史，敬謝聖恩。"中堂失笑，至朝房，適遇是省總督入覲。中堂笑而語之曰："新選某縣典史。"言未已，召見命下。中堂趨入，總督意必中堂關心人，故親自付託也。遂惓惓"新選某縣典史"六字在心。及出朝，各自退班，未理前言。總督回省，即傳典史而寵異之，一歲五遷。逾年，總督仍入覲，見中堂曰："某典史已升至知府矣。"中堂怪曰："典史何物也者？何興之暴耶？"總督曰："公所屬意，敢不承命！"中堂作色曰："此事胡爲乎來哉？"總督因述上年某月日在朝房時，親言"新選某縣典史"一語，特此留心。中堂恍然悟，大笑曰："當時因事屬創見，相述以爲笑謔，言未畢而遽别，君乃斷章取義，以爲屬意耶？"時在座者歎曰："卿相真造命人也。"中堂曰："卿相實聽命人耳。前言是戲，後事成真。典史雖小官，敬以執事，誠能格天，我輩皆爲所用耳。且先德陰隲，未可知。即此天威不違咫尺，必能辨事不苟也。"人皆嘆服。

目中釘

某解元現任廣文，爲諸生時，遺行則清議莫畏，射利則細大不捐，自恃刀筆在手，慣爲鬼蜮，遇人田土婚姻，非踞佔，即唆聳，鄉里視爲目中釘，且薄於天倫。時嘲以聯云："嚼齒咬牙，罵令尊之令正，並非繼母；磨拳擦掌，打胞叔之胞兄，不是伯爺。"令人失笑。某科鄉試，曾有積案未完，蒙混入場，揭曉時，唱第一人，即其名，大吏咸請易之。兩主司則謂有案不應入場，乃有司之責。考官去取憑文，不計人之優劣，與案之有無也。竟徼倖。論者謂科名關果報，如此君報爽矣，其先世有隱德耶？或口誅筆罰，足彰其惡，而蔽其辜耶？抑或付之翼，使厚其毒而降之罰耶？俟其蓋棺而論始定。

不信命

康熙年，都中一演命者，自謂其命可至四品官，垂老不驗，招牌遂懸“不信命”三字。然演他人命，無不驗也。桐城方公觀承，天才亮特，智略過人。未遇時，落魄都門，屬演命。謂方公某年月入官，能至一品，出將入相。及期，方又問曰：“焉有將相在即，而猶流落市井乎？”命者笑指招牌示之。初世宗龍潛時，年近五旬，自分以藩邸老。一日微行，見命者而詰曰：“爾演命而云不信命，誰與爾演命乎？”曰：“演他人命，無不驗。惟演小人命，及桐城方公命，不驗，故云不信命。”曰：“爾試演吾命！”命者推演少頃，投筆而起曰：“説不信命，此命更不可信。”問其故曰：“此九五之駕也，行將飛龍在天矣。天無二日，民無二王，凡夫能有此命乎？”世宗默然而去，遂訪方公召至藩邸而客之。俄而聖祖上賓，册立世宗登極，擢方公任封疆，宅揆席。召見命者而詰曰：“爾今日信命乎？”奏曰：“陛下造命人也。微臣安敢不信！”授以欽天監堂官，亦奇驗也。

五牛分肢體

甲寅四月，粵賊初擾梅，肆虐示威。本城有張某者，走僞文，沿途訛索，至獨山鎮殷福户，欲未遂，毁文圖賴，回城擁賊數百至殷，姦擄燒殺，無所不爲。逼老諸生殷曰序夫婦投塘死，並捉其侄某，以五牛活分肢體。法用五牛駕軛，繩繫其人之頭項手足，齊鞭之，不果裂；復以綿醮脂，纏牛尾燃之，牛疼盡力奔馳，五體頓長尺餘，軋軋有聲，血淋漓出，遂分裂之。肚腸俱曳牛後，群童賊，搶腑臟食之，手中心肝猶跳躍焉。昔高渠彌、商鞅輩嘗此典刑，罪有應得，殷某何辜於天，竟罹此冤！

乘賊八擡

業師余華峯明經諱朝蓋[1]，邑孝廉懷珠父也，居什村鎮余曇嶺。咸豐七年，避亂，山居廬祖墓側，與予宅間嶺。公孫翰，年弱冠，倡義督羅田勇擊賊，生擒悍賊多名，殲斃者無算。賊讎之，偵探得公。喜曰："此余小妖祖也。"將害之，有紅衣賊目曰："不如械至大營，戲活妖頭，必膺重賞，爾等官星，見在此舉。"衆賊稱善，居爲奇貨。時溽暑，以大柴籃卧公，二賊舁之不勝，益以四，猶不勝，若有物鎮厭者然。賊笑曰："這老妖如乾薨，何沉重乃爾？"遂益而八。絡以巨綆，舁至山下，綆齊絶如剪。賊大駭，互相嗟呀，竟一鬨而去。時公年七十有六，有"遇變詩"一章，載公《病餘草》。

太夫人杖

江右李季瑩閣學聯繡家世宦，兄弟數人，閣學庶出，年幼父卒，兄弟貲産瓜分。所生母尚青年，未免向隅，壓於嫡，不敢誰何。煢煢在疚，别爨而居。閣學天姿英敏，沿紈袴習，日事嬉游。母患之，佯病不起，水漿不黏口者數日。閣學省視母，執其手而泣曰："兒知吾出身耶？幼爲婢，少長爲妾。自兒父見背，幾不比於人數。吾猶赧顔人世者，望兒成立，將來有出頭日也。今兒如此飄蕩，早死尚可收骨，遲則定填溝壑。"言訖，掉背而泣。閣學猛省，跪泣請罪曰："兒願受教。"母仍躊躇未决。閣學奉杖榻前，復跪而請曰："嗣後不聽母教，願領此。"母躍然起曰："黄鐘不擊自鳴，豈待是耶？兒能如是，未亡人願足矣！"閣學日就外傅，夜挾册於母紡磚前，孤燈熒熒，書聲與紡聲相雜，聞者慨慕。不數年，

---

① 余朝蓋，字觀成，湖北黄梅人。清道光十年歲貢生，子懷珠爲道光十一年舉人。著《經藝余談》、《管見山房文》、《省府邑古跡賦》、《典制大觀》等。

以道光庚子掇亞元，旋捷南宫，入詞翰，墨藝膾炙人口，推爲木天巨手，疊膺星使。咸豐戊午，福建學差告竣，便道省親，陳情終養，時太夫人齡未周花甲也。舉前所奉杖示之而笑曰：“吾兒得力此君多矣。”命世世貽之，以爲後嗣觀。

龜子虚言

咸豐三年，粵逆至天津，京師震動。上命督兵剿禦，無糧餉，危迫時，諸王及各大員籌辦聚議，殿廷捐輸，報效。有某中堂，年逾七十，世任封疆，家貲以數百萬計，勸其捐銀三萬兩，甚有難色。争於衆曰：“吾有三房合計，家貲衹有二十一萬。吾居三分之一，不過七萬耳。若有虚言，便是龜子亡八蛋。身家性命，皆取給於此，何能捐得三萬?”僅以六千與之。互相争論，幾鬥毆。某御史彈其世受國恩，富甲山左，即毁家紓難，爲同僚倡，分所應然。乃異樣慳鄙，且殿廷之上，出市井無賴之言，宜交部議處。上意報效各自發心，何須逼勒? 宵旰之餘，不暇爲諸臣排難解紛。若因此加處分，殊失政體，着無庸議。使知自愧! 後聞某前數日家眷潛逃時，途中被盗劫數十萬，竟不敢聲。又某中堂與同仁堂藥店一行出城，各劫去三十萬，外此者，可以類推。當時無重貲者，株守尚得保全，亦天理也。

國士遇我酬國士

李君文田，廣東順德人，未遇時，隱市肆間，爲人書聯扇度日。適區孝廉雲甫館某署，偶出一見，大奇之。詰曰：“如君器識，胡爲溷跡闤闠間耶?”李曰：“家貧親老，聊藉此爲菽水資耳。”區旋館，白東家，婉商曰：“國器不可辱以風塵，子任教誨之責，君其飲食之；但渠有老母，吾將月結資斧，使無屍饔歎，俾得專心於學。”東家曰：“善。招至館。”不數年，李聯捷以一甲三名及第。區先成進士，授江西餘干令缺，苦甚，負重累。適李奉命視學江西，按試某郡，聞區赴郡辦考，延入試院，行弟子禮，堅辭。供應試畢，檄藩司撥己俸金三千，爲區抵解在任虧項；復請撫憲以優缺調劑。愚按，區能識李於嘩囂之内，李能報區於拮据之中，可謂國士遇我，報以國士矣。

少年侮予求少年

山左濟寧州孫宫保玉庭，七十致仕回籍，顧問諸鄰右，徒行數里許，謙冲愨摯，不辭勞瘁。偶遺一少年家，少年怒，造門侮公，公引咎特至其家，酬以婉語。少年喜，輒豪於人前曰："孫某受余侮，而莫余敢侮，天下誰敢侮余者?"遂逞志於鄉，稍不當意，非手捶即足踢。一日，失手斃命，下獄論死。公聞而歎曰："少年殺人，老夫教之也。當日不禮下之，未長其驕，必不至此。殺人者死，夫復何辭?但失手毁傷，罪從末減。死者長已矣，斷獄固爲死者伸冤明刑，宜爲生者全命；但恐求其生而不得耳！老夫殺之，老夫還當生之也。"櫜饘，薄暮，遺少年獄中，使老僕執公家燈籠以從事聞。有司疑公故人，從末減，以格殺免死。公累代鼎甲卿相，同時罕出其右，論者謂盛德之報云。

大審萄葡架

王方伯榕吉，由進士即用宰畿輔内邱，歷清苑，廉能卓著，有王青天之名，升定州牧。某豪族，夜被盜劫，處女年十九亦污，慚憤自盡，縊萄葡架上。王驗之，叱斫葡萄架，鎖拿至署牌示。翼日辰刻，大審葡萄架，喧傳遠近，人咸訝之。及期觀者如堵，故遲至午末，猶未升堂，人愈擁擠。王命闔儀門。時暑天，屬觀者脱衣乘凉，衆皆從，數人則否。王命褫衣驗之，爪痕斑斑矣。各披頰四十，吐實，果姦盜犯也。先是王驗女身有爪痕，知因姦紐，盜身必無完膚，故藉審葡萄架以致之，事駭耳目，知盜必來觀矣。其明决如此！後由定州入觀，路過保定省城，前任清苑地也。士民感戴舊恩，設筵祖餞，倍極豐盈。自曹河達省，四十里，筵比如櫛，無寸壤間。王降輿酬曰："某不過盡守土職，毫無好處及諸父老子弟，何深情乃爾？對此愈愧。"令僕背負大瓶，上書"萬寶瓶"三字，言萬民脂膏，當如至寶，逢筵，傾盃酒於内，俟閑時飲之，顧名思義。徒步徐行，鞋底脱矣。時值桂制軍良初赴督任，見士民如此，疑爲迎己，欲下車辭。父老止之曰："此爲王青天設也，俟下次送公矣。"桂入城接見，至王大嘉奬曰："君真人地相宜。"即薦守保定視察大名等處，旋晋臬司，擢升方伯。開藩時以涖畿輔日久，半屬同僚故舊，不便差委，請奏調用。改山西布政遷順天府尹。數年之内，一歲屢遷，躋卿貳。甚矣！廉吏不可爲而可爲也。

廣招官民船

錢塘張益川明府光裕宰江右德化，頗著循聲。判决微拘成見，未免左豪族而右貧民。然利濟爲懷，出自性生，真有不可湮没者。同治六年丁卯春，粵捻合股突竄吴楚江北接壤處，日馳數百里。沿江居民，迅雷不及掩耳，唤渡時，船户勒索，非數金不渡一人。即近岸，舟指可掬，載重立沉，進退維谷，不死於賊，即死於水。明府望而惻然，捐重資佈置。一面廣招官民船，隨泊隨渡；一面稟請鎮府渡江堵禦。一晝夜，全活生靈數萬。尤復搭棚設廠施粥給資爲官商倡。此疆爾界，一視同仁，無分畛域。己身服飾，及夫人釵釧，質變一空。黄、廣兩邑士民，感再造恩，作詩詞以紀其事。明府彙刊成帖，顔曰"楚尾歌來"，皆實録也。此次明府内撫外綏，躬親調度，數月無寸晷休，積勞成疾。越一年，而召赴玉樓。聞潯陽人士擬請入祀名宦。然明府功德，不第在一邦一邑也。

酡顔泣别

道光初服，廣東進士鄧公均甫彬宰吾梅，宅心慈祥，總以體衈民財、曲全人命爲主。涖任兩次，前後八年，士民感之。去時頂香餞行，獻萬家衣繖，牌匾旗幟，涕泣而送。自郭至境，不絕於道。公亦郗歔泣下，逢錢即飲，徒步酡顔，歡悲之色，溢於眉宇，四隣傳爲佳話。

糞面餞行

邑侯陝西人，孝廉方正出身。初到時，百姓聞名，驚喜相告，謂名必踐實也。及下車，見前任鄧侯遺愛在民，口碑載道，輒迂之，盡反所爲。每出行，騶從甚衆，前二役，肩孝廉方正高牌一對，輿中呼叱昂昂，作訑訑聲音顔色。士民疾首，道路蹙頞，有黏聯於牌云："君子可欺以方，奚其正？通國皆稱不孝，惡能廉?"有從而和之云："焉有君子而可？譬諸小人其猶。"皆紀實也。被上控者多，遂報罷。去時微行，有提壺祖餞者，穢氣逼人，不及卻，已撲其面矣，則百畝之糞也。後追比虧款，雉經亡。見拂人性者，災必逮身，可慨也。

令貪作虎視狀

絅亭叔祖諱錦①，登嘉慶辛酉賢書，司鐸棗陽。未仕時，家居，二十六年杜門不出，邑人士罕識其面。道光初服，縣令楊昌籍盤查社倉，嗾役病民，作虎視狀。適李鹿坪尚書鴻賓出都督楚，道經梅，公擬呈稿，遣地保求豁其弊。李公嘉賞不置，擊節歎曰："此作滿篇經濟，達古通今，可入名臣奏議也。"檄縣令罷之。

附絅公罷盤查社倉呈稿

爲剷弊安民頂恩詳奏事：恭惟我朝列聖相承，庶政具舉。皇猷既昭

① 鄧錦（1778—1850），湖北黄梅人。清嘉慶六年舉人，曾任揀選知縣、棗陽縣教諭，例授文林郎，勅授修職郎。

其蕩蕩，吏治亦著其蒸蒸。然治於此，見有一弊焉，有不得不爲我憲臺稟者。蓋弊之出於民，惟民剿之，而已著其效；而弊之出於吏，非憲剿之，不能清其源。其言弊之出於民者奈何？則社倉是已。蓋此穀隸於倉長，有放有收，有告退，有報頂。當其放也，貧者若取諸宮中，强者偏視爲己物。穀不稱心，烏合者威堪裂眦；數未如意，鯨吞者怒可衝冠。或一人而併數人之所求，或數姓不敵一姓之所取。己集菀，人集枯，豈畏五申三令；弱之肉，强之食，依然十室九空。當其收也，家喻户曉，舌敝耳聾，或以低穀抵搪，或以半價支展；習見其人，偏等死喪逃亡之不納，明知有穀，乃至升斗合勺之不交。賠一年，而二年三年無不盡賠；騙一家，而五家十家因之悉騙。當其告退也，或被奪於豪吏，前事已清者，捏其未清；或受制於悍差，舊役應卸者，揹其不卸。期已周矣，雖過期尚在糾纏；届已滿焉，至下届猶然羅織。嗟心力之俱瘁，惟求出此牢籠；竭囊橐之所餘，僅堪填兹陷阱。誰非析産以破家？乃至賣兒而鬻婦。當其報頂也，富家行賄，暗更其名；貴人示威，硬抗不耳。理宜輪役按期，則徙於他鄉；議應明充聞信，乃逃之别境。新舊遞接，報之者難免栽派欺罔之情，彼此互推，頂之者悉屬長厚樸拙之子。一膺重役，即墜深淵。或扞法網於公庭，縲絏桁楊罹其罪；或酬宿忿於私室，凶凌抄毁肆其威。邑人士苦此苛法久矣。爰於乾隆三十九年，始倡分穀之議，而數世凌暴之患，於焉頓熄。治所謂弊之出於民而民自剿之者此也。其言弊之出於吏者奈何？則社倉之盤查是已。蓋社倉之分，其議起於民間，人皆得穀，家自建倉；分撥維均，兼併者不得騁其術；安頓得所，侵蝕者烏能用其刁？洵法良而意美，亦浪静而風恬。夫何社穀未分之先，其見困於强梁者，已若冬恣寒而夏怨暑。及至社穀既以分後，其胎禍於貪猾者，不啻前驅虎而後進狼。奉上憲之來文，假盤查曉諭父老；挾本官之律令，藉盤查恐嚇鄉愚。户長督以甲長，以盤查勒索各鄉；原差繼以催差，以盤查苛派通鎮。每易一歲，則檄委員下鄉，盤查之市利，必不可少；偶調一官，則唤倉長出結，盤查之陋規，愈有所增。悉索未遂者，則以違抗盤查，稟於公而置之圜土；谿壑已盈者，則云眼同盤查，復於上而脱彼覆盆。欺君虐民，操縱由其腕下；舞文弄法，出入任其舌端。盤查本以詰民之奸，豈知民則無奸，而奸之生於盤查者，其奸較酷。盤查衹以防民之蠹，豈知民已無蠹，而蠹之釀於盤查者，其蠹更猖。喜奇貨可居，一任左提右挈；痛大盗不止，猶是火熱水深。與其奉行故事，沿此盤查之虚名，則害去半，尚留其半。曷若掃除弊端，革此盤查之陋習，斯民已安，益見其安？弦改於不調，無事模棱而持兩可；瀾廻於既倒，幸勿逡巡以待來年。治所謂弊之出於吏，必賴憲以剿之者此也。方今聖天子隨時取中，因心作則，集漢、唐、宋、明之成治，惟衷諸一是；酌因革損益之善謀，必出於萬全。種以情田，道則放諸東海、西海、南海、北海而皆准；牧去害馬，澤乃及於十世、百世、千世、萬世以彌周治。望宸閽其已遠，不得見天子而言情；幸福星之匪遥，竊頗仗憲臺而作主。電兹蕪詞，懇發數十年未潰之毒；達之黼座，庶錫億萬姓無疆之休。不勝謹懍隕越之至！謹稟。

官好無犬吠聲

同治元年正月，吉林武弁，多將軍部將也。自塞外解馬數千匹，赴皖省馬隊營備用。道過蘄州西河驛時，大雪甫霽，馬食田麥，民護之。有小卒殺瘦馬若干匹，誣民，白武弁。凌州牧有虎視狀，居民懼禍不測，盡徙焉。時崔公蘭馨署蘄州牧，甫抵任，最廉明。得其情，不與武弁抗，厚禮之，出虎頭籤數十，差勇百名，揚言拿獲奸民，送營治罪。唤捕首而屬曰："查有一差，入民房惹發民間狗吠者，歸重懲。"陰以二百金授意於僕之有才幹者，曰："近年百姓畏兵如虎，敢殺將軍馬乎？護麥度命，逐則有之，殺則未也。不過弁卒寒苦，誣我良民，圖賴本州耳。私調以金，必無事。"僕從之，以八十金賠馬價，以四十金饋贐儀，事果寢，餘金仍還牧。牧大喜，即以金分賞之，所謂揚湯止沸，不若竈内抽薪，威振雷霆，依然恩施雨露，宜蘄民頌若神明也。

有眼難分黑白地

某中丞，年逾六旬，面瘦如豺，鬚髭旁出，若貓虎狀。初爲某省縣令，爲民量地任糧。舊例，土分黑白，地别肥磽。黑而肥者，畝較狹；白而磽者，畝較寬。某計陋規多寡，不分黑白而概量之。豪强得志，愚懦向隅。時有“肉眼無珠分黑白，心胸有膽得東西”之謡。平日暴斂横徵，苦爲朘削，巧於逢迎，以催科報最，數年擢至中丞。撫吾楚時，逞其故智，貪酷異常。顯皇登極，大沛鴻恩，詔道光三十年以前，民欠概行蠲免。可謂深仁厚澤，中外赤子，莫名歡欣。詎某矯旨舞文，將三十年三字輕讀，以前二字重讀，謂蠲免是三十年元旦以前，非三十年除夕以前，仍作二十九年論。天下貪官污吏，翕然從之，名爲國家聚斂，實爲貪污飽囊，真作俑民賊也。逾年，粤逆逼近楚疆，聞幫辦軍務命下，則飾詞搪奏，謂祇知催科，不諳軍務。兼肝氣復發，未敢以病軀戀棧，籲懇回籍調理，竟不候旨，飄然遠引。雖拿問謫戍，而全軀飽槖，適洽計臣肺肝矣。

無顔可對黄青天

麻城縣令黄公，抵任時，策蹇而來。車載老母與妻，餘眷屬皆徒行，二僕亦擔簦隨之。由中庭直入，門者以爲羅餐漢，鞭麾之。公曰：“吾奉檄涖斯土者，爾不納耶?”白舊令，舊令出，訝曰：“君何一寒至此耶?”時初夏，猶衣緼袍，自指其裾曰：“吾甚不寒者，但兩袖有清風耳。”麻素裕饒，俗狡悍，富者多驕，貧者多忌，案牘充棟，有積數十年未結者。獄繫纍纍以百數，正供積逋盈萬，胥役千餘名，無須臾閑。麻人初見公寒酸狀，私相議曰：“此更刮人骨者。”因舊令有剥皮之名，故竊慮之。公接篆三日，即書聯於庭柱云：“要一文錢，天誅地滅；虧半點心，子絶孫亡。”内搆茅亭一座，題其額云：“三不亭。”謂不愛銀、不徇情、不沽名也。初參衙時，呼胥役前曰："蓼蟲食蓼而甘，自彼甘之；君等各有身家，各尋生理，不必跟黄某作蓼蟲也。"僅選樸誠者十六人，餘皆遣散。於處前兩廂設釜甑數十，右供胥役，左供兩造質訊者。令自爨，羅案牘於庭。公横據一几，目數行下，手加判決，無不確記榜出。某日訊某供，某日結某案，燭照如神，曲直無毫髮爽，有自愧悔不待質訊而投呈請銷者。甫閲月，宿案完矣，獄繫空矣，積欠償矣，釜甑竟成虚設。邑有無賴子名李十七者，作偷兒，被人送究。公呼李前曰："吾相爾一堂堂丈夫，何幹此没體面事？得毋少資本作生涯耶？"曰："然。"解衣質金與之。移時，復有以李送究者，公又呼李前曰："爾生涯折本耶？"曰："然。"取夫人簪珥與之。易一時，送究者如前。公招失物者謝曰："黄某作官，不能化閤邑爲好人，黄某咎也。忍累爾耶？"計值與之。李自分此次定逢公怒，必加痛懲，自褫下體衣進。公拒之，大聲曰："黄某今日無顔對李十七矣。"須麾去。李聞公言，頭觸庭柱，鏗然有聲，泣曰："黄青天説無顔見我，我有何顔爲人耶？不如死。"言訖，淚如雨下。連觸庭柱者三，聲徹庭内，流血被面。公聞之，牖門闢矣。親執李手而入，命之坐曰："吾此席待子久矣。吾久相爾一堂堂丈夫，畢竟爲我争氣矣。"復授以金而去。歲終，有老嫗攜麵餑蔬菜等物至署前曰："吾兒得公教訓，務生理家有起色。不腆微忱，敬爲我公壽。"即李十七母也。公大笑，屬夫人與老嫗同席食之，公亦食之而飽。其襟懷率類此。宰麻三年，路不拾遺，夜不閉户，訟庭草滿尺餘，行者没脛。鄰邑含冤者輒訴於公，公亦致書爲平反之。居官與僕隸同甘苦，一粥一飯，食無兼味。冬不裘，夏不葛，惟緼袍苧布而已。公服亦布爲之。麻民見公刻苦，恐失所天。歲時伏臘，父老攜雞黍布帛，輒盈庭。公卻之曰："吾家有田數十畝，兼荷朝廷俸廉，盡可自給。爾等終歲勤動，此物還與爾家人父子用之，於我心較快。"父老感且泣曰："此非苞苴物，亦非盜泉水。公素不以不肖待人，今見卻，令我等無地自容也。公視我等如兒女，焉有兒女供俸爺娘而反見卻耶？"公未及辯，各遺其籃擔而去。公餘萃邑中造秀，課以詩古文詞，不如法，輒更改之，提命若子弟然。遇春秋佳日，策蹇循野，與父老談稼穡事。有災歉，急以上聞。平常正供外，豁除羡耗。上司節儀，即以麻民所覎覎之，亦緣此無報最處。卒老於麻城。後聞嗣公任者坐堂時，對公楹聯，甚不過意，陰遣人撤去，麻人移挂城隍廟。先是邑城隍廟，歲久幾傾，公捐廉倡修。有患瘧者以爲祟，潛藏神龕下，辟禳之。見公乘驢來，急將避，忽不見。是夕，公卒。僉以公後爲城隍神，故以此聯還公云。公卒時，麻民如喪考妣，衰絰塞街衢，有扶老攜穉辟踊於道而行哭失聲者。

船頭設瓦

嘉慶初服，百尚書齡總制全楚，欲興民利，先除民害。整飭渡船，逢關津渡口，以船爲業者，船頭各給一瓦，上書每一船渡幾人，每一人船錢若干，隨到隨渡，毋得延展。倘有勒索，聽人毀瓦，毋得匿藏，仰地方官朔望查驗，瓦全者賞，瓦敗者懲，毋得寬縱。又令私人持衣質當，仰伊原錢仍取別件，如有少數更補，即治以悉索病民罪，鈔貲入官，以示懲戒。

櫃口收辭

某總督鋭意政體，有求通民情顧聞己過意。於各屬通衢，封設大櫃，開一緘口。凡有冤屈，許民呈訴於內。每月解署開取，此設鐸懸鞀意。偏有好事者，代盜跖控柳下惠侵佔家産，投一呈以謔之。督啓視而笑曰："天下本無事，庸人自擾之耳。"悔而撤之。愚按大臣不當親細務，能持大體，則庶政具舉矣，何事沾沾苛察者爲？

暮年時至

太湖李宫保振祜，困刑曹數十年，齒已暮矣。一日，因事召見。上問："爾曾辦秋審處乎？"奏曰："臣辦秋審多年。"上曰："爾能記多少案卷乎？"奏曰："近日案卷，臣頗記得。"連舉七案，奏對如流。時當勾决七案，皆經其手。適呈御覽，上嘉納曰："老吏斷獄，自應如是，可謂留心民瘼矣。"數年内晋秩宫保，亦異數也。

閑秩運通

嘉慶中葉，某庶常散館改户部主事，人咸惜之。然素修潔，鰥居京師，無浮華氣。至小除夕後，在部人員以歲晚務閒，有眷屬者各爲卒歲計，與某商曰："君眷未隨宅内，寂寥無與爲歡，不若以衙爲家，尚可消遣。吾輩派供應以待君，爲晋國筦庫之士可乎？"某曰："諾。"時上勵精圖治，勤於宵旰，忽思歲杪制國用而清理之。除夕前一日，詔幸户庫。在家各員未及豫備，而翠華已臨。某迎鑾巡視，上見一介行李，枕庫而棲。憫之曰："大家處室作圍爐會，爾肯鬱鬱居此耶？"跪奏曰："皇上視天下爲一家，臣願視國事爲家事。"上慰勞之。及各員麕至，翠華已還宫矣，諸臣愧懼，詣闕請罪，上寬宥之。次年元旦，詔下某以府道用，旋升閣部典試禮闈，人争羨之。見無意而得奇遇，造物若爲修潔者補報焉。惜忘此公姓名。

粗莽漢邀宸眷

某進士，官部郎，人極恂謹。堂官迂之，除輪班外，不假以執事，無見長處，自無保奏。困部曹十餘年，淡泊自甘，經史娱日。晨起，坐而假寐，忽有人推其背曰："時來！時來！快下園子！"覺來竟是一夢。時上方幸圓明園，朝賀覲見，多在是焉。即乘輿往，至朝房，遇本部堂官在座，行長揖禮。堂官起而答揖，誤躡其朝珠，一伸腰，滿地星散矣。堂官作色曰："召見在即，將若之何？"某曰："大人姑挪司員珠子用之。"堂官惡其粗莽，再三問姓名，欲確記，以雪此忿。少頃召見，奏對畢。上問曰："卿部曹中有諳通經史，勤於辦事者乎？"堂官猝無以應，不得不舉一人以副上意，即奏曰“臣部中司員某人，頗勤於辦事，其諳通經史與否，臣未考校；但聞其退食後，手不釋卷，餘不敢妄奏。”上嘉曰：“此古名臣仕優則學也！現在園子否乎？”奏曰：“隨臣在此聽差。”命召見，俄聞傳呼聲，即誤躡朝珠者也。其人莫知所措。堂官出，仍以朝珠還之，囑曰：“吾已保奏君勤於辦事，手不釋卷矣。”果奏對稱言，一歲而升遷者三，後與堂官同爲某部尚書。雖無端作合，亦恂謹老成之不終冷落也。

寒傖翁報捷音

道光初服，回逆張格爾叛，時動大兵。上鋭意太平，望捷音若渴。舊例各省文報，由兵部轉達奏事處捷音，至兵部司員當班者，奉檄進奏。一日，兵部辦事畢，各員自公退食，有老司員某，性恬静，宦况清凉，衣冠闇淡，獨乘驢車出入，行止皆居人後。衆鄙爲寒傖翁，日暮猶在衙辦事。適擒張逆捷報，不及派本部當班者，即以老司員奉檄往。時道光八年正月二十四日戌刻也。上聞捷音，天顔有喜，詔曰：“報捷音者，賞戴花翎，着軍機處行走！”逾年，即升卿貳，亦奇緣也。

仇人反作恩人用

桐城汪公志伊，性剛直，以孝廉爲某省首縣令，廉能素著。巡撫某之母有一僕，甚嬖愛之。巡撫順母意不輕視，大小屬員，亦體巡撫意而逢迎之。並有夤緣得美缺者，遂擅威福。一日，各官齊集轅門外，僕乘肩輿出，未降輿，群起而禮貌之。汪獨昂然不動。問曰：“此何許人？”衆曰：“撫臺太夫人貴僕也。”汪笑曰：“見撫臺僕丁爲禮，見撫臺若何？稱太夫人僕丁曰貴，稱太夫人兒子若何？”其僕不服，輿中揚其目而視汪曰：“爾何許人？作誰家官？竟瞧我不起耶？”汪怒，叱隸役曳下輿，杖之。問服否？不服，再杖。如是者數次，始乞恩叫饒。僕訴於撫母，召撫而責之曰：“兒何有此大屬員，痛打我們僕丁，定勿饒。”撫極力賠服，飛檄傳汪，同僚僉擬不測禍。汪至，巡撫髮冲眦裂，厲聲曰："你好大官，太夫人僕丁，本院尚不輕他，各官見他爲禮，你不爲禮，反藐視而督責乎？本院即見諒，太夫人定不爾饒。"汪正色曰："既是太夫人僕丁，明公不能教訓，卑職特教訓耳！"言畢而出。即上書數百字。其略云："郎官上應列宿，卑職雖小，實朝廷命官。卑職見侮於僕丁，則卑職輕，朝廷亦復不重。卑職能伸夫國法，則命官重，朝廷亦不得而輕。若云卑職見僕無禮，禮不下庶人，命官之禮，用之於士大夫，不宜用之於厮役。若云卑職不應加刑，刑法加於小人，朝廷之法，可施之於不帥教之百姓，即可施之於無忌憚之僕丁。若云太夫人不我饒，内言不出於閫，帷簿之令，行之於閨房兒女，不能行之於朝廷命官。在明公屈於所尊，宜存愛屋及烏之意；而卑職罪其不遜，遑恤忌器投鼠之嫌。自古太監專權，且釀國家巨患；明公僕丁主事，豈貽父母令名？况小懲而大戒，此小人之福也。君子愛人以德，自異細人姑息。卑職今日爲朝廷伸士氣，爲明公肅家規，感之不暇，而奚止見諒乎哉？愧之不暇，而遑云不饒乎哉？"撫見其詞嚴義正，復招而慰之曰："彼即不遜，但應告我，請於太夫人，而後責之不遲。"汪笑曰："告則不得責，舜之不告而娶，君子以爲猶告者，行權正以守經也。"巡撫語塞，雖理屈而詞窮，不免含怒而蓄怨。即署汪志伊三字於座前，欲觸目而中以禍耳。事未及發，巡撫奉命入覲，奏對後，上問曰："卿撫某省有年，州縣中有一二廉能出色者乎？"猝不能對。徐奏曰："汪志伊。"上笑曰："如此命名，可想其人；但廉能若何？"徐奏曰："宅心寬仁，愛民如子，遇事明决，執法如山。"上嘉納之，即命下以府道用。巡撫退而語人曰："功名關福，命有天定，非人所爲也。皇上訪察廉明當吾意者，不下數十人，猝不記其名，惟汪某與吾有隙，欲得甘心，不覺衝口而奏耳。且不獨舉其名，而並推其行。十六字考語萬鍾難買一字也。嗣後欲媒孽之，終不能反覆其詞。若聖眷隆，轉瞬位在吾上矣。"後汪公未及赴道，歷升藩臬，而巡撫是省矣。前逢迎太夫人僕丁者，接見皆有愧色。不二年，總督吾楚，果出巡撫位上。

布衣曰："大丈夫擔當世務，惟計是非，不計利害，方能敦氣節而展猷爲。汪公際遇，雖曰福命主之，實氣節伸之也。若利害二字，横互於胸中，鮮不依阿洟忍而爲厮役所侮也。”

得意偏在失意中

天下事往往有得意寓失意中者，蘄水陳秋帆殿撰沆，爲諸生，即以狀元自命。嘉慶癸酉計偕時，所識者飲餞盈門，咸以鄉先輩金會公祝之。秋帆謝曰：“會元吾不敢必，願與劉克猷齊名足矣。”衆曰：“更上一層，不尤雅乎？行將洗耳聽佳音矣！”雖諷之，實激之也，是科成進士。殿試時，挾全力，過於矜持，卷内用一前人名，誤一字。出場始覺，興大沮，自分無鼎甲想，邀下第相知者至妓館消遣，不候臚唱。舊例殿試，讀卷大臣以前十本進呈，上御太和殿欽點鼎甲。新貢士聽候唱名，必出班謝恩，誤者降罰。先是託相國津，聖眷極隆者也，欲置第一。同事者以此卷内誤一人名字，不應列入。託素强項，捧卷面奏曰：“是卷可魁天下，惜誤一人名字。”上笑曰：“人名字何關緊要，能寫作俱佳，無妨也。”竟置第一。相國係滿人，文藝本非所長。上嘉其能察識，故與之。是日臚唱，陳未到，相國獨保之，得無事，一奇緣也。惜精華太露，不永其年，克猷齊名，竟成讖語。

威嚴生弊竇

道光中葉，周敬修天爵督楚時，有嫉惡如仇名。如吸洋煙者剪脣，作訟師者截指，行竊盜者抉目。所創非刑，若消遥椅、太平凳、安樂牀、英雄架及站籠膝枷等具，皆匪夷所思。一時貪官污吏，皆爲斂手。因其風厲，遂有挾威詐騙者。道光二十年，有官船泊小池口，旛書湖廣總督部堂，稱爲五少爺，沿途告狀者，公然受詞。夏憩亭中丞廷樾時宰梅，迎郊適館，昂然不會，夏詳請部堂核實真僞，以備供應。批覆云：“無論真僞，鎖解來省，按律治罪，該縣毋得遽刑！”覆到，五少爺在廟觀劇，面設公案，聲厲氣揚，辟易儔人，正作威福。忽來禁卒混號王陰心者，突披其頰，並力一掌，而口鼻中血涔涔下矣。初叱何暴戾乃爾，繼知敗露而膽喪矣。夏侯褫其衣冠，拘繫之，笞隨丁一千，供稱“在途遇五少爺，屬其服事，不知真僞”等語。甫解省，服毒死，詐無疑矣。

察訪得能員

乾隆初服，吴制君達善督楚時，政尚操切，江漢間，夜不閉户，路不拾遺，怵其威也。下車時，嚴禁積習，列款數十條，皆繪圖以形醜態。剥食蝦蟇，連袋惡丐，其兩條也。嘗微服巡查，署中席不暇煖，見剥蛙者流，問何必作此殘忍事，多以闞貲貿易爲辭。給值若干，使改别業。見惡丐一群，皆精悍健壯，問何必作此游惰漢，多以無處收留爲辭。移檄各營，招募當兵，再犯者亦如之。至三犯，丐則抉目歸養濟院。剥蛙則剥皮，肆諸市朝。一夕，微行，有巡街典史捕之曰：“大膽奴才，不聞吴某威風，故犯夜禁，非奸即盗。”叱杖之，佯求開恩。典史曰：“幸遇本廳，杖責而已。若逢老吴，定當刖足。”後來一行人勸出錢罰贖，典史曰：“誰要錢不要命乎？”屬具保狀。大書曰：“某月日吴達善在此犯夜。”典史一見，伏地請罪曰：“卑職肉眼無珠，求大人超恕！”吴笑曰：“作官如汝，不圖懶，不愛錢，便是好官矣。”比年而升至州牧。

死爲大清鬼

堂叔祖惠堂公期，性剛直，守正不阿，嫉惡維嚴，群小憚而尤之。賊踞梅，脅人蓄髮，甚炰哮。公矯之。有謀中公禍者，眷屬苦勸，公雖强爲，然心如火灼，每擢髮示人曰：“此賊毛何日削也？吾儕食德累疇，數百年於兹矣。不能出力以振國恥，反作名教罪人，何不死？”言訖，涕零如雨。積憤成疾，黏牀褥者累年。某諸生蓦應賊試，吐氣揚眉，若爲宗族交游光寵狀。獲選歸，詣公。公怒髮指叱曰：“賊子！有何面目見我？我大清無此百姓，汝祖父無此子孫，指日官兵恢復，吾定出首。”旋以杖叩其首曰："若不早爲之所，看此頭顱如何得保!"其嫉惡如此。公疾，召余診視，執余手曰："老夫豪無善狀，死後輓吾聯，毋過實，盍預言之。"予得出聯，尚沉吟未答，公曰："死者人所不免，值此時勢，得早死幸也。何諱焉?"即對曰："惡直醜正之風熾，如公砥節礪行，無怪世人都要殺；土崩瓦解之勢成，任他隨波逐浪，不若定論早蓋棺。"時天討猶未逮也，公頷之。閱月餘，多將軍大兵至，薙髮令下，公笑曰："吾生爲大清人，死爲大清鬼，今日得見祖父於地下矣!"剃頭二日而卒。

節盡明倫堂

太湖老書生，嗜學通經史。垂老未遇，得魔疾，逢人喜談忠孝節義事。聞人登科，輒衣頂造所識家拜謁。人或訝之，答曰："某遇合文與我意頗合，彼得即我得也，特來吐氣耳。癸丑夏，粤逆陷安慶，太湖其屬也。聞警時官民紛紛遠颺，城虚無人，老生整衣冠，縊於明倫堂上。賊至，皆驚異，戒勿毁其屍。

畸人多挫折

鮑軍門，四川人，原籍湖南。母夢馬超而生，故名超。短小精悍，膽略過人。咸豐初，入礮船爲兵。一日，某撫軍失利，危急逼江干。鮑負而渡之，撫軍記其姓名，巡水營，招之曰："誰是鮑超者?"鮑對曰："小卒是。"始知前所渡者，撫軍也。保以營官，帶陸路兵，身先士卒，所向無前。自楚、皖達三江，復城池及諸隘口以百數。賊聞風披靡，他軍假其旗號，隔數百里即逃焉。潛與多將軍隆阿齊名，軍中呼爲多龍鮑虎。善用游勇，凡克一城，軍兵防有伏，輒遣游勇先入，啖以利而得其死力。兵勇稍不符數，即收游勇以補其成。故兵嘗足，而游勇樂爲之用。同治三年秋，金陵餘孽，挾僞幼主竄江西，蔓延閩、粤，一鼓擒之。世襲一等子爵，蓋未遇時所念不到此也。人可不自立耶?

厚福必平庸

潘中堂世恩，晚號思補老人，相業平庸，而福澤過之。降生時，其祖夢一麒麟墮地，化爲嬰兒。髫年應試，邑侯李逢春，延進士楊桐舫閲卷，大奇之，以“范文正天下爲任”屬對，即應云“韓昌黎百世之師”。統閲其詩賦文字，決異日不獨文章名世，並福澤冠時。郡守陶世詮亦大加獎賞，評云：“昔吕文穆見王沂公詠梅詩，以爲此子早安排狀元宰相矣，吾於作者亦然。”元配謝氏早逝，繼配汪氏年及笄，美而才，布商汪維仁女也。富甲江蘇，欲選狀元郎爲壻，許妝奩百萬。聞潘名而字之，果以狀元請假歸。妻時年廿六歲，後居宰輔數十年，重宴瓊林。禮部奏云：“是科名登蕊榜百五人之選，尚有一存。我朝重宴瓊林，二百年以來於斯七見。”又自紀事詩有句云：“笑指新陰桃李盛，小門生作老同年。”孫、曾繞膝，簪笏盈門，壽臻耄耋，偕老齊眉，極近來未有之榮。而兄弟鼎甲，祖孫、父子、叔侄翰林，猶其餘事。竊歎二公之物色爲不虚云。

豪爽善培讀書種

琦中堂善，性豪爽，善判決，聲如洪鐘，奏對無不稱旨。居官憐才，年未壯，總督某省，有試用縣令二人。一截取，一挑班老名士也，皆寒素。初見時猶服儒服，外飾補挂而已。投刺不候傳呼，直趨庭内匡牀，對坐論經史，侃侃有聲。内巡捕官，惡其荒唐，欲屏去。琦在牖後私聽其言論，甚嘉賞焉，戒勿屏。琦出，二人不知琦之年少也，坐微起曰：“我輩拜見大人，候之久矣！煩後生家爲我請之。”琦微笑曰：“二位老先生請坐，我即琦某也。”二人慌忙下拜，起而驚問曰：“大人好福命，如此英年，卑職方在學中讀書，大人已京外天子矣，是怎樣轉身！請問貴科?”琦笑而不答。琦係滿人，襲其先世侯爵，官階不由功名，較漢人甚易，故未壯而居高位，二人不知也。然琦雖世家，雅重斯文，以延攬英豪自命。二人負重名，故優容之。督甘時，甫到任，連章彈司道以下數十人，其鋒鍔可知。二人出，與同事者，述其接見情形，皆咋舌曰："琦侯知二公爲書腐，若别人多時參掉了。"越數日，傳二人入，各以女公子受教讀。二人請曰："卑職在家教半生書，今一行作吏，復膺此任，不猶然故我耶?"琦曰："候缺無期，姑喫無錢飯耳。"二人稱善。逾時請缺，琦曰："來得快耳。"蓋琦知二人讀書本色，無吏才，授以州縣，必一蹶不振，預爲改教，得食讀書報，以娱老也。恐往返道途，難於貲斧，故辟爲教讀。及部文轉出，以示二人曰："老先生缺在是矣。"二人愕然。各與一薦書、金五百，回籍就書院，以便赴廣文任焉。其始終曲成如此。按琦侯膺兩朝簡拔，其中受欽差，任封疆，領兵符，戍絶塞，足跡幾遍寰區；雖隆替屢更，瑕瑜不掩，而待此二人者，可謂宏獎風流，善培讀書種子矣！

清忠能保殉難骸

上元縣令劉公，有德政，清廉卓著。粤逆陷金陵，朝服坐堂上，駡賊趣殺已，勿傷百姓。賊感泣，勸降，駡益厲。賊且走，劉自赴水殉難。僕殮之，柩停署後龍王廟東楹下。逆破停柩，屢得金銀，遂至新塚無不發者。後廟毁，公柩無恙。其義僕孫某猶守之。賊跡至，疑有金，插初下，頭眩而倒。易賊試之，亦然。乃相戒勿害。論者謂公之英靈不爽，亦清忠骸骨，或有鬼神呵護也。

劉猴子

猴子不知何省人也。由蔭生入部曹，出守九江，貪酷異常。性情僻拗，貌似猴。道光某年，充院試提調官，學使發下案件，宜酌理准情。立法雖嚴，而用法從寬。有德安某童生，孀婦獨子也。因犯鎗索累，學使意不追究，而劉知其家資豐厚，有虎視眈眈之欲。吹毛求疵，酷刑斃命，絶人宗祐，士民無不切齒。後升觀察，入都引見，將赴任矣。江右言官，群起而議曰："劉猴子雖出京，毋令其免脱也。"條呈劣款，交章參奏，拿問回京，劉不知所措，未及都門，自經死。

于狗兒

湖北監道某，貌臃腫，好惡屢拂人性，棄道光庚子鄉試提調官。封門時，在明遠樓下遇一公服人，相與對揖。徐問曰："若何人斯?"對曰："卑職醫官某某。"道怒曰："醫官何物也者? 敢與本道打恭乎?"叱令笞責，苦求罰跪不准。士子觀者如堵。代爲勸解曰："人大量亦大，彼職雖卑，尚非賤役，向公行禮，非無禮於公，公自答禮也，何怪焉? 況良醫與良相並稱，卑亦可高論也，何怒焉?"仍不釋。士子雲集揶揄鼓譟。事聞監臨，命釋之。後因事爲周敬修制君參罷，籍産入公。乞憐曰："求大人饒一老狗命!"周叱曰："朝廷不容此老狗。"

英雄不怕出身低

羅侯思舉，四川東鄉人，爲湖北提督，治穀城。堂叔祖絅亭孝廉錦①司鐸棗陽，道光十一年，湖南逆瑶趙金龍反，欽差相國禧恩偕羅往剿。禧恃寵，愎而驕。羅藐之，二帥不相能。道經棗，楚督撫以下官皆雲集出郊迎，投刺，羅均不晤。惟受絅亭公名帖，招延上坐。公不解何故，羅執公手曰："羅某原籍麻城，與君鄉誼也。游子悲故鄉，見君如見故人耳。聞君此地司鐸有年，振興文學，口碑載道，足爲故鄉光。"又謂公曰："英雄不怕出身低，吾當日曾爲劇盜，越逸禁獄，如履門限，巨案積數十。"自指其黥面，字痕猶斑斑在也。可爲鄉里亡命改邪歸正者勸。

① 鄧錦（1778—1850），字瀛植，一字絅亭。清嘉慶六年舉人，曾任棗陽縣教諭。著有《長春録》、《小觀書》、《傷寒新編》、《云云詩集》、《指月文集》。

留公飲，壽以牛酒，以所著《外科秘訣》就正公，知公精於醫也。日晡出，大吏争問訊。禧相國亦飛名紙來，疑羅有軍務機密事謀之公。公告之故，皆大笑曰："鄧老師此行出矣。"後一舉而逆瑶授首，錫爵封侯，世襲網替。然其奇功，皆在未建節鉞之先。嘉慶初，以鄉勇剿白蓮教匪起身，用兵遇絶逢生，因險出奇，以少破衆。長劫營，長設伏，長用間，故軍中號必勝。時川、陜賊巢，四圍皆萬仞懸崖，入一隘口，防之密。官兵數十萬，莫敢仰視。羅知其險處必疏，夜半，猱升入，縋死士四十人，齊登，反易其礟位，使向帳中，各縱火大呼曰："羅老子來矣!"時天寒，賊方熟睡，裸體自相踏踐，奪路走。官兵伏隘口，擊之礟，賊懵騰，引火自攻，落崖轟擊而斃者壑澗皆填滿，一舉而賊巢滅矣。其建功多類此。魏默深中書源《聖武記》中述其嘗遇於川東道署，酒酣，袒身相示，除戰創纍纍外，爲親刲股者七。左股痕四，右股痕三。羅不獨爲壯士，爲功臣，而並爲孝子。世徒以槊馬叱咤豪之，猶淺之乎測羅侯矣。

將相無妨種類奇

川東有桂涵者，羅侯同時人也。驍勇趫黠，日肆横暴，無治産才，非珍饈不食。時或金幣滿室，未幾無一存。踰時復滿。愜意者，輒盡與焉，皆自胠篋來也。官吏捕之嚴，忽不見。時或隱約鄉紳屋瓦上，出没商船巨浪中。足嘗裹鐵鉛數十斤，躍深谷，越高阜，晨起，往返百餘里日猶未昃。尤善泅水，深淵可終日睡，其素習也。與羅侯思舉聞川楚軍募勇，偕來歸。當鄉勇時，乘賊與官兵角，伏石洞中，或腰擊，或尾截，或擒渠魁，或斃悍目，官兵屢冒其功而受上賞。一日，賊環攻其洞，積毒薪薰之，撲以扇，煙外颺。又壅溝灌之，洩以竇，水旁溢。又夜屯山頂，熾草爲號，賊知素張虚勢，宵深襲之，竟空壘焉。俄而鼓譟四起，伏突出，大呼曰："今日也中桂老子計矣!"賊懼反走，木石堆塞，中藏勁弩，歸路斷矣。官兵鄉勇，内外夾攻，賊魚游釜内，寸步不能移，皆縊林中，樹爲之折，號哭曰："吾白蓮會自教身以來，無此窮蹙，不敢再入深山矣。”後追至平原，與羅侯互爲犄角。凱旋爲川北總兵，至四川提督，以壽卒於官。將相本無種，男兒當自强，不信然耶？

行軍衝敵陣

自粤逆猖獗，侵尋於我楚，得氣益逞，乘勢席捲而東，沿江名城數十，完守莫保。諸將帥習於潰逃，益助凶豎作聲勢，從未有敢躬援桴鼓，冒矢石，挺然爲士卒先者。有之，自塔忠武始。公滿人，諱齊布，起偏裨，倡勇敢，與死寇窮鬥，軍容爲之一變。賊望風其逋，不敢正眼窺。前僅歲餘，大小合百十戰，無纖毫失利，殲斃驍賊廿餘萬，克復失土數千里，掃除在指顧間。以暴露行間日久，遽罹疾，薨於軍。自衣冠至嫗孺，無智愚賢否，無不嗚咽流涕；喪車所過，皆匍匐醵金薦奠，擁留至旬日，不得發。士大夫輓聯詩誄以山積。其勳名彪炳人心，追思哀慕，方之古人，若蜀武鄉、宋留守，殆未能加毫末於此也。

附録湖南紳士輓詞

誥授振威將軍湖南提督謚忠武塔公智亭大將軍薨於軍，楚人迎其喪歸長沙，禮也。嗚呼！潯陽星隕，正荻花楓葉之天；楚些歌來，恰蕙秀蘭芬之地。接屈大夫之芳軌，共憫忠魂；企謝太傅之賢聲，可爲痛哭。原夫光光戎路，糾糾武夫，雲起龍驤，勢難驟抗；風生虎嘯，威莫敢攖。典北闕之戈矛，列南藩之閫府（公由侍衛揀發湖南都司署撫標升游擊總理營務）。毛少卿之捧檄，顯揚爲懷；温太真之絶裾，澄清有志（太夫人在籍）。援桴提鼓，陣習鸛鵝，穀甲敵干，士如羆虎，固有攻必克，所向無前者矣（公操弁勇習鴛鴦陣，嘗平安仁、崇、通土匪，到處瓦解）。四年二月，粤逆回竄，婪婪豺虎，蠢蠢犬羊。技等揚太，肆虐洞庭；謀同獻忠，潛殘湘水。迺復憑陵星嶺，蹂躪湘潭（賊由岳州擾新康、寧鄉，遂竄湘潭）。扼咽喉之衝，建瓴甋之勢，風聲鶴唳，唇亡齒寒。遂使望敵先奔，幾如守陴欲哭（賊陷湘潭，省城戒嚴）。惟公精貫白日，猛烈青霜，整一旅軍，提三尺劍（湘潭之捷，公率撫標三百人），諸梁免胄，民望而歡呼；薦敖治兵，國倚爲輕重。銜枚疾走，卷甲前趨，逞九天九地之奇，奪十蕩十决之勇。提兵巷戰，直抵黄龍（賊巢踞湘潭之黄龍巷，將弁先撲陣者，皆陷，公驅馬單刀直破其巢，賊大潰，遂復城）；拔幟圍開，横行白馬。剗長塹而紅血漂流，焚積火而青煙矗起。王彦章之鏖戰，不過一槍；薛仁貴之行軍，止須三箭。大邑既平，省垣克定。呼司馬光爲生佛，頂禮何止萬家？倚檀道濟作長城，維繫實關四海（公自湘潭凱旋，士民焚香迎接）。當事奏績，宸翰頻頒（駱中丞曾星使交奏，奉旨升副將加總兵銜賞載花翎，賜喀屯巴圖魯勇號，特授湖南提督）。專征重任，顯秩優加。授以彤弓，張之玉弩，爲驅梟獍，爰整貔貅。礮石雷鳴，旌旗電閃，勢成破竹，力若摧枯。義膽包身，效鄂公之奪槊（公每戰，揮人退後，匹馬當先直衝陣）；精忠刺臂，繼武穆之鐫銘（公在岳州左臂上刺忠心報國四字）。聞甘興霸之鈴聲，魂褫群醜；聽長孫晟之弓響，氣奪么魔（賊畏公如虎，望見旗幟即驚潰）。兵渡黄梅，剪其羽翼；火焚赤壁，厥舳艫。虎將富關，鴉軍克敵；一戰而武漢定，再戰而田鎮平。逆黨則入地無門，將軍乃從天而降。於戲！功亦偉矣！向使奸宄不生，城池克守，則羊叔子之緩帶，坐鎮有餘（謂北撫陶中丞），王士治之樓船，風利不泊（謂曾星使督湖南各水軍），何難直趨建業，飛渡江淮，烹釜底之游魚，探穴中之猛虎？不料爝火不息，死灰復燃，北軍無功，南風不競（江北兵勇敗績，我軍退守，土匪蜂起，賊勢復振，武漢於是三次失陷矣）。遂使武昌之魚，人不可食；江漢之水，舟莫能游。惟公全師轉戰，率衆衝圍。越湖口而拔營，逼江州而立寨。欲滅此而朝食，誓與賊不同生。破釜沉舟，雄心壯膽。陳平傀儡，亦是疑兵（公備草人數千、雲梯布袋數百爲攻城具）；陶侃竹兜，俱屬軍器（又結竹筏渡水）。遇城能越，無將不飛（各營兵勇擋牌竹盔無不豫備，專候月色陰雨之夜，大舉攻城）。既定師期，忽驚諜報。據鞍顧盼，痛伏波征蠻而不還；咯血欷歔，悲諸葛伐魏之盡瘁。方聞傳劍，旋睹遺弓。泰山其頹，將星忽隕。嗚呼痛哉！惑滋其矣！禄山反噬，郭令公整頓乾坤；黄巢亂常，李亞子奠安社稷。公則一心捧日，若被雲遮；八翼翀霄，竟遭風折。出師未捷，昔人所悲；此寇不除，終身之恨。羊侃所以一朝易簣，宗澤因之三呼渡河，此其未喻一也。趙廉頗善飯馳驅，倔强此老；黄漢升舞刀踴躍，矍鑠是翁。公則英氣翩紛，何殊陸遜？芳風晻曖，不減周郎。特降靈奇，人原稱偉；篤生俊傑，天下永年（公享年三有十九）。張睢陽未覩收東京，鄧士載不身入西蜀，此其未喻二也。曹彬下江南而不嗜殺，後嗣寢昌；白起戰趙北而肆阬降，終遭奇禍。公則拊循士卒，禮若家人（每夜間召士卒入帳話家常，調疾痛，情如父子，捐俸以賞各營）；哭救嬰孩，愛深赤子（洪山之捷逼賊入水，中多幼孩，公大哭，傳令不殺，救出百餘，資送回家）。迺有陸賈金劍，誰付諸男；亦如白傳詩篇，止遺弱女（公僅生一女公子）。方冀仲謀致羨，何期伯道興悲？此其未喻三也。然而名垂宇宙，澤及編氓，立德玄功，壽人壽世。雖死之日，猶生之年，痛烏私之尚存，感鶺原之盡節（公季弟在高唐州陣亡）。忠孝固難兩全，家國自可無愧。素輀迴軌，白驥悲鳴（公逝時親乘戰馬哀鳴不已，後扶公櫬入都）。生榮死哀，街號巷哭（奉旨入城治喪，由江西、湖南至都，江楚三省京官出城十里，迎櫬送入皇城，挂孝行禮）。乃爲斯誄以盡其詞，誄曰："星宿啓曜，嵩嶽降靈。誕育將帥，儲備疑丞。恍恍令望，赫赫英稱。威同召虎，射媲甘繩。處掌羽林，出授斧鉞。馬勒嘶風，營開偃月。用練三軍，載張九伐。看劍裂眥，衝寇怒髮。小冑不靖，大君有命。陣列堂堂，旗懸正正。虎隊憑臨，蜂屯掃盡。唱凱歌還，聽笳鼓競。我武惟揚，至於岳陽。渠魁殲滅，群醜張惶（賊目曾天養最兇悍，公斬於陣，群賊大潰）。既爲困獸，猶欲撑螳。迺嚴旗鼓，載列艅艎。烈烈戎兵，滔滔江漢。用申撻伐，翦兹畔涣。賊肆倡狂，民墜塗炭。賴公以生，得免於難。仁師無敵，賊勢已窮。殲彼醜旅，宏此膚功。衮衣縟藻，嘉名紀庸（賞穿黄馬褂，喀屯巴圖魯騎都尉世職）。既定湖北，當取江東。天未厭亂，賊復離畔。武漢淪亡，兵勇涣散。公實能軍，力爲拒扞。至是疚心，深爲扼腕。莫贖百身，又弱一個（公與江岷樵忠烈同負東南重望，先公盡節）。哲人其萎，成功竟挫。虞殯歌終，峴山淚涴。感公舊交，紀公忠孝。文生於情，傷而不吊。招公之魂，曰公有廟。此日悲哀，千秋炳曜（湖廣江西三省勅建專祠）。

密摺定漕規

近日人才，湖南爲盛；湖南人才，益陽爲最。前則湯海秋農部鵬，文章萬國；後則胡文忠宫保林翼，經濟匡時，皆偉人也。湯著作等身，制藝詩文，卓然名家。林文忠有鼓鑄三才，凌轢百代之評。由農部值樞垣，轉臺諫，彈章不避親貴，雖不韙於時，帀月仍回本部；而蹇諤之風，凜然矣。後十餘年而宫保顯焉。宫保以詞曹出守貴州，由道員擢署湖北巡撫。當是時，軍書旁午，籌餉練兵，心力俱瘁。方之蕭曹，有過焉無不及也。而清釐湖北漕規積弊，減定漕章，於國計民生，尤利賴無窮焉。宫保之文，煌煌大集，宇内流傳，何俟鄙人再贅？而減漕一摺，有不得不録者，亦義山題韓碑，願書萬本誦萬遍之意云爾。謹附原稿於左：

湖北巡撫臣胡林翼奏爲湖北漕務積弊已久，現擬革除冗費，減定漕章，以舒民力而裕國賦，密摺恭乞聖鑒事：竊惟湖北有漕州縣，凡三十三。額徵北漕正耗米十五萬石有奇，南米十三萬七千石有奇。北漕由丁船兑運京倉，南米由州縣解交荆州满營，及各標緑營。咸豐三年，因湖廣漕船停運，部文令變價解部，每石折銀一兩三錢。各州縣仍照舊徵收，時因省城失陷，未及辦理。臣自咸豐五年三月，蒙恩擢署湖北巡撫，即訪聞各州縣徵收漕糧，多所浮勒，大爲民病。每思有以變易，適以軍事方殷，無暇及此。上年武漢克復，楚境漸次肅清。今歲雨暘時若，年頗豐稔，漕糧可望開徵。若不於此設法清釐而一更張之，國計民生，將何補救？惟是楚北漕弊，浮收之重，實由於冗費之多，使非先察積弊之由，是猶止沸者不去其薪，墾田者徒懼其蔓也。臣請爲皇上密陳之：查湖北各州縣，徵額米數，多者二萬餘石，少者千餘石，或數百石。北漕南米，合徵分解，其徵收米石者，謂之本色。以錢折米者，謂之折色。多寡不同，有本色多於折色者，有折色多於本色者，有本色折色各半者。其徵收折色，每石折收錢五六千，或七八千，或十二三千，或十五六千，竟有多至十八九千者。其徵收本色，每石浮收米或五六斗，或七八斗，或加倍收，竟有多至三石零者。此外又有耗米水脚雜項，分款另收。又有由單券票樣米號錢等名，多端需索，民力幾何，其何堪此？而州縣則有所藉口也。向來漕運道通時，不無津貼，方能挽運京都。而船丁藉此需索兑費，爲數甚鉅者，固無論已。即現在停運免兑，幫費可省，而糧道有漕規，本管府道有漕規，丞倅尹尉各官有漕規，院司署吏亦有漕規，此冗費之在上者。又有刁紳劣監，包攬完納，其零取於小户者重，其整交於官倉者微。民謂之蝗蟲。更有挾州縣浮勒之短，分州縣浮勒之肥，一有不遂，相率告漕。甚或聚衆哄倉，名雖爲民請命，實則爲己求財也。官謂之蝗蟲費。種種蠹弊，盈千累百，無不於州縣取之。此冗費之在下者也。其派撥南米者，撥定後，由州縣自運交荆州府署，或交折色，或交本色。其交本色者，正米耗米之外，尚需雜費銀兩甚多。其交折色者，每米一石，折銀或二兩，或三兩不等。費未交足，米故遲收，此冗費之在南米者也。夫州縣既多冗費，實不能不向糧户浮收；州縣既浮收，勢不能不受刁民挾制。於是大户折色之價日減，小民折色之價日增，土棍豪衿，多方抗欠，猾胥蠹役，從中欺罔。各州縣雖勒折浮收，間有所得，半皆耗於上下冗費之中，而國家惟正之供，往往徵不足數，則相率捏報災歉，藉緩徵爲騰挪。而漕政因之益壞，數百年日甚一日，東南數省，積弊相同，而湖北則幾有不可挽之勢矣。湖北既當兵燹之餘，若聽有漕知縣，仍照前此每石十餘千收取，必至民困難甦，有負我皇上軫恤凋殘、愛養生民之至意。臣自九月初旬，由九江旋省，日與司道及武漢兩府晝夜籌商，立志減漕，以甦民困。竊謂欲禁浮收，當先革冗費。現已遴委道府大員，馳詣各州縣，體察情形，破除情面，分别删減，嚴立限制，明定章程，榜之通衢，俾窮鄉僻壤，一律周知；貪吏猾胥，無從欺隱，取中飽之資，以分益乎上下。務期積弊盡除，民力藉以稍紓，而國賦得歸實際。《易》曰："窮則變，變則通，通則久。”此其時也。然積重難返，弊已百年，利之所在，人人得而争之。一旦發其痼疾，窮其利藪，取而還之於民，歸之於公，將必有疑之，怪之，且從而謗毀之者。臣愚以爲苟利於國，苟利於民，即孰殺之歌，在所不恤。臣膺封圻重寄，錢漕係臣職守；漕弊一日未清，臣職一日未盡。除俟辦有端倪，再行另摺陳明，謹先將湖北漕務積弊，亟當清釐情形，縷析密陳，伏乞皇上訓示遵行，謹奏。

又續奏稿再，臣於十月十四日密摺具奏，奉硃批："所奏實屬愷切，汝能不顧情面，祛百年之積弊，甚爲可嘉！俟辦有端倪，再行具奏。欽此！”臣遵與司道武漢兩府，晝夜籌商，令各州縣將向來浮收數目，及漕規冗費，據實開陳，痛加删減。從前每石浮錢十六七千，至二十餘千者，今減至六千數百文；或五六千者，今減至四五千文。耗米水脚票費一併在内。其由單券票樣米號錢及雜項名目，一概革除。統計有漕州縣，民間共删減銀一百四十餘萬兩，此向來官吏丁差剥之於民，而今還之於民者也。州縣照減定章程徵收後，北漕每石解正銀一兩三錢，耗銀一錢三分。南米解正銀一兩五錢，耗銀一錢五分。其較北漕多解銀二錢二分者，缘南米係供滿緑各營兵食，遇有災緩不敷，由藩庫籌款撥補。今藩庫款項支絀，不能不就款豫籌統計。北漕南米，正耗銀兩，實應解糧庫銀四十一萬餘兩。此向來以熟捏荒，以徵爲欠，不盡歸公，而今實歸於公者也。南米例支滿緑各營兵糈，應均照例價，每石折銀七錢，尚餘銀八錢。荆州滿營生計尤艱，應於每年例放二百日，本色之内，酌加銀二錢，每石折銀九錢，尚餘銀六錢，計共銀八萬餘兩，撥入藩庫，籌備撥補兵米及滿緑各營兵餉。又南漕水脚銀每石一錢五分，計共銀四萬餘兩，向係各州縣開銷修倉鋪墊水陸脚價及南漕書吏飯食等項之用，頗爲浮冒。今改徵折色，各州縣無庸開銷，應飭全解糧庫，亦可補苴兵餉，此則於節省之中，寓籌備之至意，於民無損，而於公有益者也。從前兑運北漕糧船，旗丁水手，於屯運例款不敷之外，州縣尚有津貼，名爲兑運費。今若一併或革，將來河運疏通，勢必有礙兑運。擬將此次兑費暫提充餉，俟開兑北漕，仍歸丁船津貼，約計銀七萬餘兩。此則因其所固有，留其所不可無，於目前有益而於日後無損者也。又隨漕衛船家軍士安家幫津資役等款，改折停運，俱無庸開支，又可提存銀十二萬兩。凡此漕務情形，經臣通盤籌算，極力減除，爲民間省去銀一百四十餘萬兩，爲國帑實得銀四十餘萬兩，又得節省提存三十餘萬兩，以今視昔，漕務利弊，較然可觀。至於州縣書差催徵飯食辛工紙張，原難責以枵腹從公。然又何至如前次之十倍百倍，漫無限制？即現在收數，既已痛加删減，而道府漕規，及上下衙門，一切冗費，又復悉行革除，計州縣尚可稍資辦公，斷不致藉口賠累，開浮動詐索之端。臣既已訪察積弊，去其太甚，取二百餘萬之中飽，以分益乎上下。已往之愆，尚可不究；後來之弊，法必從嚴。萬一不肖州縣，託名冗費，恣意浮收，必應從重懲辦，以儆其餘。此則目前之整飭非難，而日日之防閑，尤所宜慎者也。現自減定章程之後，通省周知，小民踴躍歡呼，輸將恐後。歷年漕務開徵，至次年七月，猶事追呼，甚至一二年後，尚煩催促。本年漕務，經此整飭，因民所欲，必能提前數月，按數催解，藉以上紓聖慮。除州縣之陽奉陰違，仍前浮收者，另摺查參，並俟辦有成效，再行奏聞。所有辦理漕務大概情形，謹附片據實密奏，伏乞聖鑒訓示！謹奏。

伴食宰相

咸豐中葉某中堂丁艱，上留其在任守制，某不力辭，恐失宸眷也。有某御史參奏云："朝廷舊例，除軍務緊急，在營丁憂，不准回籍，防開規避之端。此外即備員樞密，曾經降旨留任守制者，亦必再三瀝陳大義，方可奪情。今某在京伴食，既未效力疆埸，可以嫌於規避藉口；雖躬膺宰輔，亦非朝廷不可少之人，可以奪情順旨爲名。在皇上眷念大臣，不過偶爾優容，而某阿意曲從，節哀順變，公然居之不疑，是開不孝之端，啓名教之罪，何以表率群倫，昭示後世乎？應請交部議處。"等語，亦維持綱常之意也。

挑擔縣官

邑侯史公維基，北直人。雖吏員出身，才識有過科甲。湴梅三年，政聲卓著，略見“麥秀兩歧”則內。因周姓局員，鬼弄自溺身死。時小池口縣丞某，與局員戚誼，故作刁難，以爲移屍至此，欲藉查拿兇犯，牽累該地紳民。史公正色曰：“此擔應守土官挑，史某即兇犯也。令戚平日行爲，不得而知，但近日癲狂，兼爲鬼厲，吾已熟悉。僕役口供，有案可查。下民易虐，上天難欺，吾不慣作平地風波也。”亟封斂之。去時父老扳轅遮道，有涕泣者。

禾枯重熟

道光十五年乙未閏六月，自五月十八小雨，至七月初八始大雨，中間歷八十日不雨，旱甚，禾盡枯。邑侯王芝圃錫田，奉天孝廉，由廣文截取湴梅，年已七十矣。親詣龍潭禱雨。梅邑龍潭二，一在龍坪鎮，一在考田，皆深谷之中，去城約五十餘里。在考田者，更奇驗。潭有三：中上極險峻，人不能近，下潭如釜，禱雨者緣石壁而上，可容四五人。水極清冽，潭後石屏陡插，望之髮竦。凡禱雨，先具疏文，謁潭時將疏文安放水面，徐有物，或蝦或沙蟲小蟹不等出，物出而後疏入。疏有受不受，疏出函亦出，受者函出，疏不復出矣。以極薄紙出入深潭中，無損壞，亦異事也。向來縣令祈雨，不盡親詣潭口，即親詣之，乘輿至山麓，乃徒步上山。公荆冠草屦，往反百里，走赤日中，足瘇如瓠。返拈香城隍廟，而雨至矣。公出跪迎，士民止之。謂公衰年，且從赤日中來，冒雨將不利。公曰：“是前日求之，而不可得者也，何不利之有?”大雨數刻，淋漓遍體，卒無恙。是日鄰邑均不雨，獨梅邑雨，誠能格天，信然。後晚稻得半收，早稻已枯者，旁孽重生，不減全熟。

麥秀兩歧

邑侯史鏡堂維基，大興人，故刑部吏員也。宰梅三年，政簡刑清，絶夤緣，卻奔競，奸紳斂跡，土辣寒心。尤善判決，收民辭有不待質訊而當經批銷者，時呼爲照妖鏡。同治三年，大吏開訪聞例，鬼蜮射影，周内多人。奉檄者虎視之，鄰境遺累不少，公獨寬其既往，許其自新以一紙寢之。是年髮捻下竄，公晝夜偵探，與民共休戚，不若前令督勇棄城，禁人搬運，藉寇兵而資盗糧也。前令在時，野獸食人，夏無麥，秋無禾。公至，麥連年一莖雙穗，幾遍郊原，士民作詩歌以紀盛事。有副貢李君廷瑞①頌云："前官來，豺狗食人兒。後官來，麥秀兩歧。好不好，何須説，但看豺狗兩歧麥。"頗爲簡明質直矣。

馬桶紥大營

道光年間，粤東不靖，敵利水攻而窮陸戰，非無策可撲滅也。時靖逆將軍參贊大臣，二滿一漢，畏賊如虎，擁兵自衛，專縱奇技淫巧，頑童豔姬，中軍帳内，置一匡牀，兩輪牀。輪牀狀如羅鏡，中貫以柱，去地尺許，旋轉如磨。一卧童，一卧姬，夾匡牀而左右之，水陸隨興，一創景也。當時傳洋礮有異術，宜厭以污穢，賣②妓館馬子桶數千，紥立營牆，以破其術。聞粤人士，有題壁駢體文一篇，竹枝詞六首，以紀其事。末首云："楊枝無力愛南風，想入非非歎此公。糞桶紥營誇妙計，穢聲傳遍粤城中。"可以見其大概矣。

---

① 李廷瑞，湖北黄梅人，清道光二十四年舉人副榜。

② "賣"疑爲"買"之誤。

竹簍挑婦女

某宫保，由孝廉入詞曹，升閣學祭酒，晋宫保。年甫壯，自命文武才。初同僧親王剿禦畿輔粤逆，肅清河北等處，復同剿平天津首善等處地方，均卓有可觀，似非决裂僨事者。後因收撫捻首，恃而滿，數年之間，擁兵自衛，日事聲色，不知軍國事矣。私人早晚擔竹簍，魚貫入營，皆雛娥也。積至女營數座，日則戎裝娱目，夜則雲雨巫山，軍中閨怨，甚於阿房。時當路各帥，交章彈奏拿問，被逮去後，眷屬尚寄潼關。某中丞，私遣部將，劫其資財，淫其妻女，雖墜井下石之舉，亦此公驕奢淫泆，有以招之也。在獄傳七律數首，情詞慷慨，頗見胸襟。而在宗人府灑涕乞憐，屈膝求保，賜自盡時，猶待侍衛舉手，獄卒時環，未免英雄而兒女也。善夫孟子之言曰：“其爲人也小有才，未聞君子之大道也。”

碩鼠爲貪殘寫照

咸豐二年春，邑西瀕水洲中，忽生碩鼠，大如兔，長尺餘，尾稱之，重三四觔，次亦斤有奇。晝伏土穴，夜出食豆黍，飽即啣入穴，項脹如毬，約升許。最大者前行，餘後擁之，千百成群，遺糞如棗，土人跡糞捕之。所食處有穴，穴依水，有獨穴，有通穴。發其獨穴，雜糧充積，伏鼠數十尾，沃以沸湯，自相踐踏，毛脱如白羊羔，肉作土氣，不堪食。通穴深三尺許，横穿隧道，多歧孔，發之不勝，薰以煙，即從别孔突出，逃入水，露喙於外，如魚噓沫，動輒伏焉。少頃，復出。漁以網，多齧去。以重網羅之，撲以礦灰，無一脱者。閲月餘，害乃除。時地保鳴縣令，令大怒曰：“誰教爾塞是責，爲將來展騙錢糧地乎？”傾籤筒於地，叱杖一千。保賄役代求，令固惟役言是用者也。杖二百，釋之。余按《碩鼠》詠於魏風，比體也。注云：“民困於貪殘之政，故託言大鼠害己而去之，非必實有其事也。”而竟有之，豈今必異於古所云耶？客曰：“公言毋乃迂甚！凡事莫不有幾，幾見自無不驗。故蛇鬥而鄭厲入，豕啼而齊襄亡。災異之有亡，關司牧之休咎。當時地保鳴縣令，令係六安州武蔭生，惜忘其姓名，猶記其實事。初到時，違道干譽，尚有好名之念。既乃病狂喪心，無非拂人之性，視士民如寇讎，倚胥隸爲腹心。暴斂横徵，酷刑武斷，摧殘善類，玷辱斯文，孰有如其貪殘者乎？竊舉其類而狀之。粵逆陷楚時，值戒嚴，南來餉餉，本地錢漕，悉歸囊橐，解往家鄉，有啣糧入穴狀。賊未過境，即圖規避，日入衙署，夜宿民房，有晝伏夜動狀。隣邑民變，督勇彈壓，聚五班無賴子，帶六安亡命徒，有前行後擁，千百成群狀。激隣民反噬，鞭棰交加，洗剥殆盡，有踐踏脱毛狀。被隣民圍困，縱火燒焚，踰牆衝死，有煙薰突出狀。潛入塘内，隣民掘而擊之，有露喙吐沫、一網羅盡狀。死後尋肢體如塗泥，覓零骸於曠野，有沃湯撲灰、肉不堪食狀。碩鼠何辜？雖曰幾之先見，而竟爲此君寫生前之照，並傳死後之神也。公乃謂非必實有其事耶?”余曰：“子之附會，未免刻酷。”客曰：“此言尤迂！《詩》曰：‘投畀豺虎，豺虎不食；投畀有北，有北不受。’惡惡如巷伯，聖人不譏其刻酷，公奈何取碩鼠而不取巷伯也？公言毋乃迂甚!”予笑曰：“此滑稽之雄也。”並録之。

饕豺與狡猾傳神

自來人遭劫運，不外劫於兵，劫於疫，劫於水、火、旱、蝗，及一切非命無妄之災；而未有如吾梅之慘且奇者，則豺狗掠食嬰孩一事。以湖爲界，上鄉十餘鎮，悉有焉，而東北二鄉尤甚。鄰境若蘄、廣、松、德等邑，皆無之。即犬牙相錯處，亦絶少。行者必三五成群，咸攜帶器械防身，否則定爲彼口中物矣。自咸豐十年正月廿八日，東山鎮花燈會夜起，至同治二年四月，殷福户擊斃椿尾豺狗止，余曾遍訪，前後四年遭劫嬰孩約數百有奇。

豺狗狀類狗，毛栗色，嗥如鬼哭，長喙，張尺餘，齒疏，旁牙寸許，鋒銛若針，舌芒刺如蜂螫，食物以舌砥之，即見骨。腰僵硬如鐵，擊鋤鍤，仍不覺。足高脛峭，伸趾掌，大於人手，爪利刃，抉兒心腹，如刀剖然。尾與首齊，曳地走，散步徐行，如駛馬。每出雌雄子母，逐隊成群，中有一最大者，高若驢，輒人立。尾短如芒箒，人呼爲椿尾豺狗，尤梟獍。皆早晚伺人屋角，隱草林、樹腳、田溝、土岸等處，縮其首尾，如枯木狀。腹行若蛇，挨擦微動，故至稠人旁，多不覺。不獨來無蹤也，而去亦無影。離嬰孩數丈，一躍便掠去，絶跡飛行，咸訝其爲鬼怪焉。掠兒竟咬咽喉中要害處，絶其聲也。背負趨行，即向高岸深谷或長林豐草間一掀，若遺兒衣履於東，便掉行，止於西，防人逐也。始猶畏人，早晚乘隙，繼乃咆哮無忌，白日闖入門户，敢與人鬥。每啖兒，先空臟腑，次及肢體。又如貓虎食鼠畜，上旬先首，下旬先尾。故拾零骸者，僅得頭腦足趾焉。此等慘況，不堪盡述，姑録數條以昭憫惻。

東山鎮鄉村鬧花鼓戲，炮燭①金鼓喧嘩，一人後行，豺人立翹前，兩足搭其肩，徐行數十步，彼以爲同伴者相戲耳。旋覺有毛刺其頸，且微聞羶氣，回視之，豺也。蓋此人前有負小兒行者，豺方垂涎前負兒，忘其足搭人肩而走也。

程晃嶺内胡連奎之子八歲，黄昏時與群兒戲於門垣，豺從旁小溝來，掠去，群兒不知也。衆逐之，不得。其門前河澗深邃，疑其必不由此險道，踰刻有二豺争食聲。跡之，竟在澗外山旁，僅得軀殼半截，脅以上無有也。

朱家嶺朱新元之子年十二，與父早起打稻，同事五六人，兒隨父趕滾，忽不見。其父以爲去小便也。遥見白衣遺路上，視之兒褲也。逞路逐之無影響，天明竟在門前田内遺肢體數件，足猶穿有小鞋焉。

鄢家坂鄢某婦乳嬰兒於懷，掠去而婦並不知兒如何去，其速如此。翌日，有人拾得小兒手一隻。

古角山王某婦夜紡線，足摇兒窠送睡，門外牆高六尺。豺聞兒啼，陰躍入，窠忽側，婦以爲兒墮地也。旋聞躍牆而出聲，始知掠去。

鄭友户聚族而居，大屋墩也。深巷曲折，幽邃數十丈。豺由巷深入人房，掠小兒於牀，母後曳豺尾救之，力不勝而逸。前與人遇，亦不遺棄畏避。

卓壁鎮張某子，十三歲，晨往學，午未歸。其父以爲塾師完工晏也。

---

① “燭”疑爲“竹”之誤。

往探之，路見血痕，跡尋之，得零骸幾塊，手中猶執書一本，知爲其兒。

小溪鎮王某子，十一歲，樵歸，飯猶未也。其母令再牧，兒饑不願往，撻之行。及飯熟，未歸，母以其拗氣也。遂自飯執夏楚往招之。見豺蹲踞於石，自舐其頰，母喫一驚，尋兒未見。聞牛鳴，往視，兒倒於地，自項至腹，成虛空矣。因牛觸豺護兒，豺未饗，猶蹲踞以俟云。

多雲鎮陳某婦，攜幼女五歲，拾棉花，豺負地溝，將掠之。婦急護其女，抱懷中，以背搪之。豺咬其背，婦釋手，復掠女。與婦鬥，搶女一耳而去。

什村鎮余某，年近五十，早起入厠，自是蹲踞狀也。豺未辨其爲成人，竟齧其吭，曳之去。其子聞而救之，氣已絶。

蔣某住縣治仁育門外數十步，子十三歲，薄暮市物出城，即於街中掠去。隨逐之，至河灘，豺方啖兒臟腑，叱之，猶張牙護食，作狰獰狀。衆擁至，始釋去。移兒屍於户外，將掩斂，二人看守。夜半，豺仍奪去。翌晨尋之，衹得遺骸數件。

事聞縣令，募獵户捕之。豺毛深厚，鎗矢不能入。有黄安錫匠某，素習拳。一日，攜鐵杵行。鐵杵者，治錫器頂砧也。適田禾叢中，豺突出，相遇尺許，豺人立而嗥，張口欲噬之。匠某以鐵搏其足，豺蹶而顛，脛骨斷矣。堅者必脆，猶齒以剛折也。衆遂得捕豺法，每獲獻縣令。令剖其腹，短髮及小兒指甲，以升計。嗣後見野糞中有是物者，即豺糞也。捕者跡之，多獲焉。漢，宋均爲九江太守，蝗不入境，虎且渡江，至今傳爲美談。誰是宰吾梅者而率獸食人若此？曾見昔人詠王荆公詩云："青苗助役兩防農，天下嗷嗷怨相公。惟有蝗蟲偏戴德，盡隨車騎過江東。"斯語可以持贈。

狀元六次原品級

朱朵山昌頤由選拔考取七品小京官，升主事，一次也。道光丙戌成進士，得狀元，二次也。由狀元升贊善，三次也。因事降光署，四次也。由光署捐主事，五次也。升員外加御史，因事革職歸。咸豐朝，拔廢員，賞主事來京，六次也。旋即謝世，生平顯晦，顛倒不齊如此。

進士三科中副車

楚北某邑孝廉鄭訓承，堂弟宗衡同年也。先中道光丁酉、己亥、甲辰三科副榜，及丙午轉正榜，後中同治戊辰科進士，時稱五榜，爲僅見之事。

本科副車升解元

康熙三十二年癸酉，江西鄉試，放榜日，六名以後寫完，拆解元彌封爲朱復明。監臨曰："明代失國五十餘年矣，此人取名朱復明，有關忌諱，斷不可中。"商之主考，請易之。而榜上已寫朱字矣。監臨曰："查五魁中有姓朱者乎?"竟無之，主考曰："予所取卷，即副榜，亦皆名士。有此姓，可發元。"果得朱文端公軾卷，補易之。一時推爲名元。相傳下科會試，以曳白中高榜，即文端也。事詳知己補遺文中，公知遇亦奇矣哉!

鄉會高榜同題目

咸豐己未科，福建鄉試頭題大學之道，次年會試，頭題亦然。某公鄉試中第三，會試中第五，題同文卻不同，賢者固不可測也。

君相無權

乾隆中葉，閣學竇公光鼐典江南鄉試，取解元王以銜、亞元王以鋙胞兄弟同科。次年典會試，取鋙會元，銜亞元，胞兄弟聯捷，皆不出前二名。經御史奏參，謂："天下人才，豈盡出王氏兄弟下?竇某衡文鄉會兩次，俱列伊二人於前，非受賄，即徇私，應議處。"上然之，革竇職，臚唱日，閱卷官呈前十本。銜卷列第十。上防考官弊，兼爲竇回護，拔第十名爲第一人，折①彌封視之，乃王以銜也。上笑曰："科名之際，朕且不能主，何况竇光鼐?"遂復職。相傳御製詩，有"惟爾祖父能積德，看來君相本無權"，爲王氏兄弟詠也。

果報不爽

陜西王偉人相國傑，其封君官典史，待獄囚極厚，善醫囚病，即調治施藥材，勤除獄中污穢，禁獄卒私刑；赭衣歸吴太夫人手濯，三十年如一日，其他事可想矣。後相國點狀元，封君在拜相日，吴太夫人猶親見之。

發達文章皆前定

國初江右瑞昌縣王解元榜名元發，解年場前，同邑友人夢見元文，且讀熟。覺後悉忘，憤甚，以爲科名無分。勉强入場，與王同號。王卷完，得意高聲朗誦，夢者聞之訝曰："此元文也。"備述其事，榜發，果驗。又江右某諸生，優於文，某科元旦夜夢中擬"鄉人儺"一節題文，作完，忽覺。欲燈下謄，稿紙未便，即於几上書之。天未明，復就睡。壻某諸生晨來賀節，見几上有文，取便紙録之，即拭去。翁起尋文閱，竟無矣。以爲夢中事，不復記憶。後壻出鄉場呈文閱，翁訝曰："此余元旦夢中作也，惜項下遺提筆三句。"因補云："昔先王雖不以術愚人，未始不以神道設教也，則儺尚焉。"壻遂備述前几上事，果有半行字跡模糊，未録去。壻果發元，房師代補提筆，恰符三句，見文有前定也。

掇取科名要志堅

吾邑前明孝廉胡寄垣初入學，試下等，憤甚，即登樓讀書，不下梯

---

① "折"疑爲"拆"之誤。

者三年。自題云："有志者，事竟成，破釜沉舟，百二秦關終屬漢；苦心人，天不負，卧薪嚐膽，三千越甲遂吞吴。"後數年遂中。

楚北廣濟金會公嘉德居龍坪市，未第時，門前春聯云："龍坪千數家，富過我，窮莫過我；鵬程九萬里，時讓人，志不讓人。"年六十，中會元，爲名太史。

都門瑣事

造物之大，何物不生？帝世之宏，何人不有？故生麟、鳳、龜、龍，亦生蛇、蠍、螟、螣；有元愷岳牧，亦有工歡苗鯀；不如此，不足見造物之大；不如此，不足徵帝世之宏。都門爲首善之區，宜服教畏神者，較勝畿外。乃白日大街，無論寒暑，有裸身不着寸縷者，或三五成群，或數十結黨，於街衢分路處，負曝乘凉，作仰卧、蹲踞、欠伸、拭牌、押攤、吸煙、手談、拇戰、捉虱、搔癢等態。自鑾輿經過外，無論王侯將相，搢紳婦女，逼近往來，毫無顧忌。時而散處，則搶掠行人衣冠、佩挂、器料，及車中什物等件，其迅速莫可名狀。身受者驚爲鬼怪，南來公車，所佩服眼鏡、扇套，無一存者，咸以爲憑空飛去。每晨黑市山積，攤賣多此等物也。諸惡少債負，多約鄉會試期，圖取諸彼以與此，故都門有眼鏡春之謡，猶農家所謂麥春穀春也。搶奪時，旁人不敢言，言則陰受其害，如抉目封嘴之類。本人不宜逐，逐則定遭其毒，如塗糞撲灰之類。巡城御史及守土官，皆掩耳盜鈴，毫不查拿驅逐。或謂中有王侯後裔，恐激而生變也。更有深夜明火持刀，挂鬚塗面，或由屋瓦而來，或循凉棚而下，絶跡飛行，入紳商家劫奪姦淫，無所不至。凡鄰右喊救者，即駡曰："爾些許財，不配老子動手，趕緊發大財，再請老子來！"其猖狂如此！尤奇皇上御殿，嚴肅地也。辨色時，竟有貂服被其割裂，朝珠被其截取者。師濟盈廷，若盡人搜驗，殊爲失體。後議朝賀齊集時，令閽者守門，許入不許出，按職各歸本衙朝房，互相認識；見有偉哉丈夫，公然補服蟒袍，踟躕階下，無處可歸者，即躍竊漢也。搜之，果得刀剪數件。又九門提督，擅兵權者也，家亦被劫。寶泉局，鎔鑄國寶所也，戊午春有亡命嘯聚數百，持鳥鎗、刀錨，如亞父將軍，從天而下，劫奪一空，敢與兵弁格鬥，至日出乃散。予在都閲邸報，見某王宫，某額駙宫，屢有盜劫案，即圓明園内青龍橋邊，曾獲匪焉，亦異事也。今宣武門外菜市口，無月不梟首示衆，洵日日壞船，日日有人行船也。

上海機房

西人造器，咸以法機自運，不需人力。所造鎗礮極堅利。我軍向多於洋商處市用。同治丙寅，李少荃宫保購辦泰西機器，仿其制度，創局鑄造鎗礮。旋經曾文正具奏，特廣其址，兼造輪船。遂擇上海之城南基，廠二百餘畝，周以繚垣，中建廣厦，設立廠房，置機數座，左右夾室，咸置小輪，巨機上架横樑，下置輪盤，繞以皮條，聯以通力輪軸。軸置鐵條，各綴鐵球，以通蒸釜。火輪旋轉，拽動皮條，力布四方，小輪俱轉。凡鋸木、截鐵、磨鑿之類，無不賴焉。廠南建公務廳，公局房内，復有廳事，頗宏敞，以備宴客議事。有樓面浦，可以眺遠。東則文案房總庫房。又有左庫房，爲收藏材料之所。公務廳西北有洋鎗樓，樓東隙地設露房，咸以鉛皮蓋頂，以便釘鍋爐，配機器。其東爲木工廠，西即畫圓房。又有熟鐵廠，鎔鑄廠，重大機器廠，礮位船隻廠。正東開治平坦，廠七十餘丈，直出浦江。植木爲柱，高九丈，以便起重。又聞船塢廣十餘丈，袤三十丈有餘，旁有屋，亦設蒸釜運機，則塢水任意放納。西則爲木棧，東南另造洋房，棲西匠。去此數百步外，比屋如鱗，則百工之止息處也。己巳夏，擴地自西南迤邐至東北，接連舊址，以建書院。門外植竹萬竿，緑陰蔽道，入則重樓傑閣，丹檻圍環，人各一室，爲繙譯西文所。庚午春，遂遷廣方言館於此。後有隙地數十畝，復建大廠。擬添設輪機，若火箭廠，藥局則相去衹有里許。每日匠工，多以千計。每名日給工食自一二洋至數角不等。西匠十餘人，工食甚大。總辦廠務，則撥候補道府一員駐局；其經理文案分司各事者，不下數十人。現在製造有成者輪船三，其他銅礮、洋鎗、開花礮、火箭、刀箭之類，雖域外製，異於尋常規畫。究之善事資器，而尤待乎人。天下之機可盡乎哉？機器妙製略目：

輪船、風秤、辟火油、折光鏡、入水泳氣鐘、紡織機器、風磨、電氣、鑿山機、揚聲接氣筒、蒸氣、照畫、電報、聽肺木、鐵道火輪車、自鳴鐘、電燈、電礮、煤氣燈、電氣治病、水底火輪、水鏡、天開眼、氣球、風雨表、油井、龍挂、寒暑表、火水、魚雷。

小甘羅

甘某天姿英敏，名噪文壇，髫齡登第，時有小甘羅之譽。年甫弱冠，奉視學，典試差數次，門下士以百數。居京未婚，擬請假歸娶。戀一優，名寶珠，視若命。蓄優舊例，三年始出師。期未滿，得資歸師。既滿，資僅半，名曰幫師。如是者六年，則色衰而愛弛矣。所得亦無幾。甘憐優，欲豫贖之，非數千金不能。自蜀視學歸，强力尚能支。出師後，優自開館，買徒蓄優，陳設衣服，復非數千金不可。甘囊已罄，頗形竭蹶，優亦淡然處之。一夕，至優館，優方應接不暇，置甘側室。甘負氣歸寓，遷怒於僕，僕不敢近。居院内有巨桐，素納凉所也。時甚暑，扃門戒勿喧，僕恐逢怒，愈不敢近。厥明優至，僕曰："我大人連日爲君焦灼憊矣，方熟睡耳，勿驚！"優闖其户，見桐枝上，摇摇如懸旌者，則甘某已爲挂角羚羊也。其家縛優，欲首逼命，相知者戒曰："似此尚落得乾净二字，若穢行上聞，反不能討好。"遂釋之。夫好生惡死，人之恒情，而不愛生若此，致爲名教之罪人，以玷辱衣冠，讀書何爲哉？

冷金箋

某詞曹以書法著名，尤工小楷。人求之，惜墨如金。狎一優，亦善書。優曰："君寫梅村詩集屏壽我，此身爲君執箕帚矣。"欣然許之，以冷金箋作四幅繕完，昕夕從事，無寸晷休。稍有一畫不洽意，幅雖完，猶必易之，以此致咯血疾。其友人謂宜節勞，勸而罷之，弗聽。遂題三字額戲懸其座右曰“孝忠齋”。蓋諷以孝當竭力，忠則盡命也。彼不悟自若，形神銷索，强起完之，尚欠半幅，而氣奄奄絶矣。友人檢其篋中，見冷金箋近百幅，皆屢易而未繕完者也。歎曰：“有此苦心孤詣，而用之不甚愛惜之地，尤物之殺人，顧若是哉!”

春明餒鬼

咸豐己未，某庶常，長沙人，父逝祖存，家無次丁。弱冠登第，志得意滿，無所不爲。在都與余間壁寓，時常過從，余甚厭之。客羡曰：“其金華殿中神仙乎?”余笑曰：“是鐵佛寺内餒鬼耳!”客曰：“何謂也?”余曰：“一日揮百金，不餒何待? 千斧斫孤木，不鬼何爲?”蓋日宿優而夜宿娼，茶館進而酒館出，榜後不百天，果亡矣。亡時汗血淋漓，脱陽於騾車内，懷中猶抱一優。優即揭其珊瑚朝珠而去。聞其妻兄爲宛平令云：四五六等月花銷現銀千兩外，欠衣市京蚨一萬有奇，欠珠寶市京蚨二萬有奇，欠食肆、銀肆、雜物肆、首飾肆京蚨三萬有奇。索債者户外屨滿，令曰：“候其少爺發達，來京還。”各吞聲去。閻羅天子，果有債還來生之説，不知庶常所變何物也。死者長已矣！堂上一老，閨中少婦，將若之何！諺曰：“科發少年大不幸。”是福從而敗之也。

夏姬癡魂

道光初年，武昌府猾胥某，律例熟悉，辦命盜案，輒能上下其手，遂致富。年七十，退休。妻年相當，有夏姬行，喜倒嫖，私一頑童，美少年也。惡其子婦防閑，遂别居。及夫還家，亦惡之。隱與頑童謀，置毒於飲食。斃之日，佯悲傷，夜與頑童歡樂，極互相嘲謔。老嫗曰：“非嬀起狠心，兒安得此便宜?”頑童曰：“非兒下毒手，嬀安得此快活?”隣某素與猾胥善，見其死太猝，早晚頑童往來，形跡可疑；兼與老嫗間壁居，卧榻僅一板之隔。武昌數多板屋也。聞此謔語，鑿窺之，得其淫狀。憤極，白伊族人，首胥身死不明，請官相驗；並以謔語及壁隙情狀證，果毒傷致命。官刑訊，老嫗供自己造意，與童無干。童供婆婆不知，我自作孽。蓋私情固結，各甘坐罪，不願連累也。獄成，請令正法，嫗凌遲，童處斬。棄市之日，觀者如堵。嫗雖白髮，肢體肥澤，若處女然。猶喚劊子手曰："從我開刀，勿使我兒目擊心傷也！"童亦云然。又相喚曰："魂魄皆慢走，願結來生緣！"其癡情如此，未識猾胥有知，猶能上下其手否？

門生反眼

□[①]會，老師上坐，諸門生羅列團拜，名曰春秋團，兼請師母。如師母世兄弟世嫂世姐妹諸同年婦女中貴顯出色者，亦與焉。迴樓環繞，男居樓下，女居樓上，朗如列眉。置酒上壽，不下數十席，杯盤羅列，珍錯備陳；集梨園子弟之最佳者，多多益善；燈彩輝煌，笙歌徹夜。酒酣，解衣磅礴，笑語言歡，興盡乃散。某部曹最勢利人也，初附宴，夜半歸來，誇耀於人前曰："吾今日方知老師之貴也。盛哉乎斯世矣！老師某相國之子，簪纓世胄，朱紫盈門，科名尤甲一時。"不數日科場關節案興，師門弟子與焉。拘繫獄中，禍叵測。某部曹私往窺探，見世兄弟妻孥聚泣，老師面如壁土，氣奄奄欲絶。歸而語其妻曰："吾今日大失所望也。哀哉！不能言矣。"回念忽喜曰："也好，也好，轉瞬春團又至，免我出醵飲銀也。"諸同年陰相議曰："幸子弟無有在京應試者，聊免噬臍之悔。嗣後渠門不敢再過，池魚之殃，吾輩能無慮乎？"昌黎所謂酒食游戲相徵逐，栩栩强笑語，以相取下。一旦臨利害，反眼若不相識，落陷阱不一引手援者，此輩是也。世態炎凉，千古同歎！

① 此處底本文字有佚失。

座主羞顔

帥海門副憲承瀚①，守正不阿，困詞曹三十餘年。某科禮闈派監視差，時功令嚴，懷挾者罪無赦。其戚友及世誼子弟，遺小書一束，屬其僕丁攜入場中。帥拒之曰："一事苟，則其餘皆苟。讀書自愛者，顧若是耶?"復示其父兄曰："公非所以訓子弟也。"其座主某相國擅權，門下士争趨附，皆致通顯。帥獨矯之，十餘年不造其門。及相國獲罪下獄，趨附者恐坐黨，交章彈之。帥省獄中數次，爲獄吏阻，不果。及謫戍出口，帥餞都門外，餽重金慰勞。相國執手問曰："君與某有何交情?"對曰："某科會試門生帥某也。"訝曰："帥某猶在耶? 老夫負子久矣!"又某房帥卒於都，家小幾至流落，帥遺資斧送回籍。所謂一貴一賤，交情乃見；一死一生，乃見交情。

卑職無考人福

玩弄文墨，非盛德事，亦有足解人頤者。某邑令貴州人，由進士截取蒞梅，意氣昂昂，公然以文衡自命。下車觀風閱卷，無有當意者，批粗浮者，亦十有八九。堂弟某孝廉，代人於月課卷内，謔以詩云："寅字真支兩韻收，押來何得謂粗浮? 眼眶太闊胸無有，進士如斯恰貴州。"謔浪笑傲，語極詼諧。又駢體文末聯云："僕非好行小慧，誠有味乎其言之；君真見笑大方，何不改夫此度也?"一時傳爲笑柄。及縣試，威福自擅，有懷挾傳遞者，輒罰跽戒飭。帥逸齋觀察遠燡當孝廉時，此公造其家，自誇考試認真。逸齋笑曰："割雞用牛刀，何許子之不憚煩? 足下有生殺權，無黜陟柄。如刑名案卷，察實情，定爰書，即部議不能翻駁之，

① 帥承瀚，字滙百，號海門，湖北黄梅人，探花帥承瀛之弟。清嘉慶五年舉人，嘉慶十年中進士，曾任庶常檢討、詹事府少詹事、太常寺卿、左副都御使、日講起居注官。

何論司院？所謂地頭文書鐵箍桶也。若試考童生，嚴弊竇，拔真才，一郡守得而顛倒之，何況督學？所謂終作他人嫁衣裳也。設以愚處此，隨收隨檢，無分甲乙，上書星使曰：‘卑職無考人福，不過選例收卷，呈册而已。去取未敢擅便’等語。足下以爲何如？”此公啞然。

渠兒應受官刑

某侍郎子，恃聲勢而忤鄉曲，父没猶不改乎此度，被人控發，縣令將刑之。某曰：“看吾父面，望勿刑！”曰：“爾父何如人？”曰：“某部侍郎也。”縣官曰：“爾父何在？”曰：“没有年矣。”令曰：“爾父既是侍郎，不應有此不肖子，不刑不足以對侍郎也。”着加倍懲之。予謂此令設侍郎在而刑其子，便有氣節。聞侍郎没而加倍以刑，猶是炎凉態也。未若吾鄉某進士子不法，縣令刑之。其族某副榜，邑名宿也。因他事詣令，令曰：“昨有不法者，不知其爲貴族某進士兒子，吾誤刑之，幸勿怪！”某曰：“既是我家某進士兒子，應刑也。”令問故，曰：“渠父作知縣，好刑人家兒子；今兒子被人刑，亦天道好還也。非應刑而何？”縣令赧然。

貓兒慣偷嘴

某拔貢捐廣文，先世微賤，父易荒貨，間得遺金，漸致中産。中年娶妻，無子，詭育嬰堂兒，詐爲妻孕，即此君也。幼英敏，人咸器之。初試時，縣令郡守，均奇其才。學使亦傾動焉。拔貢後，漸染驕淫，益肆貪污，好惡拂人性。署某縣學時，有殷實諸生，爲母報節請旌，例由本籍儒學查明詳覆。某取結册詳稱，該寡婦實生私兒，不獨冒節，諸生並非其父骨脈。户鄰符同妄報非狗私，即受賄，均應坐罪等語。先是諸生係遺腹子，入學時，仍因上年履歷册内，誤少填一歲，生年距父歿時，尚隔二歲。某藉是矛盾，持其柄而摇之，已陰遣書門，搨其墓碑所勒存歿年月爲據。一縣譁然，子母忿不欲生。事聞藩司，切責之。謂不應以誤填年貌細故，玷人名節。况該學母以節孝著，不匱錫類，詎不聞乎？飭還易詳。某勒罰千金，藉修文廟，實飽囊。藩司聞而愈怒，欲罷其職，而是科竟邀鄉薦矣。藩司原其年少登科，仍令請假，停會試一次，以儆抑之。逾年，藩司遷，某起復原官，故態復萌，與蓄娼劣衿，勾誣分肥，被上控發其奸，知事不諧，求爲城下盟，始解。後數年，粵寇至，縣失守，潛逃軍營，勸助團練。時上諭脅充僞職者，概予自新。有二諸生，家頗豐，曾被脅。某入境，諸生投刺迎謁，叱以從逆論，垂涎作虎視狀。其同年某太史寄書規之，笑謂偷嘴貓兒不改性，雖謔語，亦確論也。從軍時，踞占民房，苛派供應，吸食洋煙，爲賊偵擒，剖腹割陰，身首異處，竟以陣亡成名。屍還時，其妻切齒曰："拋身漢竟有此日！"蓋十餘年未見一面，恨其外淫而内疏也。雖以捐軀，竟幸邀卹典，亦生平行爲應招烈禍云。

雞子尋骨頭

鄰邑某氏，爲楚北望族一孝廉，幼有才子之目，弱冠掇高榜，屢蹶南宫。館家塾，從者户外屨滿，兼爲人捉刀筆。彼族有美少年，性機警，螟蛉子也。家頗豐，無歸路，欲附族譜，防孝廉拒之。納厚贄受業，拜爲乾父。孝廉覬其利，並豔其貌，思狎昵而不能致。挑之曰："異日修譜，有我在，無慮也。"少年打入心坎，從之，誘孝廉授以譜券。少年能詩，孝廉曾戲以詩，中多褻媟語。少年羞之，恐爲人覺不雅，投其稿於字藏。孝廉窺其有不豫色，轉而回護曰："詩稿授我易一二字，尤穩。"觸少年生機心，紿曰："好笑話，吾已付丙丁矣。"孝廉以爲然，不之察。少年急取詩稿於字藏，居爲奇貨，竊計曰："如詩稿與譜券，即異日入譜不入譜之把鼻也。行將持其柄而摇之矣。"不遽反眼，情漸疏。孝廉遂惡之，及修譜，拒不入。少年白以券，猶冀幸焉。孝廉曰："此戲筆耳！不得以拜結受業私情，發異姓亂宗公議也。"少年怒曰："我不能爲某姓子孫，爾即不能爲中國人鬼也。"遂以詩稿呈訴於大吏，大吏奇孝廉才，欲平反之。少年呈稿時，僅斜裁其半。問故，少年泣曰：“小人辱身賤行，無非欲依草附木耳。今既身敗名裂，不齒於群倫，大人爲小人作主，自應全稿呈電。如果官官相衛，則冤沉海底矣。其半仍留爲通天耳！”大吏仰面歎曰：“孝廉孝廉，真爾冤家對頭矣！爾始而貪污愚弄，繼而反覆因循，豈非孽由自作耶？”按例戍邊，後死塞外。又聞孝廉喜食雞卵，一餐可饕百枚。領鄉薦歸來，食雞卵，渾淪中寓有骨者數枚。後當刀筆，每射影含沙，無中生有；人謂其雞子尋骨頭，豈知濫泥中亦有棘耶？即無比污劣事，亦宜投諸四裔矣。可鑒也夫！

秃子前身苦結局

江西巡撫張芾，陝西人。江南縣督何桂清，雲南人。張年十七，何年十八，皆入詞翰。場前有福建孝廉，素未謀面，一見如舊相識。謂二君曰：“君等前身，吾鄉析功寺僧也。將來大貴，須立定脚跟做人，恐善始不及善終耳。”後張以軍務罷官，在籍練勇，招降回逆，被賊支解。何擁重兵，不施救援，致江浙麋爛，拿問正法。豫定兩人巔末，雖功罪不同，而結局之苦則一。何物孝廉？奚所見而云然耶？

夫人决策保危城

侯官沈宫保葆楨，由翰林出守江西廣信府，廉能卓著，得士民心，多内助力也。其夫人爲林少穆文忠公女，素嫻文墨，識大體。咸豐中葉，翼賊石達開犯江右，逼近廣信。適沈公以軍務出，不及回顧。城中兵單糧少，士民無主，狀如鼎沸。文武屬員咸氣奪，非計出逃，即圖自盡。夫人聞警，乘輿詣各署，曉以大義，會同守城，出庫藏，犒士卒。不足，脱簪釧濟之。荆釵布裙，仗劍荷戈，督員弁士民，登陴守禦，刁斗森嚴，無懈可擊。賊知有備，離城十五里紮壘。越翼日，某總兵援師至，總兵林文忠公舊部也，善用兵。時在某處駐兵，相距不遠，夫人致書求援。

總兵素感文忠恩，權宜撥師應之，恐兵少力薄，反爲賊輕，屬約山中，大張聲勢以疑賊。沈公亦請兵來援，賊懼宵遁，前後夾擊，大敗之。士民歡呼，謂危城性命，實夫人再造恩也。昔人謂夫人城，不是過也。當路以實奏，上嘉賞，授一品夫人。沈公今遷至巡撫加宮保矣。

藩司三隻手

某藩司藩吾楚時，年七十八，愛錢如命。其兄亦尚書也。有藩胥王某，善詼諧，頗博雅。甲辰游黄鶴樓，語相知者曰："我衙門大人，竟爲市井小竊也。"衆問其故，曰："昨日有武員游擊，在藩庫領餉。權金時，藩司陰致一錠去，吾已窺之矣。以爲彼不發，吾不舉也。翼日，武員持原金奉還，封未啓，視他封欠五两，求復權。藩司傳吾查核，吾曰：'應少一錠，但不知若干兩耳。'藩司問何謂應少？曰：'前權金時，大人懷中，旁出一手帶去。'藩司笑曰：'難道本司有三隻手耶？'吾亦笑曰：'貴人多異相，三隻手不爲奇也。'藩司笑曰：'爾何所見而云然？'吾對曰：'書班所見，不逮所聞。幼時聞塾師云：堯眉八彩，舜目重瞳，禹耳三漏，文王四乳，晋侯駢脅。大人即非帝王匹，應亦諸侯匹也。'藩司喜曰：'爾學未成，不愧博雅士也。此欠金爾仍如數與之。'因請曰：'作何開銷？'曰：'作本司點心費可耳。'若非吾善詼諧，幾致賠累。又每月給書吏薪水銀，必克扣而後快。渠嘗與人面争曰：'財乃養命之原，本司不爲幾文錢，如許年紀猶幹什麽？'其貪鄙如此！"

布衣曰："岳忠武公嘗言：'文官不要錢，武官不怕死，天下太平矣。'後人下一轉語曰：'今日武官怕死又愛錢，文官愛錢不怕死。'語意尤爲警豁。若此公者，知財能養命，財貴命必貴，猶愈於愛錢不怕死者矣。"

制府一片心

行仁不可無術，察吏不可無才，交相濟而美成焉。侯官林文忠公則徐督楚時，大旱，米價騰貴，民不聊生。公倡議捐廉販米，平價便民，勸僚寀存一片心，量力樂輸，皆有難色。遂不果。牌示某日虔誠祈雨，自撫司下至牧令，例應先期齋戒。及期，公徒步謁壇，各官麇至，拈香畢，席蘆於地，以次列坐。時驕陽正午，不張蓋，不設茶，衆皆苦之。公曰："我輩養尊處優，不識民間疾苦，今日願與諸君共嘗之！約坐三炷香，退。"衆曰："諾。"公命取茶，僕抱甕至。公先飲，餘以次分給，渴甚者，稱量與之。少頃，公大吐，衆亦吐。公正色曰："此正足驗我輩心腸也。"戒勿掩其吐物。公起親驗，命侍者按物籍記，衆吐皆腥暈厚味，纍纍在目。獨公所吐粗飯藜藿而已。公作色曰："爲民請命者，顧若是耶？無怪天心不仁愛，實君等視民命爲兒戲也。"衆皆愧懼，恐公彈劾，各願按籍捐輸。頃刻金盈數萬，採買運糧，絡繹不絶，價遂平。時有"塊肉值千金"之語。不數日而大雨亦成渠矣。論者謂鬱氣宣而陰陽和，陰陽和而萬物得，公此舉是也。蓋公因捐輸不果，莫濟時艱，故於謁壇時，陰致吐餌於茶内。知誠中者必形外，令其負慚無地，自行檢處，亦才術之見端也。不然，苛察爲明，殊失政體，以公休休有容，豈屑爲是耶？

知縣能罵總督

王公善爲諱楚賓，以孝廉宰直隸清苑縣，循聲卓著。時高宗南巡，爲鑾輿必經之地。畿輔總督某，所派御道，必撤民房數千間，掘民墓數百塚。王數上書，請繞道以便民。洋洋千言，屢遭駁斥，同官無敢進言者。遂面稟而跪求曰："皇上愛民爲心，卑職爲民請命，求大人體皇上愛民之心，原卑職請命之意，以慰百姓存殁永感之願。"總督惡其煩瀆，隨口謾罵，辱及王公父母。王起而厲聲曰："官有尊卑，父母無貴賤。人必自賤其父母，而後謂他人之父母爲不足貴。大人罵卑職父母，即是罵自己父母。"總督大怒曰："好大膽！知縣反辱本部堂耶？定殺爾。"王曰："罷官而已！殺則不能。"即以手指督面曰："若不殺王某，誠如所罵。"

時藩臬道皆在座，亦叱曰："好大膽！知縣敢辱大人乎？快快磕頭請罪！"王亦厲聲曰："就是爾等狐群狗黨，唯唯奉命，養成如許驕傲氣象。爾有賤頭多磕些，王某此頭顱寧可斫斷，不能下氣於此。"即趨而出，回衙，扃門痛飲，謂非聖旨下不耳。是縣百姓鼓噪，擬伏闕籲求繞道，總督知事不諧，自計王某此舉，理不應罵，亦不能遽制其命。縱加參劾，反成其名。若百姓通天，其名愈盛，我反不美。不如悔而納之，作休休有容之量。翌日，招司道語之曰："王某奇男子也，和平不足，剛直有餘。幹大事，少不得此人。他辱我，由我自取，何憾焉！若肯終出辦事，定從繞道之議。君等善爲調和！"司道親造其署，不納。屬謂其門者曰："制臺悔過罪，已器重貴上人，命我大人調和，不開中門，即由側門亦可。"藩臬入，王箕踞不起，兩司上揖而言曰："願明府體皇上愛民之心，出來辦事！繞道之説，允無他議。"王即改容起而避席曰："大人教卑職體皇上愛民之心，自應體皇上孝治天下之心。卑職玷辱父母，是皇上罪人也。何顔辦事？又何顔爲民父母，而立於百姓之上？不然，吾人以身許國，君民念重，身家念輕，幹大事豈屑小忿？但不應如是輕朝廷命官，而辱及父母也。"兩司揖曰："今日特來禮服耳。但我輩禮服君，君必禮服制府。獲上治民，順親信友，相輔而行，君其圖之！"王曰："若猶是訑訑之聲音顔色，吾不堪也。"藩司先入而屬曰："職司曲全王令照常辦事，今來轅門，大人必優容之！"總督曰："誰敢再惹他？"卒如其議。及鑾輿經過，王慨然曰："飛鴻冥冥，弋人何慕？今日黄鵠一舉矣。"遂解組而歸，人謂其見幾▨①

又灊山熊君爲江蘇縣令時，聖駕南巡，某總督派修御道，必經官山，掘數千塚。熊心惻然，改由繞道。督大怒，謂聖駕當由直道。熊曰："我聞鑾輿出彰儀門前，有持午子盤者，並不由絲毫曲路。"督瞠目視之曰："爾必受墓下子孫金，故爲此敢欺我耶？"熊曰："卑職爲朝廷及明公宣德，欲使澤及枯骨，歸美於上。若云受金，此纍纍者，枯骨暴露，尚有

---

① 此處底本文字有佚失。

子孫耶?”互相抵牾，與此公略同。

典史驟擢封疆

聖祖南巡，鑾輅所經，督撫派員除道，左右爲夾道，聽官民往來。御道居中，禁人行走。某典史巡視某處，聖駕未臨，有太監戴孔雀翎，彪彪然直馳御道。典史阻之，太監叱曰：“若何人斯？敢阻咱老子耶?”典史命拖下馬，械至官棚，坐堂執法。舊例刑太監，不褫下體衣，如存婦人顔面也。典史不知，直扯其袴，兩腿瑩然，杖責噴血，叩頭乞哀，乃罷。督撫聞而讓之。典史曰：“天無二日，卑職典守御道，衹知有聖駕，不知所謂太監也。”督撫詣行在具奏，自請處分。上問典史何在？奏曰：“待罪宫門。”上曰：“其人有此膽量，不宜辱以典史。”召見，甚寵異之。以四品官用，旋擢是省督撫。非聖人量侔覆載，烏能立賢無方哉?

殘書拾得升官譜

唐方伯樹義宰楚北江夏時，與藩署書胥訂聯蘭譜，品概可知。道光中葉，入都引見。在德安旅次拾得殘書數本，攜至輿中消遣。内載楚北水道及江湖堤圩甚詳，隨閲隨記，得其大概。時楚北連年大水潰堤，成皇軫念民依，正覽奏閲圖，聞唐背誦履歷，曾任江夏，感觸上意，問爾楚北縣令，知楚北水道堤防乎？奏曰：“臣知其略。”即舉殘本所載，隨問隨對，與奏稿形勢相符，而區畫尤暢。甚邀嘉納，謂其熟悉情形，深明大略，着軍機處記名，以知府用。甫還省，由府升道，不數年維藩吾楚，旋晋中丞。藩楚時，招蘭譜諸胥讌會，囑曰：“當日與諸君訂盟者，私情也。今日爲諸君官長者，公義也。明日蘭譜各還諸君，不以公義廢私情。”諸胥肅然。愚按此公升遷，雖曰福命使然，亦見開卷有益，凡事宜留心也。

小試偏超大比群

鍾祥李雲門潢，天才亮特，獨出冠時，應府縣試，皆冠軍。時學使江西朱丕烈與李戚誼，性傲岸，素忌才。舊習，院試入場時，府縣案首，必屈膝叩頭，李獨矯之。朱咈然。案出，故靳其名。是歲大比，李就監録科，仍靳其名。一日朱出，李叱名而呵之曰："驥足何妨暫羈，不五年爾當在吾胯下矣。惜今科楚北無名元耳。"朱不負氣，即牌録其名，意欲間執其口也。場畢，李投朱幕，示以文曰："井蛙能識元文否？若中第二名，我願入爾胯下矣。"舊例鄉試揭曉時，督撫學使司道咸詣至公堂，監視題名，榜首最後寫，取後來居上意。朱聞李名，面如壁土，頓足曰："徒成豎子之名耳。"當堂傳視，推爲名元，即乾隆某科也。李遂聯捷而躋卿貳，不數年亦視學江西。朱慚恧以終。

陽痿不舉

咸豐八年，都門閱邸報某巡撫具摺告病，奏稱"臣年齒未邁，精神頓減，自某月以來，陽痿不舉，人道幾絶。籲懇天恩，俯賜寬假，安心調理"等語。一御史見而怪之，奏參云："告病請假，居官常情，從未有以褻媟狎嫚言形諸章奏，上瀆宸聰。某巡撫所奏，殊屬不敬，應請部嚴加議處。"

陰昂如生

卓壁鎮潘氏祖墓，名高椅地，宋時葬。至道光末，近六百年。其後裔信形家説，移上一棺再葬。掘數尺深，一水盈盈，棺木依然，屍骸如故。尤奇前陰昂然卓立，長五六寸許，與生人無異。又山南鎮汪可觀墓，明尚書可受胞兄也。葬天啓時。至道光中葉，二百餘年。後人改葬，棺外毫無潮濕，棺中清水盈滿，人面如生，鬚眉髮膚，周身無恙；衣衾布帛，如置家箱。有人拾其衣衾質當，不減常價。同穴婦棺亦然，灰土凝結，其堅如石，棺不能起，故易棺葬之。屍見風日，轉瞬變色，臭味即不可近。是後人好事也。本人在生無子承祧，亦未延後。見墓有水，不皆朽骸；骸不朽者，不皆吉地也。

五彩蠶絲爲鋪墊

嘉慶末造，鄉先輩帥仙舟侍郎承瀛奉命讞獄陝西，某地方官供應過奢，枕下用五彩絲線爲鋪墊，其他可知。公見而怪之，曉之曰："本部在家鋪墊用草，居官亦然。如此暴殄，尚識民間疾苦物力艱難耶？一夕之安，約費數十金，勞民傷財，吾不忍也。"飭隨員僕役，一毫不得擅取。面諭館人搜檢。有家丁某素持齋誦經，人頗樸實，公攜備使令，垂涎一古銅香爐，思以供佛，爲館人在馬鞍下檢出。公怒杖四十，逐之，賞館人銀一兩，從者無不懍然。

三擔鯽魚作盃羹

乾隆年間，吴越富商名查三標子者游都門，好客宴。用活鯽魚鮮腦爲羹，都中豪宦效之，傳爲美談。作羹時，執釜以待，數十人取之，欲其速而鮮也。大活鯽魚，北地最貴，其價百倍於南方。盃羹必三擔，非數百金不能。後十餘年，查因公款監追，餓死獄中，暴殄之報也。

獺貂爲坐褥

固始殿撰吴瀹莊師其浚，家世宦，有寒素風。道光中葉，視學江西，調讞某省獄。見公館陳設華麗，有以洋獺爲帳幔，紫貂爲坐褥者，皆領袖帽袱，驤聚而成。公厭惡之，遂驛馳高腳牌，諭沿途守土官，旅邸無華，菜不過四，夫馬不過四十名，無得出郭遠迎，攜僕索陋規者，重懲。所過地方，忘其爲欽差焉。

錦繡拭肛門

乾隆年間，爵府福公敬齋康安，出使安南，招國王冉姓者入覲，道經吾邑，三江兩湖督撫以下官員，相期會迎送於此。新造公館數十所，無論其他，厠屋皆彩氈，朱羢布地。購民間女子所繡針黹數百件，不知何用。後見污穢淋漓，始知爲糞具也。

平崇雅奏

道光辛丑，楚北崇陽令某，暴斂横徵，錢糧陡逾常例，雖災歉肆追呼，民不聊生，莫敢誰何。有富户鍾人傑、汪敦族等起而矯之，令遂以聚衆抗糧叛官等情詳報，繫鍾、汪於獄。崇民萬口同聲，聯名保救，不受，將置法於市，愚民奪護。令又稱鍾、汪謀反，請兵剿滅，激總督某以全師出隊，至崇境，趦趄不敢入，有佐貳俞昌烈①奮勇請先。甫入境，士民焚香頂祝，扶老攜幼，跪寨街衢，鍾、汪肉袒自首，有“黑天絶命，青天救命”等詞。斯時得一良有司如龔遂治渤海，拊循而鎮撫之，幾於不戮一人，自可安堵無虞。乃俞某知民情畏怯，可假藉冒功，詭稱教匪蠢動，有討無赦。致大兵懲創崇陽，近城内外，人無噍類，擒鍾、汪爲教匪渠魁，没籍滅族，報捷獻俘，在事者咸膺上賞。罔上殃民，莫此爲甚。有漢黄德道某老腐，募善詞曲者，演成劇本，名曰《平崇雅奏》，招梨園子弟，歌舞筵讌，以媚制府。旋即保奏内升閣學，而俞昌烈亦彪彪賞戴花翎，擢知縣矣。帥逸齋文毅，時猶孝廉，有紀事古風一首，是當

① 俞昌烈，清道光二十五年任黄梅知縣，任内復修鮑照墓。後任黄岡知縣，任内主修《黄岡縣志》，著有《楚北水利堤防紀要》等。

日公論，附録是篇於左：

古養民如兒，保抱若在襁。奈何急徵斂，事畜失俯仰？獸困將反鬥，民命焉可網？撻市忘其愧，驅之入羅網。誅求德無極，官民持鷸蚌。割雞用牛刀，倉皇矛鉞仗。軍氣驕士卒，屠掠亂魍魎。城小如斗大，家室一朝蕩。捷奏凱歌旋，談笑膺盛獎。曠野四無人，鬼哭哀以慷。昔竭我脂膏，使君鐘鼎享。今戕我軀命，使君博上賞。國家重元氣，中心徒養養！

訓卒鐃歌

咸豐九年己未冬，曾文正公督師南下，圖安慶以克金陵，道經吾梅，駐十餘營於北關外，與胡文忠公駐太湖，爲東南犄角，收養傷痍，操練兵勇，與前軍多、鮑二帥，爲輪流更换之資，皆勁旅也。所過地方，秋毫無犯，有訓卒鐃歌千百言，俚語諺詞，婦孺能解。如云“百姓苦賊望官兵，官兵一到更無情。雖未殺人與放火，卻將搜洗肆姦淫。到處硬捉豬雞鴨，入門又搬柴草薪。田園蔬菜不留種，墳宅樹木胥拔根。本院明查兼暗訪，無論夫役與勇丁。重則斬首以示衆，轻則插耳以狗營”等語，皆繪出軍營流弊，閭閻疾苦，刊刷曉諭。又令各營千百長督率兵勇，朝夕唱念，口誦心記。如前明戚少保繼光練兵紀法，背誦條款，與操演武藝，同一賞罰。平日又與士卒同甘苦，厚糧餉，問疾病，故人人有忘死忘勞之意焉。

百金不足治醃飯

同治三年甲子秋，捻粤結黨下竄，楚督官爵閣文督水師，次黄州。太守每日奉百金，製早晚二席。厨者麾之，謂是區區者不足治醃飯一餐也。究竟不知若何肴饌！

一寶纔能作席工

宦習窮奢極欲，莫可名狀，而屬吏逢迎大員尤甚。道光中葉，雲貴總督某蓄一厨者，筵席非其經手，概不下箸。屬吏奉請，或饋食，必投刺厨者，親來照料。至堂前方降輿，由中出門入；夏則紗羅細葛，冬則狐獺重裘；手執銀銚，胸挂緞巾。下厨時，執爨操刀，役使群動。其居奇處，在陳設杯盤，安排頌禱典故。如制撫藩臬伏臘歲時，及一切慶弔事，各自雅切，令人目炫情移，合巧處無復刀匕痕跡，卻又隨箸而解。每製一席，必五十兩一錠寶爲工資。均州賈金門中丞洪詔時宰昆明，三年積欠厨者工資至五千金。及某督解任，惡其驕傲奇淫，欲置於法，爲一大吏隱匿而逃。

萬壽宫中作米

嘉慶末造，某邑令由蔭生蒞梅，沿紈袴習，年甫弱冠，意氣自豪，罔識民瘼。漕米勒折浮收，出常平倉穀，自行整米，以萬壽宫爲作坊，喧嘩雜踏，若市肆然。士民沮之，無所顧忌，反受其侮。事聞大吏，嚴檄中飭，罷職不足以蔽辜。令知不諧，求解免於丁艱回籍某貴顯，旦晚間，跪謁其門者三。貴顯係令世誼，見其少不更事，故挫之。令涕泣求免，始遺一書於當路，事乃寢。後遂爲能員，真小懲而大戒力也。

大成門内乘輿

道光中葉，黄陂縣令某，因事辱及諸生，遂與教官不睦。值秋祭時，大成門外，盡被水淹，縣令不知也。臨祭，教官先從内入，縣令後從外來，時夜將半，見一水盈盈，猝不及備，遂乘轎入。教官屬贊禮生大呼曰："黄陂縣知縣某某擅自乘轎入大成門，應撤祭！"言未已，庭燎之光胥滅矣。教官散，而助祭執事人等亦散。縣令獨立無偶，仍乘轎出，一縣譁然。有人調停，勸縣令出二千金，修文廟祭樂器，縣治備席，與教官款洽，助祭執事人亦與焉。縣官亦從，教官揚言於衆曰："今日也受少年胯下之辱矣。"教官某中丞侄，縣令曾目爲少年，故以此謔之。縣令怒曰："攜吾便壺爲祭器，喚吾輿夫爲賠客耳。"一縣愈譁然。事聞當路，屬藩司集訊。縣令供稱，因水阻隔，誤乘轎入。藩司曰："何不預備浮橋?"縣令曰："教官未曾通知，臨祭不及豫備。"藩司曰："無庸飾詞，失察違例，已足革職。"教官亦勒令請假。

英烈抗節

李公孟群，固始巨族也。嗣吴、李二姓，先世大武員皆陣亡，父卿穀以榜首連捷南宫，爲時藝巨手。爲觀察時，召見，上問曰："李孟群是汝何人?"奏曰："臣子也。"上嘉曰："汝是何法教子，能以少年書生，手刃著名賊目耶?"時孟群爲廣西令，殺賊有功。上覽奏，故問之，卿穀不知也。面奏曰："日習文，夜習武。"天顔有喜，擢卿穀爲楚臬，後殉武昌難。孟群以弱冠成進士，歷廣西、湖廣、安徽，由縣令至藩司，署皖撫帶欽差印，因廬州失守落職，堵剿六安，潰營。勝保奏其"持矛屹立圍牆，手刃悍賊三名，力竭身亡"等語。當時尚未查清，聞隣右商姓者被擄逃歸云，親見僞英王陳玉成夜半生擒李孟群，勸降，待以禮，不屈；脅以威，愈不屈。歷數日，不寢，不食，日夜厲駡。僞英王披以重裘，擲之；灌以參湯，吐之。餓至一月，氣盡乃死。英賊歎曰："鋼妖也!"厚葬之，惜忘其所。

忠義顯靈

李遴庵宫保續賓以諸生從戎，身經百餘戰，克復數十城，從未有一敗陣。在安徽追賊過急，日夜馳三百里，孤軍深入，兵單援絶，自刎於陣。

部將得其忠骸，舁至大營掩殮，以賜卹衣服附身，坐而祭奠。行禮時，諸將士大聲號泣，眼忽開，雙眸炯炯，面色如生，亦忠義之英靈也。曾閣爵挽聯有“上馬殺賊，下馬著書；前表出師，後表誓死”之句，豈虛語哉？

天語褒福將

楊昭武侯遇春與楊果勇侯芳齊名，時稱二楊，而昭武尤顯。川楚之役，夢神授以黑旗，故每戰，賊望黑旗，知爲楊家軍，聞風披靡。嘗守空營，僅親兵數十，賊大隊來攻，公裸身卧濠岸酣睡，賊怯曰：“此誘我踰溝計也。”亟鼠竄去。及獲賊，問之，則云遥望金甲神憑壓其壘。回疆之役，衆十倍我，驚天動地來，麾下皆失色，昭武下馬，席地坐，以安衆心。並回叱其子國柱下馬，甫及地，隔河礟已碎鞍矣。自束髮從戎，小大千百戰，皆衝鋒陷陣，或翎冠皆碎，或袍袴皆穿，身無毫髮傷。凱還陛見，天語褒嘉，歎爲真福將。道光初，授陝甘總督，子國柱亦巡撫河南。父子武職同時建節封圻，皆異數也。

維藩授總戎

貴州拔貢劉清出宰四川南充縣，深得民心，劉青天之名，幾遍天下。嘉慶初，白蓮教猖，王、羅二姓，劇賊也。劉初至，王三槐營率所部出降，復叛，再至其營，招軍前獻俘。又入羅其清營，賊望而哭，留信宿，奉牛酒，聽約束甚恭。前後招降川東賊二萬有奇。然劉不惟撫賊有恩，亦戰賊最力。曾破王三槐於巴州江口，破羅其清於方山坪，大小百十戰，擒斬數萬；入營撫賊，出營殺賊，往返虎狼之穴，如慈母之訓撻嬰兒，郭汾陽所未逮。河南滑縣之蠢動也，山東曹州賊應之，巡撫不敢發兵，劉力争三日，始給兵符。自躡草屩，日行百里，身先士卒。一戰於定陶之髣山，再戰於韓家廟，三戰於扈家集，所向披靡，斬擒殆盡。凱旋後，因不合於大吏。自奏請改武秩，以山東布政授登萊總兵，真異人也。

上書未竟用

北方風氣剛勁，南方風氣柔弱，采風者，謂民俗之悍馴，因之亦有不盡然者。吾邑梅古芳明府雨田，以進士宰江右瑞金縣，俗有伺殺習，鄉民聚黨，斂金置産，營放積成巨款，名曰公堂，猶繁族祭資會館公項也。莠民朋比爲奸，借此款項，肆惡行兇，輒故殺其親屬，移屍圖賴豪族，訟費取資公堂，分肥派入私橐，骨肉相戕，忘仇射利，墮其術中，群詡得計。或誘遠方愚民，群相豢養，覷某豪可以圖，詭於黑夜帶去，斬首分肢，匿豪宅密邇處，兼遺血痕，豪不知也。翌日，詐貿易乞丐等狀，造豪門，跡其血痕，瞥見屍骸，鼓譟冒爲親屬，兼擁婦孺號泣，控豪謀害，遂成巨案，勒索分肥。賢有司廉得其情，坐誣治罪，即獲真犯，則相率奪去，取給公堂，别賂死黨冒認抵填。又有械鬥習，鄉里争競，鳴官不由判斷，輒於公庭互毆，若不知有官長者。退即合千百成群，示期開仗，鎗礮刀矛雨集，屍横遍野，各自舁歸。一次未遂，至再至三乃已。梅君涖瑞金時，有兩姓械鬥，其礮子擊至官衙照壁而硜然有聲者，其梗化率類此。梅君上書，請兵，擒其渠魁而痛懲之，設書院、家塾以化導之，悍俗幾爲之一變，惜未竟其用，而奉檄遷徙也。

附録梅明府稟啓

敬稟者：竊卑職伏聞言教始於虞書，古聖人以防民之不親不遜也。其道主之以教，而養之以寬。迨子産於鄭，誨其子弟，文翁於蜀，廣其師資，皆本其意以行之；所以斂强族而靖蠻風，法至善也。卑職瑞金縣，强族横行，蠻風大競，户各恃其公堂，以爲濟勝之具。遂至種種不法，搶捉械鬥，日習日非，而地方日益壞；往往遍數里無書聲，合姓無文士，且歷數十年無科名，蓋教之不振也久矣。卑職涖任，訪聞縣中風俗，一切搶捉械鬥，其事多生於游手無賴之徒，而其原則根於重義疏財所致。人家有勇敢子弟，能生事不死畏者，各户謬相倚重，雖有父兄，亦甘聽之；雖有家族，且故縱之；雖有衿紳明知不義，而欲因以爲利。搶則與囤贓，捉則與議贖，械鬥則取公堂之資，食其中，用其中，賄買頂凶於其中，賄差包庇徇縱於其中；甚至官欲認真究辦，則上控告官之費，亦出其中。既開銷而又侵蝕，直資諸無賴者爲羽翼，爲爪牙，爲發縱指示之鷹犬，故又常庇護之。夫其本家庇護之已奇，然尤莫奇於仇家之置此不控，而偏控其多財者。彼仇家豈真不知搶捉殺人之誰實爲之哉？蓋以爲非控其多財者，不能爲言和地耳。多財者既明非真凶，非實犯，官何能決拏決辦決置重典？官而欲決拏決辦決置重典，又莫知真凶實犯爲何人。惟原告既得，則真者可假，未得則假者亦真。官稍遷就，則和議必成，利心必遂。如此積久，人各以習爲性，而本來之天性遂亡；子不急父仇，弟不鳴兄冤，妻不理夫屈，下至父兄與夫，亦不哀子弟與妻之枉死，流失敗壞，不親不遜，至於此極！若再不設法補救，風俗愈趨愈避，其害將不可勝言。卑職身任地方，責無旁貸，竊自去年以來，無日不思所以挽回整頓。是以上年楊劉之案，謹即請兵駐紮，以相震懾，幸蒙憲臺恩威。近日民情稍覺静謐，壞習亦似有瘳。然卑職猶恐其徒免無恥，能革面於法所已及，未必能洗心於法所未加。是用輾轉思維，而及於教之一法。夫教莫先於讀書識字，尤莫先於受學從師。查瑞邑舊有綿江書院，現經卑職勸諭各紳，捐增膏火，事當可成。惟書院之設，成材者進，而蒙養有未周，近邑者來，而鄉村多不與。卑職伏查各户之恃有公堂者，以其公堂之多也。竊聞其近而共祖父者有之，遠而共高、曾者有之，再遠而共三五世以上者皆各有之。其積資厚者，輒數千金，次亦千餘金、數百金不等。考前院憲桂林陳公言江省族各有祠，日久弊生，輒强凌弱，衆暴寡。長白輔公亦云江民合族建祠，不肖者至覬覦積貲，至使祠租徒爲健訟之資，祠宇從爲聚訟之地。故一檄令約束之，一疏請禁止之。邇來近省一帶地方，弊不至此，大約皆二公之力。卑縣之弊，今乃滋深，意以去省特遠故然。然去省遠者，不止瑞金，留有此等餘弊者，恐亦不止瑞金也。卑職愚昧之見，擬請大人飭下各縣，因地制宜，各立章程，出示曉諭，令城鄉設有公堂各户，計其歲之所入，除急公賦，供祭品外，以若干請經師，以若干請蒙師；無經師者，專請蒙師，就其祠宇，借作堂塾；隨其子弟，送作生徒；脩金之奉，視其資爲重輕；館塾之設，視其人爲多少。至師傅之請，則先本族，本族無師，請之異姓。亦視其每歲之盡職與否，以爲去留。童蒙無季課，以多識字爲要。至能文者，必月試其優劣而奬之，貧家無私脩，稍富者或節增其儀，以示敬師之道。一切章程，仍許各户細加斟酌，章程定而後報官爲核定，若不遵辦者，懲其族長。族長願辦而刁生劣監敢阻撓者，許其稟究。資其所有，以善其所施；聽其自爲，而無侵其利。利仍本家享之，權仍本家操之，益仍本家收之。端其蒙養，以遴可成之材，普及鄉村，以善通邑之治；而强族可下，蠻風可馴，親遜可期，非但戢其壞習已也，而教興矣。或者疑瑞邑僻陋，難期速化，然自有明以來，若賴禧之、楊維節、羅台山，皆卓卓有聲於時。天之生材，不擇地，顧教術何如耳。卑職迂疏寡識，未知所見有當與否，不敢輕自行之，理合肅稟大人府賜察核，批示祇遵，無任翹切之至！

格例不果留

邑侯陳公祖心，字堯薪，由河南副榜出宰湖北，所至皆有聲。署咸寧，甫履任，行次水濱，忽風颺輿頂入水。降輿審視，錯愕曰："有冤求伸耶?"屬役撈之，寂然；漁人網之，仍寂然。公復視水濱，謂："果有冤未雪，即於水中噓沫上浮，吾當爲汝求水落石出。"少頃，果水面浮沫者三。公購善泅者，極深處起一屍，傷痕顯露，背縛石磨一扇，蓋傷斃而沈於水中者也。載磨去，牌示某日審磨。及期，陳磨於庭，觀者如堵。至日昃出審，作詰問狀。諭諸役曰："此上扇也。但得下扇配之，雪矣。"中有一人，諦視良久，去復返顧。公覗定，私喜曰："得之矣。"陰遣人尾至其家，跡之得磨下扇，石質相符，索上扇，無以應，取配之，若符節然。一訊而冤雪矣。署黄梅有謀殺移屍案，前任株連多人，偶語者輒牽累，人皆自危。公至僅繫一人，餘盡釋。蠹役仍沿前習，持舊票，勒索未遂，詐以毀票毆差搶犯，私押班房。公得情，痛懲立革，諭嗣後非親筆硃書票喚勿耳，即票喚，僅差一名，百里給貲二百，多少以次增減。一日，傳人至。公問給錢若干？曰：“四百。”問何故加倍，以一人一車對。公怒謂役何敢乘車，責令退還，快事也。一農夫見河岸曲木，偷作犁圓，失物者獲之，偕證扭控於公。公問三人，路相去幾何？曰：“不數武。”問物值幾何？曰：“二三百錢不等。”公謂偷兒曰：“地近價廉，汝何不明買而暗偷耶？”曰：“彼居奇貨，我值農忙，不偷不得耳。”公曰：“獲時，爾曾趨避乎？”曰：“趨不及耳。”公曰：“爾試作趨狀。”偷兒向庭左右往來如織，公曰：“直向門外趨耳。”其人急趨而出。少頃，公謂失物者曰：“偷兒去，不復返，爾其追之！”其人知甚無謂，亦逸去。惟證者昂然階下，公曰：“爾係隣右，此小事亦曾和釋否？”曰：“和不允。”“亦曾會席否？”曰：“席未設。”公笑曰：“吾諒爾之未會席也，故證之。”着披頰，當席罰錢數百遺失物者。一鬻柴者，隣人寄布二端置擔上。柴售某店，得值忘其布，返索之，轉受侮。情急，欲自盡。或勸訴於公，公問布若干？曰：“二丈四尺。”何色？曰：“一青一藍。”公究店主，不承。公取店主手戒圈，私付役云云。俄而店主妻獻布，尺度如數。店主大慚，公稔知其瞞此布也，故以戒圈示信，妻恐夫受辱，急陳之。公曰：“此貧而愚者也。倘情急生變，咎安歸乎？”遂薄懲之。商姓二牧童戲鬥，小有傷，逾時斃，訴公。公往驗判云：“填傷格，非致命，所按律例，逾辜限期，自斃耳。”登時殮掩具結完案，不繫一人。呼兩造曰：“胥役已給工食，不飲爾一杯水，但天氣寒，雨濕衣，各給錢以助薪炭。”稽其數，則三千二百文。其坦易率類此！署黃梅未及兩載，除豪强短氣，猾胥側目，蠹役寒心，劣衿斂跡外，自父老以及孺媪，無不感激歌頌。聞有奉檄嗣君者至，百姓赴郡籲留，人不計數，惜以不符例阻。

附録黃梅士庶去思碑記

國家中興十餘年矣。溯肇造以來，蒞梅者不乏親民父母，未有撫字心勞循聲卓著如吾陳侯者也。侯陳姓，祖心其名，字堯薪，河南羅山人。

中咸豐壬子副車，以縣令試用楚北，歷任監利、京山、嘉魚、咸寧，無不誦聲載道。同治十一年壬申春，攝梅篆，周知疾苦，與民休息，徭輕賦薄，政簡刑清，案無留牘，囹圄一空，訟庭草緑苔青，有蝴蝶上階之趣。每聽訟，如慈母告誡嬰兒，而聲色不矜，要非徒姑息以示噢咻也。明由公生，寛以猛濟，一時梗化之徒，無不愧畏交懷。最異梅自逆氛煽後，虎晝出横行，豺噬孩童以百計；野豕害稼，山麓無間田園，侯一至而群醜不知何之。擬諸古循良，蝗出境，虎渡江，何多讓焉？是年秋，闔邑生童，試郡時，仿漢代潁人借留寇恂、蘇人三留項忠、秦人數留陳鑒故事，陳情於郡伯督學，雖格例未果，不及兩載遽遷，而侯之所施而得斯於民也，可想見矣。然既不克留侯於居官之日，是以益思侯於去任之餘。爰勒貞瑶，以志不忘。昔襄陽之思羊叔子也，銘峴石曰“墮淚碑”，吾於斯亦云。

舐熱屁股

近日師生，幾成黨援，勢等者無論矣。如師勢衰，則趨附門生；師勢盛，則門生趨附。交相貿易，希圖富貴。有座主陳姓妻故，門下士衰麻哭泣，贈奠軸云：“如喪我妣。”又有座主許姓妻病，門下士率其妻作婢妾狀，晚去早歸，燈前奉侍湯藥，時呼爲舐熱屁股。嘲以聯云：“胡逝我陳，寢苫枕塊；昭兹來許，抱衾與裯。”殊爲確切。昔某相國擅權，有門生議其剛愎，相國召而讓之曰：“爾剛愎我乎？”曰：“然。”怒曰：“此二字豈門生所加於老師者？”對曰：“因是門生纔加以剛愎二字，若老師衹有一愎字，並無剛字。”相國語塞，似此猶見直道存焉。

塞冷竄門

乾隆初服，邑貢生郭碩輔素豪俠，爲其母生辰，開賀筵燕，起訖百日，倍極侈華，宅旁設驟馬館，爲都人士差使傳舍。山東劉公統勳當詞曹時，連年奉使江西、粵東，往返館於是焉。聞笙歌，問館人。館人曰："此房東郭某壽其母也。"劉以舊館人，故投刺賀，郭以爲非常之榮，饋贐金一千，劉亦出望外之喜。後二十年，邑以私徵堤費案，興大獄。上聞郭名在第二，時劉已大拜矣。欽差邁拉聖奉詔讞獄黄梅。出都時，劉公致書一函，外署云："黄梅郭碩輔先生手啓，故人劉統勳拜。"邁極風厲，司道下，皆刑訊。郡守夏瑚掌責，齒盡落。餘俱設三木以待之，時斃於獄，死於捶楚，下及戍邊，除名傾家者，不勝數。郭未列名，獨能保全，不解何故。及案完，有珊瑚冠孔雀翎，高車駟馬，軒軒造郭氏門者，則邁某親致劉相國書也。時謂塞冷竈門之益。

栽培寒士

沔陽陸立夫制府建瀛，初入詞曹，器量豁達，寓天門會館，會試後，有同鄉下第八人，苦無歸資，生計艱難，不無進退維谷狀。立夫相與籌曰："諸君必若干金方可南旋?"皆曰："視路遠近，多不過二十餘金，少亦十餘金。"立夫笑曰："諸君如許窘迫，正蛟龍失水耳。昨日有人饋百金，方擬償貸。今貸尚可緩，與其諸君難，不如一人困。"合盤托出，相與瓜分，人咸德之。後督江南，厘剔鹽務，就地取税，足國利民，掃除積弊，蠹吏奸商，未免側目，不顧也。粵逆陷湖北，督師堵剿，賊衆蔽江下，迅雷不及掩耳，遂失守殉難。浪傳爲鹽梟所刺，語亦有因，不害其爲治世名臣也。

分潤冷官

黄岡汪君封渭，由進士宰山東某縣，地甚寒苦，及歲終，會計一年出息，開銷外僅存八百金。適太守英某係滿籍，因事落職。胥關賠累，兩袖清風，日夜嚬蹙，相知中無一顧盼者。汪聞而憐之，慨然與八百金。太守感而謝曰："僕閲人多矣，宦情如紙薄，反眼如不相識者有之，墜井又下之石者有之，君如許寒苦，割己肉以補人瘡，可謂血性男人矣！此身未填溝壑，終當謁犬馬力以報知心。”後入都，事昭雪，不及三年，而巡撫山東矣。拔汪德州牧。英笑曰：“酬君一安樂窠耳，山東第一腴缺也。”汪以廉能著名，囊中尚飽數萬，已薦升太守。汪因時事孔艱，乞骸解組，英使人導之出疆云。

妒忌老子

嘉慶甲子科邑諸生熊翁省非，偕其子繡①，同應鄉試。出闈，翁自負不作第二人想。揭曉時，梅俗舊習走卒報科名，即於宅前一二里許鳴鑼，名曰報子鑼。熊張燈待報，是科夜半聞鑼聲，父子皆省，問鑼者曰：“二老爺熊繡中矣。”翁忙問曰：“尚有别人乎？”曰：“請下科再來。”翁不懌，即入室熄燈就寢。時賀者盈門，其老嫗方起，翁怪而止之曰：“好不知羞的老婆，是中若男人而喜得揚揚得意乎？”嫗笑曰：“有子考無咎，何分爾我，云胡不喜？”翁曰：“一生辛苦，各人衹吐各人氣耳。”蓋翁急於科名，結習難忘，至詰朝始笑於人前曰：“但得吾兒騂且角，老夫情願作犁牛。”亦轉念慰藉語也。又近年某諸生父子待報，子得高榜，諸生不悦，自持其文稿以示報卒曰：“汝不報我，而報我兒，於我何仇？試將我文一看，宜報我乎？報兒乎？”有憤懣不平狀。報卒笑曰：“小人不識文，轉瞬下科報翁不遲。”愈怒曰：“何不下科報兒乎？”衆大笑，與熊翁意向。

迂腐先生

鄉先輩李公天培②，字佑李，康熙壬午孝廉，家貧嗜學，極博洽，

---

① 熊繡，字志禾，號青齋，湖北黄梅人。清嘉慶九年舉人，歷任通山教諭、通城教諭。咸豐初，通城被陷，委攝通城篆，緝土匪、撫難民，政聲大著。咸豐五年十月初五日，被太平軍殺害。

② 李天培，字佑李，湖北黄梅人。清康熙四十一年舉人。著有《易數大衍參原》。

時藝清超。爲人天真爛熳，時目爲迂腐先生。所有動作，輒登簿記，與婦宿，即記云："某夕敦倫一次。"居喪三年，不入卧室。婦饁倚廬至，即麾去，若不親授受然。仁廟上賓，設位中庭，衰麻哭之哀，不燕會，不近内室，如執親喪。路逢人内眷，即掉背旁行。一日，赴某學東席，中道返，及門見盥婦，問曰："某宅何門入？"婦紿曰："候我導君行！"公端立，不邪視，口喃喃不絶聲，默誦書也。少頃，隨婦入，立階前，候主人。婦奉茶，命坐。視之，即其婦焉，猶訝曰："某亦招若來耶？"家人大笑，始知，仍返而歸也。計偕至燕趙地，已就寢，同人戲以挾瑟妓令伴宿，則披衣門外待旦。宅畔有大渡，薄暮散步灘頭，舟子手招曰："天晚矣，君胡不渡？"及渡去，屬上泊。公曰："宅在彼，我何泊爲？"舟子曰："君胡渡？"曰："因若招我情意太濃耳。"舟子笑曰："然則君是不過意乎？"曰："然。"其子漁於湖，舉網得白鏹數錠，叱爲不祥，令投湖中。一僕名王老兒，貸其值，即登簿曰："該王老兒錢若干。"後償值，又登簿曰："不該王老兒錢若干。"及歲終按簿，令人費解，仍計值與之。課生徒，文内用"我國家聖天子及聖王在上"等語，輒改易之，批云："不關頌揚，故作諛語，異日立朝諂態，於斯可見。"其生平率類此！或曰："盡如此公，何濟於世？"

布衣曰："盡如此公，世何用濟？人惟不能迂腐耳，若果迂腐，則綱常名教，留於人心者不少，故聖人取狷者有所不爲也。我看世之避迂爲速，避腐爲狡，其不流爲敗名喪節、寡廉鮮恥者幾希矣！"

奇冤栽舊典

同治朝，京師一人，乘車當店典衣，將衣箱舁入店内，倏云忘帶鑰匙，暫將箱子存店，仍坐車去。越數日，杳無人來。店啓箱視，則死屍一。報官拏犯，無從追究。案終未破，時堂弟崧臣在刑部親見其事。

美櫬累新骸

同治時，吏部主事何瑞霖卒於京，購美棺，價四百金，殯殮寄停某廟内。一日，有人乘馬至廟，向僧云：“爾好供香火，將來有重賞。某日月迎葬。”及時，果有十餘人舁柩去。後本家何眷屬來廟致祭，始知被匪掣騙，靈柩烏有矣。按都中近例，無論貧賤富貴，身故必招巫禳，周身看驗，是何病故，書一卷據，授喪者寡，然後入殮。日後葬，出城時，關吏繳驗券據，方許出城，否則拒之。此棺騙去，想屍難出脱，大約與前巧當事一而二、二而一，亦未可知。

宋代忠臣生烈女

岳武穆女聞父遇害，抱銀瓶自沈於井，至今祟祀湯陰縣祠。文信國女聞父殉難自盡，事詳浮邱道人《招魂歌》。謝疊山先生抗節不仕，女早寡，無嗣，就夫讀書近水處罄資建橋，橋成，赴水死，名爲孝烈橋。

唐朝巨族有賢裔

山西尉遲氏先人敬德公，仕於唐，遺命子孫世世毋仕他朝，亦勿應試。自是後裔千餘年世守此訓，人丁繁衍，且殷實，財過百萬者居多。北五省均有富商巨賈，現在捐例減價，尉遲氏無報捐人，可謂世篤忠貞，常年賦税，不需追呼，人皆安分。犯法重罪，本家立時處死，即敗類滋事者，嚴逐出户，不許同姓，家規整肅如此！

用暗箭掄元

江右彭澤縣武舉歐陽某，狀貌奇偉，膂力絶倫。赴都會試，有山左武舉某，素以狀元自命，會試時，遍閱武科技藝，歐陽外無出右者。二人皆下第，遂聯蘭譜。越二年，山左武舉遣人迎歐陽過其家，同行赴都，遇以盛情，私製二石，一空其中，一貫以鉛，形同質異，遠判重輕。一日，同演技藝，觀者如堵，弓力不相上下，而歐陽較勝。至弄石，以空者與己，以鉛者與歐陽，己勝任愉快，自不待言。歐陽當衆人屬目之時，不免强力支持之態，恥爲衆呵，面不失色，血已填胸，暗受傷矣。斯時若舞蹈以暢其支，推拿以行其氣，兼服理氣調血諸劑，亦無恙焉。而武人結習，姑忍耐而不甘自屈，遂中膏肓，不可復治，不數月以咯血亡。山左某果得狀元，衣錦榮歸，忽發暴疾而卒，想亦伯有爲厲也。

因貸金嫁禍

楚北江夏令某，酷吏也。周敬修天爵督楚時，能酷烈逢迎，挾周勢，頗飽囊。周刑幕，除夕遣人令貸五百金，令有難色，刑幕觖望。早知周已傳檄巡視荆襄堤工，擬正月初吉起馬。刑幕餞飲笑曰："忽近圖遠，何明公之不憚煩?"周訝之，刑幕曰："現在明公肘腋下沙湖堤形情，糜爛至此，首縣何嘗不領帑歲修也?"周然之，即環轅閲沙湖堤，果潰敗不堪，周大怒，撤委提問，時元旦夜，訊供下令於獄。幕之嫁禍如此，可畏也！其抑酷吏多金，有以招之也夫！

俊秀二字確鑿

嘉慶中葉，孝感屠公之申以巡檢卓異，一歲數遷，入覲時，上問："爾何科目?"奏曰："臣愧聖朝由俊秀入。"上問："何謂俊秀?"奏曰："《書》曰俊民用章，《禮》曰秀士升學，前聖人開科目之未行，我皇上補科目之不及也。"上曰："俊秀二字，確鑿矣。"天顔温霽，甚寵異之。歷任通顯，以直隸總督致仕，足爲俊秀生色。

履歷三代糊塗

沈公葆楨撫江右，政績卓著，見近年捐班保舉太濫，難膺民社，奏請考課而後除授。不通文理者，牧令改丞；倅不識字者，文改武；願原品休致者聽，試以詩文、策論、劄判等類，隨所長而面命之，以文理優絀，爲班次先後。時交白卷者，十有八九。又命對本鈔待例數行，能點成句讀者，保等。有畫數殘缺不成字形，有句黏連不通文氣者。一京官改捐同知，降補知縣，命寫三代履歷，及自己姓名，字樣糊塗。公笑曰："爾作知縣，謂料理一縣事，今糊塗祖父及己姓名，而能料理一縣事耶？是糊塗知縣矣。"奏罷之。餘改千把總，剔濫竽而除民蠹，仕路爲之一振。

某布政司由軍功保舉起身，不通文理，而識字甚少。某中丞得其文報，多白字，面曉之，有負氣狀。中丞奏劾云："朝廷設藩司，名曰承宣布政使，謂承德意而宣輿情，將以宣猷布化也。若概用此人，能免覆餗之患耶？請旨發落！"詔改總兵。按國朝李公衛以布衣蒙世宗特達之知，累官至浙閩總督，後賜謚敏達，崇禮名宦，入名臣傳。素不識字，凡有章奏，使人朗誦於側，無不確記，不洽意處，輒令改正爲止。爲上所知，入覲時，詢其奏稿，背誦不遺一字。天顔温霽，甚寵異之。是不識字而能入耳成誦者，亦不害其爲名臣也。若輩能肖其萬一耶？

晚年遇知己

邑先輩李西卜枚，學問淵博，艱於遇。年五十餘，始受知薄慎修學使有德。入學題"文王發政施仁"，合下二節，批其文云："鎔經鑄史，奄有國初諸老風力，吾將以鍾陵、克猷兩先生期之！"時馮夔颺太史詠爲薄幕友，閱卷，一見大奇之，推爲畏友。借其"舜生於諸馮"題文刻入稿內，可以想其大概矣。

難時好救人

邑宛偉甫部郎立俊，幼染宦習，有佻達風，老益長厚。當刑部時，與某貢士有隙，曾受其侮。及貢士因事入刑部獄，若儇薄者處此，必墜井下石也。否則，如秦人視越人肥瘠，亦固其所；而偉甫納交獄吏，早晚相爲慰勞，使獄卒不肆欺凌，寬閑有逾邸舍。及安配地方，豫擬有相知處，導之出疆，先於所往，不啻賓至如歸焉。以薪桂米珠之區，爲割肉補瘡之舉，真舍己從人也。

勝帝舜多矣

某貴顯，幼英發，初入詞曹時，沿紈袴習，見人傲岸，悦與不若己者處，可以恣其傲岸也。與某孝廉相友善，一日，問某孝廉曰："吾生平何短？"孝廉曰："君短處多，莫如一傲字。"彼咈然曰："吾何至有傲？"孝廉笑曰："古來盛德莫如舜，而禹之戒舜曰：'無若丹朱傲！'當時舜不辯其有無，然則君勝帝舜多矣。"遂大慚。

較周公何如

某封翁家頗豐，子孫以科名著。七十生辰，開讌賀，車馬盈門，食客中鼠目寸光者，讒諂面諛，無所不至。封翁兀坐堂中，任人羅拜，頤指氣使，昂無答復，公然郭汾陽上壽氣象。至晚自誇其福德兼隆，才具素優。有客殷然前陳曰："公百長猶形一短。"叱曰："吾有何短？"客曰："驕。"叱曰："能如我，驕何妨？"客曰："公自以爲福德才具，較周公何如？而孔子曰：'如有周公之才之美，使驕且吝，其餘不足觀也矣！'公較勝周公則可，公謹如周公，恐未必足觀。"遂語塞。

輕輕撞油留主顧

某豪翁善恢諧，家素封，族窶人子，每值歲終，索年飯米，不遂欲者，輒於除夕時縛之，揭其四肢，以其頭撞門，名曰撞油。謂如枯樹中撞出油來，令其畏痛而贖以錢米也。一夕，正撞時，翁呼撞者曰："聽吾一言而後撞可乎？"曰："可。"翁曰："諸君以我爲枯樹，但樹存則油存，樹亡則油亡，須輕輕撞，留爲明歲地。若一撞而斃，便撞斷了主顧矣。窮漢皸拆年年發，將來捉誰撞乎？"言畢，請諸君撞。衆皆失笑，遂不果撞。即啓囊與之，眷屬被其詬誶詈陵，人皆於邑。夜讌時，翁舉杯拍案呵呵大笑曰："盛哉快哉！同一祖來，他撞我，因我有耳。若我無，則我去撞他矣。縱嘑蹴與之，此刻有錢無食，其何以堪？曷若我燈燭輝煌，盃盤羅列，豈不盛哉！豈不快哉！自今以後，惟願年年歲歲，皆他撞我，無我撞他也。世世代代，我兒孫皆被人撞，無令我兒孫撞人也。"時撞者多間壁居，聞之莫不寒心，而冷齒，撞自此罷。

緩緩脱袴重斯文

寒士失館，游至塾中，斯文同骨肉氣類之感應，厚禮之，竟有宿至夜半，將衣被器用席捲而去者。余家塾中，某年來游士，邑名下士，某明經後裔也。飯後將去，有鄰右塾徒跡之，白其盜袴，欲搜而剥其衣。家童曰："請緩，寒士至此，吾遺一袴，已重穿矣。不必搜。"陰以袴易之，使人送還其塾。

怪物心有竅

堂侄玉書孝廉名鍾麟[1]，貌毁於痘，斑若杏仁，鼻窅而塌，齒疏以

---

① 鄧鍾麟（1826—1854），歲貢生，竹谿教諭鄧瑩之孫，鄧宗岱之子，進士鄧宗衡侄。清咸豐元年鄉試第三十八名舉人。

露；性機警，有才略，幼授經書，旋即遺忘，授以文，誦聲琅琅，遂能解悟。逾年，詩文即有可觀。其祖丹亭明經目爲怪物，嘗戲於人前曰：“其貌不揚，其心有竅。”髫齡受知於邑侯夏雲岫進士。自是文思勃發如釜上氣，蓋自風簷中造出也。道光己酉試拔貢，卒未與選。學使龍翰臣殿撰啓瑞，既而悔曰：“以貌取人，失之子羽。”謂玉書也。弱冠登賢書，留都公車輩作詩文社，屢冠其曹。都人士推爲雋才。極孝友，其胞叔崧臣刑雨宗衡未通籍時，同寓鄉門，患沉屙，嚴事維謹，衣不弛帶，輒數旬，褊愎者過而化之。母痰疾，雖嚴寒酷暑，羽夜猶持一卷，伺門外，稍呻吟以熱湯進；聞鼾睡聲，乃退。少頃，復然。父母皆不知也。其内行多類此，壯歲而卒，人咸惜之！

巍科貌不揚

皮毛非所以相士也。聖人以貌取人，失之子羽，有明徵矣。如同治元年壬戌恩科三鼎甲，都門童謡云：“榜眼一身眼，探花滿面花。狀元形更巧，雙手兩個義。”謂江蘇徐君郙兩手巨擘外，餘皆駢指。楚北何君金壽渾身痘瘢，其大如眼。山西温君忠翰面上痘斑，密若蜂房。貌皆不颺也。

恥食餘唾

鄉先輩宛公雨三諱建侯①，應院試，是年科歲並舉，侄某一人，名列兩案。私謂公曰：“君將來定見售，但功名宜早不宜遲。予已僥倖一衿，不能重頂，與其遵例注銷，另補外人，盍若讓君乎？此刻惟君知我知也。明日將覆試矣，君其圖之！慎勿卻！”公曰：“尊意良厚，於僕似

① 宛建侯，字禹三，號樸齋，湖北黄梅人。清乾隆二十五年舉人，由大挑分發湖南，歷署安化、溆浦、常寧、慈利等縣，後任永州通判、江西署蓮花廳同知。

不便也。雖僅君知我知，尚有天知地知，人欺天地，必不祥；得分外物，有奇禍。”遂卻之。及歸，侄輒暴於人，人咸尤之。公曰：“是餂人餘唾，謂我不成丈夫也。將來我不以一衿終，區區一衿，不足限也。吾設以一衿終，赫赫一衿，能無愧乎！丈夫有志，毋相强耳！”後一年，春芹秋桂，聯捷而歸，人争羡之。是侄竟一衿終，甚矣！人貴立志也。

羞飲盗泉

某孝廉幼寒苦，寄食於其戚某翁家。翁性剛直，狷介士也。孝廉曾受業，鄉薦時，猶寄寓焉。後作廣文，家頗豐，以卓異升縣令，移居縣市，有驕吝狀。翁怪之。一日，赴翁家，見翁寒素，謂翁曰：“弟子得有今日者，實公栽培力也。但目下境况雖足，衣食毫無餘貲，異日得授地方，當迎公奉養，俾得親承教訓。如嫌路遠，不腆甘旨，郵寄而來，望公賜書指示！”翁曰：“吾素不飲盗泉者也。迎我寄我，適以溷我，幸見饒！若云教訓，吾書一聯遺爾，置之座右可乎？”曰：“願領教。”一聯云：“得科名足矣，奚必摇尾乞憐，遂使形體同狗彘？苟凍餒免焉，何須苦心打算，反爲兒孫作馬牛？”孝廉陽稱善而陰怪其不情，歸束之於高閣。翁使人視之，見其座右無是物也。致書以責之，又遺一聯云：“一代官，九代牛，少做些也罷；陽間錢，陰間簿，多賺了不妨。”予按此翁二聯，雖屬對病下針，未免矯枉過正；可爲貪黷者懲，不爲清廉者勸。然世之錮寵利，日逐隊於鬧熱場中者，又不可無此一劑清凉散也。聞孝廉寄伊戚某家，凡花鼓雜劇，倡首斂費，博取贏餘，群呼二戲頭，其品可知。後值大比年，思簡練揣摩，爲弋取科第計，戚係詩書盛族，兩諸生，邑知名士也。同窗攻苦，孝廉求伴讀，兩生以其好浮動拒之。孝廉固請，指其樓曰：“君等處下，而我處上，不許妄下可乎？”遂允之，座右黏一聯云：“把定赤心通帝載，放開清眼認和珍。”帝載、和珍，雨生字也。即以是科獲雋，此聯頗吐屬不凡。

君等皆以我爲猴也

某姓人多聰秀，科名頗盛，勢利異常，家風恥樸誠而尚誇詐。其族中有一筮仕者，親屬在家，預派署中執事，如某掌會計，某當書啓，某司教讀，某領徵比，下至監卡、簽押、門丁、厨手、槽頭諸賤役，亦戀充瓜分，各自飽其囊橐，不暇計人之肥瘠也。本官爲所制而不克自由，往往因此玷官聲，誤前程者。其家某孝廉作宰時，此輩狼狽爲奸，一蹶幾不振，仍朝逐而夕來，此麾而彼返。孝廉積憤成疾，一日聚而曉之曰："君等知乞兒玩把戲乎？"曰："知之。""知把戲猴跳圈乎？"曰："知之。""乞兒鳴鑼，猴兒跳圈；乞兒養猴，實猴養乞兒也。猴存則乞兒射利，猴亡則乞兒向隅。君等皆猴我者也，猴今老且病矣，咸左提右挈，使猴無息喘時，必置猴於死地，君亦何所利焉。猴與君約，自此歸家樂業，每歲潤寡分多，猴得苟延，君獲小補何如？"衆雖陽諾，實欲陰據，致孝廉虧公罷職，籍産入官，鬱鬱以終。

吾儕能對爾衆犬乎

予家畜犬十，咸豐七年，宅被賊焚，有二犬隨予避亂。每至一處，初到時，即向某主人摇尾，否則吠之，與主人犬相狎習，若或群或友然；每食必相讓，若爲賓爲客然；中途息肩，必依擔簦蹲卧，俟僕來方去飲食，若相友相助然。閱四五六七等月，予隻身歸來，時將夜半，空山無人，四圍蒿蓼，門前蹊徑皆絶，有二犬卧焦土中，吠聲互答，聞余謦欬，驚喜齊出，翹前足以拊予身，聲昂昂然，若泣若訴，若癡若狂，叫號舞蹈，若赤子之久違父母，乍見而悲歡交集也。予憐而撫摩，則骨竦毛立，若枯芻一束，然細數之，衹三分存一。詢之鄰右，賊踞家時，不食賊食，屢與賊鬥，餘皆被賊害矣。予顧而泣曰："此予先人堂構基也，亦邱墓地也。不能設法保全爾，從者從，居者居，死者死，吾儕能對爾衆犬乎？

彼世之虛糜人之廉俸，而秦越人之肥瘠，一旦變發，輒聞風遠遁，甚至反顔事讎而摇尾乞憐者，皆爾等之罪人也。”

替師傾溺器

吴七翁對颺，邑孝廉鑠①父也，事師長極恭，每日奉饌，必躬親照料，滌師溺器，不假人手。冬則解衣卧榻，爲師温衾；夏則拭簟拂蚊，爲師放帳。知塾師某日歸，即預備佈線餻餌等件，陰置篋中，屬僕攜之，俾抵家時，有所分給家中老幼，得以歡娱焉。如養父母志也。早晚祖堂焚香三炷外，爲師另立一炷，必稽拜焉，如敬神明禮也。歷數年如一日，翁不示人，其僕隸親爲余言云。

逢客説板花

某贈君田舍翁也，爲人淳樸，雅重斯文，豐於財，不識字。購某諸生業産，諸生輕薄少年，書券字樣端楷，贈君雖不識字，甚羡慕之。言不及檢，顧謂其子若孫曰：“汝曹看此後生家立契字，何等好乎！”諸生以爲謔浪，因契内載厨屋三間，即埋奸訛。厨作除，爲異日諱賣張本，贈君不解也。及受值後，諸生竟踞其屋，訟於官。驗契時，邑侯予贈君杖二十曰：“君子愛人以德，使爾知懲創，毋學守財奴急衣食，而不知禮義，將來送子弟讀書，鬱極必發也。”又申飭諸生曰：“賣弄文墨，情同舞弊詭譎，秀才終慚名教，此屋果摘除未售，何與契内語氣上下不貫耶？訛厨作除，祇欺此目不識丁者，能瞞斷獄老吏乎？此屋仍歸買主。”諸生語塞，出以指擊贈君額曰：“汝猶記後生家立契字何等好乎？”贈君始悟，契立時失言起釁，乃愧憤，即延師課讀，以雪前忿。每逢讌會，暴其短

① 吴鑠，字衢尊，湖北黄梅人。弱冠蜚聲黌序。清道光十九年舉人。著有《祛塵子》二卷。

於人前曰："我因不通文理，爲人賣弄，受辱於官，吾板花猶纍纍在股也。"其子孫聞之，汗流浹背，發憤成名。此君得膺封贈，至今舉、貢、稟、增稱盛族焉。某諸生素爲人捉刀筆，有案據，後由廩生貢成均時，贈君後裔，以重貲購狀稿，録陳案搜其劣跡而阻撓之。予伯曾祖鶴岩公代爲排解，遂倖免。諸生後，究無識字者。

鶴髮翁女壻

劉姓廣濟盛族也，人丁以萬計，户族以百數，善行、文苑、科名、官階，歷數百年而發祥。祖墓曰老公山，形家呼爲"金錢吊葫蘆"。相傳宋時，劉翁年逾六十，無嗣，服内親屬亦少，家小康，攜田宅券，依女壻爲生。計約云："養生喪死無憾，此願足矣。"一日，晨起，足未履地，有十一二歲外孫，奉茶來。劉翁引手承之，徑過未授，問送何處？曰："送吾翁。"劉翁意轉身必再與己，竟杳然。劉翁感覺，如夢初醒，陰持田宅契懷挾去。過佃，少憩，佃禮意有加，佃亦乏嗣，僅一及笄女，隨父栽瓜，劉翁故問曰："瓜種過老，亦能生否?"女曰："愈老愈生。"翁頷曰："見有老種不生者。"女曰："必種非其地，或失其人耳。依吾所種，百種百生矣。"翁頷之。至晚與佃人話家常事，言女尚待字，惜無良媒。翁曰："爲令媛作伐。"是夜佃婦夢白鶴飛舞，旋集於庭，即劉翁寢處也。翌晨語夫曰："劉翁年逾六十，鶴髮童顔，是載福人。昨夢鶴舞於庭，亦佳兆也。我未得子，翁無妻，以女娶之，田宅我佃即我有也。不獨女衣禄無虧，即我全家造化矣。"示意於女，女無難色，顧劉曰："翁與小女作伐，請問家聲!"翁曰："家聲在後，年不相配，不便陳詞耳。"佃曰："與翁年若何?"翁笑曰："便是老夫。"佃亦笑曰："翁如不棄，願以小女執箕帚。"皆大歡喜。翁出田宅契曰："此小壻聘儀也。"是夕即贅於家爲婚，連舉數子。翁笑謂女曰："卿記當日種瓜時，愈老愈生，百種百生語乎? 老夫討消息，今果然矣。"愚按此事與國朝周太封君煌九十九歲娶某豆腐店女，老夫婦僅生此女，年十九後，周享壽百四十歲，先女一年卒，親見孫能成名，至曾孫科甲蟬聯，一時罕匹，與此翁事略同。

蝦鬚貨先生

某翁豐貲財而歉文墨，屬同居者延本族某孝廉爲塾師，籌議俸金。孝廉謔之曰："渠家衹可以雇工價，弄一蝦鬚貨先生耳。"蝦鬚貨者，梅俗鄙陋之稱，言非大方家也。翁聞而憾之，即以重金延邑某名士，品學在某孝廉上，呼子弟前曰："爾曹不用心讀書，致族某鄙我不成丈夫。吾今延邑某名士爲爾輩師，其卧薪嚐膽以争氣，無令外人笑我拙也!"不數年而子弟亦芹桂聯芳，爲邑知名士矣。視某孝廉後人，較勝一籌。人謂某名士之善教子弟，吾謂某孝廉尤善教此翁也。

誤東家爲活鬼

太岳翁石公祝三，邑前明楚陽①中丞裔也。中丞後，科名林立，惟祝公一支，家素封，獨少此渠。族薄其無詩書氣，輒傲之。祝公怏然，急延師課子以雪忿。西席劉、熊二諸生，邑名宿也。時天方曉，起小便，見門簾外隱隱有盛服人，行稽拜禮，疑爲鬼。後屢見，西席素望科名，私喜有神鬼拜謁，必大貴。蚤起於簾内陰伺之，定捉活鬼。及如前狀，搴簾視之，乃祝公也。驚問其故，祝以他語摭掩。西席詳訊其僕，曰："主人望相公讀書成名，特敬聖人與先生耳。於今已三年矣!"西席語人曰："爲人師而不盡心教讀者，無人心也；爲人子弟而不盡心讀書者，非人子也；此人子弟而不食讀書報者，無天理也。"不數年，祝親見其子若孫以英年登賢書者三，官階不絶，咸謂尊師之報。公孫朗軒公，予外舅也。束髪時，讀書其家，岳父母屢言之，故悉之最詳。

---

① 石昆玉，字汝重，别號楚陽，湖北黄梅人。明萬曆己卯科亞元，次年成進士，歷任户部主事、蘇州知府、大同巡撫等職。自號無著居士。著有《齡山堂稿》、《石蘇州集》、《石居士詩删》、《行役紀聞》等。

視西席若途人

某翁少寒苦，中年善營謀，豐於財，置良田千餘畝，子孫俱中材，頗可讀書。翁及身起家，樂小就而忘遠到，吝於延師。宅右有空房數間，租某諸生爲學舍，聚生徒數十人，其子孫與焉。翁以房租及糞值，盡可作師俸，謂師爲聚館，非所專延，視若途人，扃室户不與學舍通。同室之内，邈若山河，免供應也。館中莠良雜處，互相引誘，日肆飄颻，塾師以爲在家，祖父以爲在學，視學中爲傳舍，以妓館爲歸宿，偶來稽察偵探，豫爲防備，相知者告以忠言，不敵子孫之一訴。學中課題，倩人代作，多佳構焉。嘗炫於人前曰："吾兒輩皆雋才也。羽毛豐滿，飛鳴在指顧間矣。"其受蒙蔽如此！妓館兼爲賭局，勝則供妓使用，負則貸人重貲，質種債者父死管業契據。屢值賭酣時，群小詐傳父師命，應之不暇，倩人代執賭具，返而會計負若干矣。即書卷，訂期稍晚，輒更易，仍不廢其故紙，故多重疊。及歲終，惡少持卷索償者，户外屨滿，繳而復來，即前更期故紙也。翁不負氣，以述賭白於官。官素貪，有虎視意，欲嚴訊致法，翁又懼子孫之受懲創也，屬人夤緣，上下其手，陰以券值飽官吏，陽以述賭坐惡少，而案議罷。時子孫方繫禁中，恐妓失望，致書於妓曰："事已諧矣！得某先生搭天橋，顯神通，内抽外拍，作三股開銷：官得若干，吏役得若干，中證得若干，不日可出與卿爲歡矣。卿等切勿關心！"不料鬼蜮多端，書此竟落健訟手，蜚語譁然，持其柄而搖之，波未平而復起。官吏沸騰於内，惡少鼓譟於外，健訟釁隙於旁，一舉而家灰焉。子孫半逃亡流落，翁亦忿鬱以終。幸有年幼未經濡染者，見幾遠引，得成立焉。

布衣曰："齊家等於治國，縱之難圖，激之生變，固宜防微杜漸，尤當正本清源。如此翁者可以鑒矣！"

捐班可訂翰林譜

道光初服，因籌賑開捐，有某員入覲，係江蘇寶應人。上欲覘其文采，故問曰："爾是嘉應州人乎?"奏曰："臣寶應縣人也。"上曰："寶應二字作何寫?"在御前不敢指畫，奏曰："聖人之大寶曰位，寶字順乎天，而應字應乎人。"上又曰："嘉應二字亦有證乎?"奏曰："嘉會足以合禮，出其言善則千里之外應之。"適上正閲《易經》，嘉褒曰："爾固熟於《易》者也，何敏捷乃爾? 四字俱得體，而嘉應字猶有頌不忘規意，捐班有此，可入翰林譜矣。"遂擢内用，官階亦自此顯。有某狀元，因上問《論語》有幾個心字，奏云："聖人七十而從心，大賢三日不違心，擊磬者有心，飽食者無心，皇上簡在帝心，是以天下歸心。"如此簡煉，而吐屬亦自不凡，惜皆忘其姓名也。相傳狀元爲畢秋帆沅云。

擬稿不同孩子文

王某爲刑部堂官時，律例茫然，故作當行狀。凡司員擬稿呈閲，必發還數次，即情節合理者，亦然；若欲使見由己出也。下官迎其意旨，或稍易文法，或點竄虚字，另稿呈之，無不脗合。司員某，剛方人也。擬一稿，以寫按律例，應如是辦理，非考試文藝，計筆情工拙，以避千手雷同之弊，所挑駁原稿，不易一字而仍呈之。王某見原稿，大怒，惡其執拗而擲之於地。司員亦怒曰："此是村學究閲孩子文氣習，故常發改也。我卻不從公。讀書再作一篇，但紙上是聖賢字跡，大清律例，分位雖尊，不應玷辱斯文也。"衆司員屬其拾取而斟酌之，某曰："叫誰個亡八蛋拾取?"王某自知情虧，起而拾之曰："我便是亡八蛋。"衆司員代爲修飾，遂判行焉。自後再不故意翻駁擬稿也。

天子門生同入兆

同邑梅古芳明府雨田祖母王太君，茂先公室也。歸逾年，家故素封，族屬無賴子，伺其零丁，輒覬覦之，遂中落。王苦節五十餘年，日以紡織養姑。姑疾，夜半默禱於天，願身代，刲脅膚和湯藥以進，遂瘳。古芳幼失恃，依祖母哺養，撫其瘡痕詰之，王泣紿以他故，長聞姑姊，始知初茂公得咯血疾，自知癆瘵，成胎多不育。王已娠，指其腹曰："此即男也，終非吾兒，生死勿爲念！"後生男，茂公卒，旋殤，殤時王入別室，將投繯，所親紿之曰："兒蘇矣！"兒果蘇，逾刻復殤。王哀痛幾絶，惛憒中聞茂公屬曰："向固謂此非吾兒也，轉一劫，即爲吾後。當於某月日生。"時堂弟協恭婦方有娠，生男適符其期，遂嗣之。尤奇殤子面有赤痣，嗣子亦面有赤痣，形貌皆畢肖。後廿年，母子同一夕夢人投刺曰"天子門生"。覺來聞呱呱一聲，嗣婦産男矣，即古芳也。翌晨，子母各述其事，一時傳爲佳話。古芳以同治元年成進士，爲人英姿颯爽，居官日以循吏自勵，論者謂節孝之報云。古芳與余爲束髮交，先年屬志王太君及茂公墓，備詳其事，節録之以爲積善者勸。

按古芳成進士時，黄郡歲科並試，其同懷及兩嗣，皆泮游。是年館選信遲，黄郡鄂城哄傳古芳得殿撰，即學使賈小樵亦聞是信，親爲予堂弟嶰書孝廉述之，或亦天子門生一巧驗云。

聖宫牆上早題名

宿松石鏡心太史葆元，皖北巨族也。世有隱德，兼節孝，後富而好禮，尊師重道，尚義輕財，凡關名教及一切濟人利物美舉，渠族無不首先倡修，捐資以萬數。阮文達西元，衍聖公壻也。元旦夢聖宫門前挂泥金帳一紙，署石葆元三字。文達陰奇之。是年爲會試，科分揭曉，閱報録得太史名，大喜，招問曰："君家是何修爲而芳名憑依聖靈乎？"太史曰："寒門無甚修爲，但近年捐修文廟，是讀書人分内事，何敢妄冀通聖靈?"文達曰："此舉正生門牆輝矣。"是科與館選，後以詩文名世，而小楷尤甲詞曹，屢司文衡。門下士多名宿，中年乞養旋里，父子孫曾，科名林立，詩文咸著於時。某豪猾，素持財作膽者也。欲與比較，自揣不倫，故挑釁搆訟，以枯骸葬占其地，太史不屑與争，囑家人書券與之。豪慚甚，輒自徙去。咸豐初，太史早卒，粤逆煽亂鄉里，亡命徒多挾賊勢，中諸富家禍，偏護公眷屬，越境安居，効用若僕隸然。其感格如此！時徵役繁重，其子孫知藴利生孽，半毁其家，以濟時艱，並以田産分潤族戚師門，及諸務善後事宜，一時傳爲盛事。

斷頭入水身猶立

咸豐甲寅三月，賊擾梅大肆猖獗，無老幼俱擄。有邑人朱宗廷者，膂力過人，賊争擄之，以得一先鋒手爲幸。宗廷徒手搏之，連斃數賊。諸賊不敢近。賊目甚奇之，遣悍賊多名，令生擒來城，戒勿傷，扛至西門橋上，賊目迎之，親釋其縛，勸之降。宗廷切齒曰："我雖未受朝廷禄位，然自祖宗以來，世爲大清皇帝百姓，今日豈降賊哉?"賊目益奇之，温言誘曰："你從我打江山，便做天朝大官，子女玉帛，隨你所欲。"取所戴黄帽，覆其首。宗廷投諸地，踏以足曰："此狗所不戴者，我寧爲清朝百姓，不肯做這狗官。"賊目慚怒，不能堪，脅以刃，强之跪。宗廷曰："此頭可斷，此膝不能屈。"賊羈其足而顛，乘勢殺之。首落復昂然立。賊大驚，推屍水中，仍僵立不仆。時驕陽閲半月，賊退屍猶未腐。邑人合身首葬之。宗廷居縣治西十五里，世業農，亦不傳其祖父邑名。孝廉李君瀹源①有傳呈請藩憲羅批准，付載府縣志。

① 李瀹源，字澄溪，號東山，湖北黄梅人。清道光十九年舉人。咸同年間，爲被害之義士立傳，感化一方。

割舌分肢駡不休

吴鳳章，邑諸生，貌魁偉，有膂力，睅目聲粗，以厲時藝，英姿颯爽，無蔬筍氣。榜前衡人文，多奇中。因累薦未售，激爲人捉刀筆，受值以資日用。士林頗輕之，文以行掩也。咸豐七年，遇賊，委以重擔。章曰："我一肚皮牢騷，恨不能殺賊洩憤，反爲賊負擔耶？欲我負擔，除非當今皇上不能。"奪賊刃，斃賊者二，賊交仇之，箝其手足，苦以酷刑。章駡不絶口，割其舌以戕之，肢體亦被支解。此吾鄉遇害最烈者，不獨文有足多，伸大節可略其細行焉。

敬謝老師一典當

山右某諸生，幼游庠，家富，閉户潛修，至老未遇。年七十，登賢書。初見房師曰："門生六十年無知己，今得老師，是再造恩。無以報，家有二子，開設三典，頗能自給。二子各分一典，以一典敬謝老師。"即授以券。其房師亦年近六十，候缺無期，寒苦極矣。聞之，喜出望外，不暇擇言，欣然與其子爲鼎足焉！但戒曰："勿揚勿揚！恐媢嫉者謂我與君有夤緣，蜚語播聞，反致不雅。"某然之，房師遂致仕，而爲財翁。人謂其雪中送炭。予按名利皆有前緣，觀此可爲潛修者勸，亦可爲寒苦者慰矣。

庚同門生三小兒

商公濯英①，邑名孝廉也。形容古樸，眇目不颺，年近服官，舉嘉慶庚申經魁，鄉墨膾炙海内。是科赴試歸，同舟者命舟子口占一字，以

① 商濯英，字仲誠，湖北黄梅人。清嘉慶五年舉人，任雲夢教諭，時稱經師人師。

卜得失。舟子頗不俗曰："此孝廉船也。滿船皆貴人，即以貴字占之。"商笑曰："吾得之矣。貴字是中一目人，非吾而何?"後果然。性敏捷，嗜學，疏世故，而氣慨凜然。其座師黄琨望編修，年方弱冠。初謁時，商甚訝之，謂年少能識老成文也。即問曰："老師貴庚?"再三問之，始答。商以指輪掌曰："與門生三小兒同庚。"黄艴然曰："足下與我序齒耶?既老師我，又兒我耶?雖草茅本色，何迂闊乃爾?"商謝過。一日赴同邑帥侍郎席，在座有同鄉翰林姓易者，問貴姓，曰姓商。易顧帥曰："這姓頗癖。"意謂無當道貴顯也。商曰："姓雖僻，孔門七十子，尚有二人。願聞足下貴姓?"答曰："姓易。"帥目之，而商不覺曰："三代下人物，吾未考。春秋時貴華胄著名者，惟易牙一人而已，似較愚姓尤僻。"易大慚。予按易某之言，稍露輕薄口角，不料商君有皮裏春秋，反遭嘲謔。以此見言不可不慎，有餘地以處人，方有餘地以處己也。

贈詩無忘家法

邑孝廉蔣公志坦①宰陝西紫陽，以清廉著名。鄰寇驟至，不及備禦，僕吏居民，皆潛逃，公獨朝服坐堂上。其子鏞②年尚幼，拱立侍側，誓殉難。及賊至，見城虛無人，獨公父子巍然在上，疑有伏。欲害公，轉相戒曰："聞這蠻子，不愛錢，不酷刑，咱老子們衹殺貪官暴吏，與他無讎也。"相率去。會大兵至，賊遂遁。後鏞成進士，公堂弟志堉③由副車歷正榜，送侄鏞赴任詩云："厥父肯堂子肯構，下民惟草爾惟風。"可謂訓詞深厚矣。

① 蔣志坦，字履白，號懋齋，湖北黄梅人。清乾隆二十五年舉人，歷任襄陽教諭、安陸教授、陝西紫陽知縣。時有"佛子"之稱。著有《弓冶先資集》。

② 蔣鏞，字聲永，號懌庵，時稱"蔣黄梅"。清嘉慶三年舉人，嘉慶七年進士，歷任連江知縣、澎湖通判、厦門同知。撰有《澎湖紀略續篇》。

③ 蔣志堉，字鹹資，清乾隆三十九年副榜，四十五年舉人，歷任隨州訓導、歸州學正，有經師人師之目。壽八十三。

庭訓可作官箴

前明，邑汪氏兄弟三人，長美、次勳、季灼，皆諸生。勳貢成均。三人俱年逾六旬，未分爨。束身名教，型家孝友，日以詩章相倡和，著有《怡怡堂詩稿》，一時傳誦。時薦重舉，當路聞其名，屢辟不就。勳子可受早貴，甫弱冠，鄉會連捷，官至總督。初之官時，勳送以詩云："好音報我循良譽，勿寄民間一物來！"歲時可受郵寄甘旨奉親，與伯叔無畛域，勳卻之曰："朝廷俸禄，實民間膏脂，吾輩不忍食也。妄食民間膏脂，即豫吸兒孫精血，蒼蒼在上，能無愧且懼乎？嗣後以百姓膏脂壽我，曷若以民之父母壽我？"後迎任奉養，勳必偕兄與弟俱，可受退食，必呼而詰之曰："兒近日辦事爲朝廷出力幾何？爲百姓分憂幾何？爲讀書人留種子幾何？"恒以進思盡忠，退思補過勖之，有道之言，庭訓可作官箴矣。

拱立道旁求教子

邑封君梅公文運，輕財重義，家中産，業農，罄囊捐童試卷，以濟寒士。教子有方，子就外傳，歲時歸來，公置筆硯一具於密室，扃門試以文藝。公不稍離，卷完乃退。思明以就正於人，恐其面諛而背毁也。宅旁近大路，訪近年優時藝者，逢節散館，往來於此。俟其將過，擲兒文於地，或潛隱道旁，或尾隨車後，料其遇字必拾，拾字必看，看時可必點頭，否必摇首。注意窺定，近前長揖請教："敬問明公拾看文字，此子可讀書否？願指教之！"已預備茶食煙具，即捧以進，或請至家而款待之。人嘉其勤懇，故不忍欺。後試之别人亦然。其子愧勵發憤，後登賢書，爲邑名孝廉。司鐸有年，翁得封典，家貲較踰於初。孝廉爲誰，即梅君芳①也。

---

① 梅芳，字元燮，號樹南，湖北黄梅人。清嘉慶二十三年恩科舉人，歷任宜城訓導、監利教諭。任内捐廉助膏火，勤於訓課，人文興起，登科甲者後先林立，士人感頌。

捐資饋贐助夫兄

邑李寶山孝廉贇胞嫂某氏，青年守義，以針黹紡織爲業，與孝廉析爨有年矣。時值計偕兼逢大挑典，孝廉北上，苦無資，遂未果。嫂置酒爲叔餞行，叔曰："嫂意良好，吾不及領嫂。"詰其故，曰："非不慕七品郎官，徒一肩行李耳。"嫂曰："需費幾何?"曰："至少必八十金。"嫂啓櫝揭青蚨如數與之，貫已朽矣，蓋數十年積銖累黍，皆取給十指間，罄囊分潤，有足嘉者。孝廉果以郎官歸，後節婦孫以英年游庠，節義之報，未有艾也。

胞兄代庭訓

余殿采孝廉錫椿①，小字末哥，邑西鄉人，知名士也。舌本連齶，艱於言。幼時其尊人視爲廢疾，謂其長子廷蘭②曰："末兒喫不成喫，啞不成啞，是棄材也。"使習手藝，作生計。蘭亦名諸生，爲人孝友，錫椿係異母弟，甚友愛之。請於尊人曰："兒觀弟神氣，鈍於口，而不鈍於心，盡可讀書。"尊人笑曰："除是公冶識鳥言，葛盧解牛語，誰與爲師者?"蘭曰："兒試教之。"使偕其子騰霄明經同入塾中，時叔侄年相上下，皆未更齒。蘭抱至膝上，左教弟，右教子，口講指畫，稍不聽受，彷周公撻伯禽故事以警之。騰霄英敏，錫尤過之，目數行下，授書即能默識，不五年而十三經、《離騷》、《文選》事類賦誦完不遺，背誦時，旁觀皆驚異，嬉笑莫辨其音，惟蘭能體會之。十歲能文，尤長詩古風。簪

---

① 余錫椿（1790—1838），字殿采，号培園，湖北黃梅人。清道光十四年舉人。著有《培園全集》（文鈔四卷，詩鈔四卷，賦鈔四卷，黃梅兵事考二卷、續記一卷，黃梅沿革考一卷，黃梅雜詠二卷，試帖二卷，試草四卷）。

② 余廷蘭，字臨江，號晴皋，爲國學生余含英之子、文學生余玉書之孫。增生，有文名。子騰霄，爲道光十五年歲貢生。

寸晷下，能完四五卷。場中拾其唾餘者，輒冠軍。時星使鮑覺生閣學推爲楚黄九學士子之冠，嘗評其送春賦云：“合漢魏六朝盛唐爲一手，詞曹中巨擘也。”當時刻入試牘，不脛而走，膾炙海内。鄉薦時，蘭已下世，同榜者耳熟其名，一見即驚問曰：“足下如是口音，當日塾師，何方教讀也?”錫泫然流泣曰：“不才自少已成廢人，得識字至今日，家兄再造力。人祇謂兄爲兄耳，家兄則兄道兼師道，能爲不才補天地生成之缺，不下罔極恩也。”其硃卷列胞兄名下另署一圖章曰：“撫我則兄，誨我則師。”蓋紀實也。並梓其制藝行世，賢父兄之力，顧不重哉！惜錫君年不永，未竟其才，人咸扼腕。

知己補遺文

江右巨族某相國文端公，康熙甲戌科會試，闈中全卷繕完，方點句，首藝曳白一頁，不勝焦灼。同號相知者，代商解免，皆斂手。惟吾邑黄曉夫先生利通①視之，戒勿驚。文端問故（時功令闈中文未定字額），先生欣然曰：“吾觀君二三藝，縱横馳驟，奄有唐宋大家風味。首藝斂才就範，雖屬成巨集規格，不免島瘦郊寒。若中幅宏其中，而肆其外，斯合三藝爲一律矣。愚不揣譾陋，代爲接構何如?”文端曰：“君猶勇可賈餘耶?”曰：“然。”遂信筆疾揮立就，恰成無縫天衣。文端首肯曰：“此媧皇煉石手段，洵筆補造化，天無功矣。”果掇高榜，闈中閲者，歎爲韓潮蘇海。是科先生亦獲雋焉。二公遂訂莫逆交。然文端躬膺宰輔，先生終老郎官，後四十年，先生卒。文端始序其遺文《懷亭集》十四卷而梓行之，可想見二公之節概矣。

---

① 黄利通（1653—1722），字曉夫，號梧岡，晚號懷亭，湖北黄梅人。清康熙二十年舉人、三十三年進士，歷任廣西賀縣知縣、吏部主事。著有《石亭詩文稿》（十四卷）、《懷亭後集》（十四卷）、《黄梧岡詩文集》（二十八卷）。

抑成大受器

邑諸生紀坤毓學昀，性拘謹剛方，爲邑知名士。善友教，學規嚴肅，生徒憚之，無嚬笑聲，吴森堂太史文林①曾受業焉。聯捷旋里，延紀宴會，禮貌雖恭，意少真摯，紀不懌。及太史謁紀宅時，紀自館家塾，去宅不數武，與塾生講書未畢，招太史至塾。雨後地濕，太史乘輿往，抵門無少待即入，紀愈不懌。太史行稽拜禮，紀不答，呵譴之曰："汝非詢長者起居，實炫翰林聲價耳。吾聞從大夫後，不可徒行。汝甫釋褐，即貴足不履咫尺賤地耶？又聞程子之門，楊時立雪，老夫階前尺土，不堪立此十倍聲價耶？"佯遷怒諸塾生，欲夏楚之。太史長跪自責，若孺子時之負荆請罪也。紀色改，乃起命之坐，坐。命之食，食。太史出，紀謂塾生曰："吾見其英年清貴，恐志得意滿，視天下無難事，謂人莫己若，故抑之成大受器耳。不然，吾豈不慕孟子喜而不寐乎？"後數年，太史仍率其子來學，紀笑曰："汝父能忘老夫不情舉，真孺子可教也。是大人有大量矣。"及太史卒，紀耄年矍鑠，哭以聯云："教憐孺子，慟切夫人。"殊爲簡當。愚按二君饒有古道，可爲當世師生而存市心者鑒。

嚴拒負恩人

石公文璪元吉②，邑名宿也。經濟、文章、醫學，爲時賢冠，艱於遇。乾隆間，兩中副車，名噪京師。當時主試者以不得石某爲恥。時藝借刻他氏，膾炙海内，生徒多掇巍科。其族叔兄弟及戚黨某某等，爲生

---

① 吴文林，字寶書，號森堂，湖北黄梅人。爲諸生名噪郡邑。清道光八年舉人，次年成進士，選庶常，散館授檢討，充國史館纂修。著有《保虚堂文集》。

② 石元吉，字文藻，一字蓉城，湖北黄梅人。清乾隆三十六年、四十二年舉人副榜，曾任崇陽教諭，時受聘修《棗陽縣志》。與修乾隆五十四年《黄梅縣志》，不署己名。著有《易經遵聖》、《春秋闡義》、《周禮爾雅旁訓》、《焚餘憶草》、《醫方通解》等。

童時，家貧，以舉業就正，公憐才，格外曲成，如訓課子弟，所以點竄塗拭者，無不至。後有得科名者，筮仕鄰省，素無音問，公不介意。一日，因他事致書於公，皆尋常寒暄語，與儔人無異，意謂非假館受業，可有挾而友也。公怒，裂其書，仍擲遠，手書於紙尾云："昔劉棻問奇字於揚雄，終身執弟子禮甚恭，一字尚引爲師，重斯文也。君等受業於余，不下數萬言，奚啻師有常尊？豈必如世俗小兒上學行稽拜禮，逢節饋束脩金，始稱之曰吾師乎？彼厚禄故人，書斷絶常也。既以書來，稱謂之間，殊爲失體。飲水忘泉，食果忘本，何喪心病狂若此！足下雖喙長三尺，諒無以自解。"某得書，大慚。復上書謝罪，兼厚遺之。公受書而卻其遺物。

東南雅士

興化成子青渤與江東徐進之宗勉二人相友善，同客都門，時有詩書畫三絶之名，磊落不與人群。索詩畫者，不慊意，雖公卿折節求之，拒弗與。子青嘗衣玉藍緞衫，上書"長慶全集"，自題曰："香山詩身。"又衣紫緞馬褂，徐進之盂金繪蘭其上，取竟體蘭芳。金蘭相契意，皆雅人深致也。都人士以東南雅士目之。

西北高人

黄州西北鄉有方士善六壬奇門諸技，一夕，知竊匪從某方入，豫備卓椅几筵，安排佈置。夜半，匪果突入，不能出圍，東衝西越，身無完膚。及天明，跪喊乞饒。方士笑曰："客來主不顧，實不過意也。"隨手一指，脱然去矣。又長子出爲賈，逾時，方士謂次子曰："汝爲我備一棺，某月日時待用。"次子疑其父自用也。及期，遣人舁至某江干，衆莫測所爲。少頃，江面浮一屍來，撈起則長子也。前二日因風覆舟，漂流至此，不移寸晷，斂而葬於某所。方士已預定山向時日矣。妻尤之曰：

“汝既知兒死於此，宜沮其行，亦可保全，兒之死，死於汝也。”方士曰：“數定，沮之亦無益耳！”黄岡有盜犯越獄案，縣令求卜於方士，判曰：“盜逸千里外，不久必返，當於某月日某地不期而獲三盜，另有一無辜人，合併擒之，須分别處釋。”如期，前三日縣令率群捕向某地訪緝，杳無影響，不勝焦思。時溽暑，偶憩一禪林納凉，見四人同桌拭牌，胥擒之。供稱三人同販藥材，因舟風阻，過此消遣，皆越獄原犯。其一則訓蒙於寺，與盜萍水相逢者也。遂置三盜於法，而釋此訓蒙者。縣令謝方士百金，不受，因其居縣治西北，遺以匾額曰“西北高人”。

被擄連捷

桂保如孝廉月恒①，咸豐七年，被賊擄去。時年甫弱冠，眷屬避亂，寄吾宅。其父焦思涕泣，持金屬人，遍贖未晤，遂絶望。保如在賊中磨折不堪，兼日與官軍交鋒，自分必死。有近地謳者趙某亦被擄，私語桂曰：“君無慮，吾能導君逃，事宜密，洩則死矣。”桂素未識面，不敢答，恐其詐也。趙曰：“我去君家數武，知君累世忠厚，善門子不忍害也，毋我疑！”相習者久之，遂點首，不敢偶語。惟塵几上砂土中畫字。相約一夕，賊熟睡，相與越營牆，出脱虎口數重，幾於萬死一生矣。踰年，克復全楚，大小試並舉，桂七十日内以童生往，以舉人歸。一時傳爲佳話，亦積善家之必有餘慶也。

修橋式微

吾邑好行其德，莫如東鄉桂姓一門，捐助大小橋樑，不下百餘座。無論其他，如白湖渡、沙河岸、夏家河、兩河口等處，創修累舉，約費數萬金。梅邑九省通衢，差使文報往來，行人無虞病涉，厥功偉哉！聞

① 桂月恒，湖北黄梅人。清咸豐八年戊午並補行乙卯科舉人，選授武昌訓導。

當時募修董事者，惟伊姓燦庚力居多，知水利，識土性，度地量工，燭照無遺。家素封，蒼顏皓首，蓬棲露宿，與匠役同甘苦，雖嚴寒酷暑，奔走於冰天炎日中，無倦色，亦無瘁容，歷數十年如一日，家資亦因以罄。值歲時伏臘諸佳節，家人置酒爲壽，請翁歸。翁怒曰："吾橋務未竣，何暇讌飲?"不知有甚佳節也。其專勤如此！人謂其胸有橋癖。橋石交關處，必煮糯米調桐油膏，舂石灰以塗之，方黏以固。翁疑暴殄天物，每晨起，拜日以謝罪。閑時尤喜購殘書，拾零字，而惜之如金。或傳其刲股療親，持齋禮佛，未免跡涉彼道，心究可原也。惜此翁未遇耳！設以勤勞見用，得賢相器使之，司水部，歷封疆，充己溺己饑之懷，矢忘家忘私念，如治河防海諸大務，必能宣力效猷，紓九重宵旰，拯萬民塗炭，功不在循良下。聞桂氏多寖昌，翁後得式微。論者幾疑老天報善或爽，不知篤行積久彌光也。

禦盜辭金幣

咸豐己未冬，予出都門，逾河至新鄭界。聞旅人述前數日，有四川太守入覲返，輿馬行裝甚都麗。旅邸中同寓一客，形容樸素，背負包約三十觔，出資求附陣簷，兼爲執轡。守允之，行數日，有劇盜三，皆馳馬追，徑刃其僕。客出袖中一翦拒之，刃折矣。後二盜狰獰立馬上，一盜以佩刀刺其喉，客銜以口；一盜持槊前來，客舞雙翦，揮二盜伏馬下，一履其尻，一躡其吭，制之若芻狗然。先一盜膽落跪地乞饒，悉擒之，括其馬，得金鐲十餘雙，參茸數百兩，赤貢白鏹各一囊，皆所掠官商物也。守送地方印官，置之法，以所得盜贓酬客勞，詢客由來所負物，示之，則金鋼鑽數升，即治玉補碗器也，約值萬餘金。雙翦亦百煉金鋼爲之，約重四十觔，日藏袖中，而人不覺云。自口外來，盜賊情狀，無不立辨。窺盜垂誕太守裝載，尾其後者數日矣。見太守平易近人，毫無宦派陋習，故藉附車以相衛耳。仍以盜贓歸守曰："此物不祥，囑存地方官，俟有失物者與之，餘賞其僕丁。"守德之曰："君固豪俠義士也。吾失物色於風塵矣。”欲聯爲蘭譜，力辭不允，行至南陽府，不告別而去。惜當時未詳其姓名里居云。

濟人諱姓名

咸豐七年夏，邑西鄉吴寶山孝廉鈺①，攜眷屬避亂湖濱；乘二舟，大舟載男丁、貲財、糧食，小舟載婦女、衣物。渡太白湖，至湖心遇風，小舟輕，漸近岸；大舟重，勢將沈，貲糧已付漂流，吴自分無生理。忽有過載麥船，二人遥望來救，載重猝不能及，遂半投其麥於水，而以己船濟人，吴氏數十口，無一損者。旁有數船，見漂流物，欲覬其利。二人且望而相戒曰：“此刀兵劫年也。不濟人急，而反乘人危，天理斷不能容。”衆船遂返，吴德之，問其里居姓名，爲酬報地。不對而退，後有近地王姓冒名圖謝，與吴氏往來，嘗過從焉，旁人指其詐，遂去。

世兄心無慧

覃谿宫詹翁方綱典試湖北，取榜首，爲吾邑某公也。計偕都門，翁復視學外省，留課其子。某質直，其子不甚受教。某投刺請師母安。翁夫人出，斂衽拜曰：“先生非請某安，必因小兒不受教耳。先生毋以翁某夫婦晚得一子，視爲掌珠而姑息之，若不受教，翁某仍無兒也。”即奉杖以進，先令其子跪，承允受教而後責之。越十餘年，翁少君亦視學某省，道經黄梅，欲造廬省問，而公已下世矣。招世兄會晤，則一褐寬博也，與之談論，無慧，不減周子之兄。少君垂涕曰：“吾師盛德無後，不可解也。貧固非病，吾即欲成就世兄，以報師門，其如無慧何?”但遺金幣以壽師母，長歎數聲而去。君子是以慨然於莫爲之後也。

---

① 吴鈺，字式如，號寶山。年二十即知名。清道光十一年舉人。晚年掌教黄梅調梅書院。著有《聽桐軒詩文集》。

阿母乳留痕

同治三年，水營礮船泊下縣鎮，防賊渡湖也。有礮卒上岸買菜，至豆腐店中，問曰："是處有某駝子否?"一嫗曰："將爺問他何故?"曰："他家前三十年，有一孩子名某，八歲時端午日着紅衣看龍船，含忽不見，有此事否?"嫗轉詰曰："兒子有祖母否?"曰："有。""有母否?"曰："有。"嫗喚二人出而問之，礮卒審視良久，不甚記憶，但顧少嫗曰："媽以乳示我看，左乳下有痕痣否?"嫗示之，即跪而泣曰："吾媽猶在耶?"又顯老媽曰："吾祖母也。"又顧駝子曰："吾爺也。"均悲喜交集。蓋三十年前，其父業船，置兒於船上，登岸市物返，不見兒。以爲失足落水，撈之數日，不料爲鄰幫奸人拐去。問爾猶記此地方否？曰："不記也。"自拐去後，賣與湖南某姓爲兒，道是湖北人。兒初種田，繼貿易，近入營伍，至湖北地方，即訪問至此，會逢其適，亦天假之緣也。白其弁首，皆來賀，且遺以金。後告别曰："兒尚有養我父母與妻子，義不容棄，日後必兩全之。"

先人著述皆心血

鄉先輩某孝廉優於時藝①，苦心孤詣，每試輒冠軍。嘉慶初服，舉於鄉，九試南宫不第，至老猶喜作文；並將生平舊作，逐一更正，經手繕完，書法端楷，訂爲若干卷，擬將原稿付梓，以公同好。因資窘未果。卒後，部選教諭缺出，聞者悼之。家藏書甚富。道光中葉，歲屢饑，其後裔單寒，售書度日，展卷視之，丹黄批評，手澤猶新。有購書者，按集計值，不勝其煩，權以斤兩，升米斤書，交易而退。公心血亦與焉，較掘骸賣土爲更慘矣。先生有知，吾料其柩有聲，如牛憤氣，必透棺而衝霄也。

---

① 疑此人爲黄梅籍嘉慶六年舉人石光榮。

太守雷霆勝雨膏

王太守心一，湖南衡陽人。嘉慶末造，以名進士出守江西，年五十致仕，而其出身籮夫也。其始學二十有六也。少負奇氣，膂力過人，身長面紫，痘斑如鱗。弱冠時，隸名官司牙行，業肩貨役。購一缺，必八十金。王得二缺半，其資本如此。有新任太守出示，禁居民暑月赤身、盤旋髮辮、負擔叫囂等態，限一月變俗，違者立懲。王自若也。太守遇於衢，笞之，問服否？王曰："不知所服。"再笞，再問王曰："未曾犯法，無故加刑，服從何來？"太守指所帖示示之。王曰："小人不識字，不知者無罪。"守曰："爾獨不以耳代目乎？"王曰："小人細民也，明公責以士夫行，毋乃迂甚！亦賤役也，明公律以斯文體，毋乃贅甚！"太守怒其不遜，倍笞之，將械二木以徇。王泥首曰："請問明公是何出身？"曰："進士。"復泥首曰："請問進士是何由來？"曰："讀書。"王笑曰："讀書亦可成進士，小人行將讀書矣。乞恕！"太守壯其言，遂釋之。時王年已二十有六矣。遂售其缺得一百金，向親叔諸生爲塾師者，跪而請曰："願受教。"諸生問何教？曰："讀書。"諸生叱曰："爾何人斯，而能讀書耶？無論爾蠢而愚，喬而野，即年已大且老矣，而能讀書耶？"王以所得二百金復跪而請曰："願以是區區者爲脩金，從公六年，學不成，金不返矣。公不納，侄不休矣。"諸生無奈曰："姑試之。"授以《三字經》，至"蘇老泉，二十七"數語，王笑曰："古人有先我長我而行之者，何嫌我大且老耶？"但動極則静，勞極則倦，終日酣睡，如醉如癡，令跪而讀。少頃，復然，如是者有年。因自怨艾，猛醒奮發字句，雖已上口，時過輒即遺亡，如是者又有年。曉以意義，授以文章，誦讀漸能記憶，講解稍知會通，沉吟反復，寒暑晝夜，不輟也。至三四年，過目即能成誦，文思勃發，語必驚人，遂成破竹之勢。閲五年，入泮，學使推爲雋才，六七年而鄉會聯捷矣。時年三十有三也。又數年，由詞曹出守江西。一日投刺謁某先達，主人不果出，亟請之，乃見。北面稽首，行弟子禮，俯而泣曰："雷霆之恩，甚於雨露，公之玉成，在化育生成上，僕非公無今日也。"主人不解所謂，因問君與某有何情誼，而謙冲若此。對曰："即當日籮夫某某也，出千金爲贄儀。"其人且慚且訝曰："肉眼無珠，豈意昔日凡夫，今日公祖耶？"相與款洽，歎賞而别。蓋此公讀書七年，成進士，又六年爲太守，筮仕十餘年，以五十致仕回籍後，接見守土官，述其顛末於邑侯。邑侯即吾梅帥君承洙①也。

祖筵置溺器

某豪右家有銀倉，租以萬計，極驕奢。以銀製溺器，外飾龍鳳，罩以繡花綴套，至佃收租，置佃人祖筵上，一俠漢見而怪之，問何物。紿曰："盛人參湯器也。"俠漢啓視，聞臭味，知之曰："請飲。"不從，就其口而灌之，乃直言曰："是溺耳。"俠士怒曰："爾以溺污人祖宗，彼即佃爾田，何狎視乃爾？况上有天地君親師等字，豈不傷天害理耶？"即以此物擊其頭面，尿血並流，鼠竄而去。後生一兒，開賀百天。周歲時，一老僕抱至門前豆腐店嬉游，兒知跳躍，僕戲問曰："看你如許家貲，是怎樣跳得了？"不三十年，即庸是宅，爲磨役。是兒蕩敗時，狎一優爲乾兒。優去，送至江干，立而望之。優欲壑未飽，在舟中露前陰而嫚駡之。彼望而泣曰："孩子示我以下身，凉矣。"置繡花湖縐袴以遺之。變産書券，不耐煩，刊一板，僅填字於空白。有某叟售其産，容甚樸陋。彼藐視曰："這厮能買我田，但以頭頂硯而跪受，不索其值。"叟從之，即跪而頂硯，果書券而遺之，其癡獃如此！嗚乎！未有滿而不覆者，早於乃父置溺器時，已知之矣！

厨缸戴水瓢

鄰縣某少年，性狡黠，習於邪僻，通某婦。某婦先與屠者有私，及

---

① 帥承洙，字遵魯，号东嚴，湖北黄梅人。清嘉慶六年拔贡。

通少年，遂疏屠者。屠者怒，欲殺之。一夕，伺少年入某婦家，先鎖其後門，而操利刃於前門以待之。夜深，枕刃假寐，少年從後門出，門已錮矣。遂陰啓前門，見一人枕刃鼾睡，即盜其刃而入，以示某婦曰："刺吾者倦卧，吾已得其刃矣。可放心再與爾歡。"屠者覺而失刃，料爲少年偷入，即闖門進。少年裸身，不及避，潛藏厨下水缸内，以水瓢覆其首。屠者索及水缸，下見缸水盈盈，瓢浮水面，微撥之，少年頭亦擺動，若瓢隨水漾，自爲浮盪然。屠來不疑，再索他所。少年急從前門出，屠者追之，少年曰："趕人不過百步外，爾刃在吾手矣。"時值秋末，因此得攣踠疾，顛連數年，曲促如蝦狀。醫者謂精洩後，寒入骨髓，不可治也。

派升三代

某孝廉氣習乖僻，出宰畿輔，以才具疏懶休致，日與同室少年博。族中尊長，稱其字派者，叱爲侮慢官長。親屬規勸曰："敬人者，人恒敬；欲人重君，君宜自重也。聖人從大夫後，鄉黨且恂恂，況宗族乎？"孝廉不懌，宗族中無一與言者。及序譜屬其主稿，孝廉曰："欲借我光，派升三代，方可同譜，否則譜者自譜，毋溷我！"或詰之曰："即如君言，將升君於曾祖考之上乎？抑將君與曾祖考而並升乎？升君於曾祖考之上，則置曾祖考於何地矣。君與曾祖考並升，則曾祖考所自出居何等矣？且勿論曾祖考所自出，而與君同曾祖考者，即與君同派，升則俱升，雖升猶未升也。欲升三代，請自誰始？"孝廉語塞，遂不入譜。吾爲孝廉援一例，昔唐時有尚主者，公主不願稱夫之父爲舅，謀於皇父。皇父命易其夫之父爲子，子爲父，則便於稱謂。代孝廉置一詞曰："請自隗始。"

貲列二肥

某諸生同胞三人，諸生居長，分析家貲，歸其主持。操作三股剖，二股肥，一股瘠，意謂憑鬮拈定，必遇一肥。啓視則獨得一瘠者焉，憤而且慚。見以逆施者，自以逆報也。

假手驅父

邑明經蔣雲濤瀚，父亦諸生。雲濤爲諸生時，處館某隣家，其弟與某子弟有隙。某子弟父亦諸生，某子弟因隙而驅雲濤父。雲濤聞之，不屑與某子弟較，而徑驅某子弟父。某子弟譁然，欲啓釁而訟。雲濤先鳴其家之有聲勢者爲護符。有聲勢者笑曰：“爾自驅爾父耳，猶怪人耶？爾易父而驅之，以爲戲耳，猶訟人耶？”某子弟曰：“此語何來？”曰：“爾不聞孟子言殺人之父，人亦殺其父乎？况以情理論，爾因隙而驅老先生，忘師背義，不免而逆徒。彼圖報而力争上游，先法制人，猶得爲孝子。以勢分論，爾以童生而驅諸生，是爲辱衿；彼以秀才而驅秀才，猶爲敵體。若以我斷斯獄，責爾手心十下，庸人自擾，爾先賠老先生禮，而後賠師禮；其弟賠爾父禮，而不賠爾禮。”其人慚忿而去，事遂寢。予按此君之言，雖以恢諧出之，亦鐵案難移也。可爲黨惡倚勢者訓。

學拳禦兄

某兄弟三人，其父母愛憐少子，析産未免稍厚。父故，兄蓄怨，屢肆欺凌，弟某拒之，不勝。遂持十金延善拳者，習技禦之。訪於相知，相知者曰：“若兄素强悍，十金學武藝，不足禦也。况武藝非三五年不成，待爾技熟，已爲爾兄拳下鬼矣。”某曰：“然則奈何？”相知者曰：“予近年遇一賣武者，署標云：‘打盡天下無敵手’。授予秘訣。屢試屢驗，輒中人要害，自後無敢侮予者。”某曰：“須幾時學成？”曰：“秘訣在片刻耳。”某大喜，願受教。相知者有難色，固請，乃曰：“授予若干金。”曰：“十金。”不應，曰：“十五金。”不應，曰：“二十金。”應之，邀至密室，進酒肉飽食，相知者曰：“予不但有拳法，兼有咒語，爾作爾兄打爾勢，吾立以待之。”某摩拳以進，相知者即退數步，忙跪連叩頭曰："哥哥息怒，老弟該打。"連叩連語，不休。某曰："明明教我以拳咒，何嬉戲爲?"笑曰："拳在是，咒亦在是。"即以原金還曰："爾每歲貸人生息，哥哥不過愛占小便宜，爾稍喫虧，以息與之，又叩頭謝罪，便中其要害矣。嗣後定不打爾。"某曰："若持兇器來，不及叩頭下跪奈何?"曰："吾又有一字秘訣也，跑而已。俟其怒息而再行之，可以'打盡天下無敵手'也，況爾兄乎?"

活風水

予讀《春秋傳》至徵舒似汝亦似君，竊歎陳君臣言之醜也。左素臣亦善戲謔矣。豈意今不異於古所云耶? 客有談活風水者，言下江某孝廉，通於某婦，生子，器宇清華。酷肖孝廉長子，尤奇孝廉能文，某婦子亦能文。弱冠登科，其中式卷，奄有孝廉風。後孝廉仕知縣，某婦子亦仕知縣，咸羡某婦得活風水。惜孝廉遺真骨脈，正栽樹不如插樹活耳。故孝廉子無聞焉。客自束髮時，僑居縣治，去某婦宅不數武。見年逾半百，丰姿綽約，殘菊猶能傲霜，雖非絶色，實冶容焉。聞其當道時，與諸少年爲樗蒱戲，不需白鏹青蚨，但出乳當彩，下一孤注，勝則奇貨可居，負則取懷而予。諸少年争相撫摩，笑謂萬貫孔方兄，不如一對雞頭肉也。其子淫行，視假父尤跨竈。鄉薦後，占某聘妻爲妾，事聞邑侯，斷捐重資，以貽前夫，事乃已。及中州作宰，潘輿迎養，一對雞頭肉，承七品鶴俸歡，亦活風水力也。然接木成實，種子恒變，本先撥矣，枝奚存乎?卒，禋祀仍絶。骸骨難歸，亦天道禍淫，理也。近有貴顯聰秀冠時，未弱冠，入詞曹。甫强仕，督兩江，擁兵自衛，被逮正法。僉云，得家主活風水力，亦無結局。

巧姻緣

邑王某女，自幼許翟某子爲婦，昏嫁有期，壻被賊擄。女年二十一，逾年，王謂翟曰：“女大須嫁，壻歸無期，奈何!”翟曰：“待吾兒三年不歸，而後嫁，未晚也。”及期，王擬再配，女謂父曰：“再待三年不來，而後嫁，豈晚乎?”又及期，女如前言，父母不允。已筮日再配，女有難色。兄嫂尤之曰：“古來征戰幾人回? 嫁不及時，如此亂世，能免强暴污乎?”女請再俟一年。先是翟某子逃入官兵，已保舉軍功矣。乞假歸，去家稍遠，日漸暮。途中自忖曰：“此近岳父母家，盍便道省問?”將入門，時近黄昏，見車馬盈門，燈燭輝煌，賓朋滿室，且卻且前，方問此宅有何讌慶，一老諦視大笑曰：“吾翟壻歸來乎?”舉宅譁然，衆賓咸相賀曰：“姻緣真凑巧，稍遲一刻無及也。”時女已易新婦裝，將就輿矣。即解釵釧，破涕爲笑。惟新郎某氏子，於邑無色。兒童歌曰：“望夫石頭不生草，新郎那比舊郎好。舊郎歸去新郎羞，造物安排不自由。”

虐養媳自經

鄰右胡某爲其子聘王某女，王家貧，女年十三，適胡爲童養媳。胡某妻最悍，夫不能制，委童婦與貓犬同飲食。冬不與衾，膚裂如冰；夏不與帳，蚊齧如麻。一家食指浩繁，僅令童婦操井臼，日不暇給，目以懶，輒錐刺之。其女年十七，迎母意，亦加凌辱，屢譖童婦偷食物，爆以燈火百壯。王某妻聞而惻憤，招鄰婦極悍者五六人，持錐一桿，麥一盂，將胡妻兩股鑽一錐，納一麥，名曰種大麥。又攜棘一束，貓一尾，置貓於胡妻袴囊，而撻以棘，名曰貓爬胯。於其女亦然。胡妻自懲創後，鋭稍挫矣。逾年，故態復萌，其夫恐之曰：“爾猶配貓爬胯乎?”妻曰：“爾欲蓄爲貓扒灰耳。”扒灰者，翁通婦之則名也。童婦卒遭磨折而亡。王某以積憤訴於官，官即南昌夏憩亭方伯也。時涖梅來驗，見童婦骨如豺瘦，身無完膚。憐其苦，畀以棺衾，判超度以慰幽魂，而安王某。胡妻聞隸役叱喝聲，恐官法之嚴，必更甚於種麥爬胯之苦，亦雉經而亡，案遂罷。時道光庚子秋七月也。予親見其事。

布衣曰：“湯卿謀嘗謂天下有三可哭：一哭國家大事不可爲，再哭文章不遇知己，三哭淪落不偶佳人。予謂古今有三大恨：一恨孤孽不得於君親，再恨側室不得於嫡，三恨童婦不得於姑。而童婦之恨爲尤甚。何則？孤孽未遂，生前猶留死後之名；側室雖受妒婦凌，猶鍾夫壻愛；惟童婦則煢煢在疚，將訴於夫耶？而童子無知，年少不能自主。俗情難免，啓口便覺羞顔。將訴於母耶？而誼存體統，家醜不堪外傳。路隔天涯，遠水難救近火。一旦磨折而死，不以爲失足，即以爲病故。此海底難撈之冤，盤古未翻之案也。余目擊悍婦斃童女者，不知凡幾。一見虐童婦者，未有不痛心而切齒也。今觀胡某妻，律無抵命之條，夏侯即嚴明，未必置之死地，而自令若是，是王法所可宥，而天理所不容也。謂非多行不義，必自斃之證與？世之送童養媳者，可以審矣！世之豢童養媳者，可以鑒矣！"

縱惡兒得報

某豪家蓄婢，其子孫十一二歲者，戲作馬騎，令其手足蛇行，婢膝膚挫見骨，仍騎之。婢不堪，加以棰楚。其父母從旁笑駡曰："吾兒習熟騎馬，異日好中武狀元，賤子何不願相公騎着耶？"亟鞭策之。家失火，婢遭焚，通體糜爛，委空倉中。諸騎兒以礮竹插入糞門，放之以爲戲焉。又引雄雞啄火創結痂處，其父母亦目笑存之，不數年家灰無立錐地，騎馬兒從賊去，盡殲焉。

鈴繫婢舌

某世家子弟，避亂僑居東山鎮陳祠内，夫婦吸食洋煙，蓄一婢，十三四歲，日夜伺候，無頃刻休。因婢疲倦睡，以碗盛水，置頂上，水撥即捶楚之，睡仍不止。復穿其唇舌，繫一鈴一錢，引長線於榻畔。婢睡則曳線而摇其鈴，鈴響，婢即醒矣，口不能食，血涔涔下。一丐視之，大爲不平，佯求喫，故作刁難，得飯要米，得米要錢，得錢要衣銀，相争嚷而鬥毆焉。丐曰："老子豈屑受爾嗟蹴物哉？不過藉此舒憤耳。老子凌辱爾，願爾送老子到官，爲若婢伸冤。人有貴賤，皮肉一般。我大清律例，無此刑法，但聞閻王有鉤舌之説。爾異日在冥中受罪我未必親見，不如我今日權作活閻王，使爾夫婦一嘗此味，以快我心。"言訖，即操大錐，以巨繩繫一稱錘，逕捉其口而箝其舌。某夫婦懼而乞哀，呼人解婢舌上線，頻來省視，若婢娘家然。人謂此丐乃義俠者流，亦信。

鉗烙妾陰

東山鎮魯某年邁無子，親屬分其産，妻無耐，爲置妾。初勉强相容，不數日妒態萌矣，不令當夕。偶出，夫偷合之，歸拷妾而得其情，忿極，謀以宫刑加夫。或曉之曰："置夫於死地者，凌遲也。縱不死，去此玩弄物於妾不利，於爾何利乎？爾置妾求嗣，恐人争家産，爾反争此事耶？"答曰："吾寧衆人分我産，不肯讓婢媵占我夫也。"遂舍夫而怒妾，燒赤鉗以烙其陰，潰爛不堪，稍愈，復烙。夫憐妾苦，白族屬出之，不數月生男矣。即前此偷合受胎也。後索男，别家拒不與，遂絶嗣。夫没，妻坐視分産，向隅飲泣，死而不悔。

逼女改嫁

某贈君爲諸生時雖赤貧，稍自好。因子鄉薦後，貪鄙異常，鄉族有事，無不染指，漸爲士林所不齒。數年家亦小康，而行爲愈劣。族有室女，聘壻被賊擄，女願守貞待夫。諸生覬其利，勸女父曰："壻歸無期，女大須嫁，趁此青年，猶得士夫。嫁不及時，能免厖吠乎？"父然之，諸生父子爲媒，索聘金而私受賄。女泣父前，求待原夫。諸生屬其父强逼之，女鬱憤成疾，遂致癲狂。臨嫁時，左衝右突，頭觸石而亡。

送婦還婚

邑諸生石君延齡淦，明忠烈有恒先生裔也。舌耕度日，其族叔某，年五十無子，娶妻係某童養婦而未婚者。歲終，債迫無聊，遂售婦以償。婦抵石宅時，小除夕，淚下如雨，衆異之。諸生知有故，問之，婦曰："妾已有夫，翁姑産子一，即妾夫也。養妾有年矣，今作別家婦，翁姑貧老垂死，無人服事，妾不忍棄。"言畢痛哭，令人不忍聞。諸生謂其族叔曰："娶妻爲綿宗支，若絶人宗支，能自綿其宗支乎？吾觀此女貞孝自守，奪其志，必不甘。天下多婦人，何必是？且相去不遠，不如還之，完人骨肉。是一陰騭，將來後嗣必昌。"叔曰："彼受吾值耳。"諸生以所得館金，計值與之。比夜，仰原輿親詣送婦還家，遺衾一具，布二端，屬其翁姑曰："是夕良夕，汝子婦可及時婚配矣。"酒饌花燭，悉雜陳焉。皆其叔家備物也。厥明始返。翌日，詣所識諸殷實者，朋貲以遺其翁姑，爲善後計。後某家與其叔人丁繁衍，諸生力也。諸生後亦昌。按諸生幼極貧，無力事師，自發憤於學，爲邑知名士。性慷直，矜氣節，有義俠風。嘗館某貴顯家，日御珍羞，脩金百計，意不合，立辭去，退館鄉村，饘粥莫繼，泊如也。友某坐法，罹獄乏食，親橐饘問視，貺獄卒，稍寬桎梏，使得休，兼撫其創。友下痢獄中，無盛穢器，手攜溺桶遺之，白日過市，人皆不堪，諸生仍自若。觀於此，可以廉頑立懦矣。

賣脱父親能抵課

吾鄉自粵逆猖獗，貧民多挾賊淩富，而佃風大壞，舞弊名色多，儲種時，預計謀長鬚，名曰鐵毛。早割稻時，另自堆積，名曰蓄鬚槍。落實時，不用碌碡，名曰打吊滾。抖草時，濕地露宿，名曰曬夜日。掀穀時，先取上風，名曰抽飯穀。量戽時，箕口輕近，名曰做手法。是區區者，能有幾何，經如許術弄？又加以包心墊底，攙砂土和空殼，空殼不足，互相乞假，所有遲早黏穮穗葉，盡付課穀内。曾聞某送穀納課，一坦直者見而歎曰："此中尚有穀，若以擁牛欄燒糞腳，殊爲可惜。"彼笑曰："吾送課穀耳。"無怪乎籮穀不及二十斤，石穀不滿一舁米也。此種佃風，除山業外，闔邑皆然，而西北鄉尤甚。西北之中，而金陵、元角、什村、茶兒等鎮尤甚。同治中興，邑侯見糧户坑於惡佃，出示勒碑，定議二穀一米，無鬚者每籮重四十斤，净有鬚者，每籮重三十斤，净均以黄梅秤二十兩爲率。無奈貧人多，富人少，群起而揶揄之，口衆我寡，柔儒者欲控究而力有不能，單寒者欲遲延而迫不及，計無復之，仍作掩耳盗鈴態。邑中豪族，雖未收三十斤净，尚在二十八九斤之間，而怨聲載道，遂以爲麻冕拜下，古制不能驟復也。有某姓人，闔家計議曰："積重者難返，今秋課穀，難符公議，但如某豪族稍爲差等可矣。再下者勿收。"而地方刁佃，醵飲聚盟，咸謂非捨命，不能見。同輩中某年近七十，説其子曰："若翁老矣，去日多，來日少。留此餘生何益？不如行便宜事，生者得錢穀金銀，死者受衣棺超度，如此以挫富鋭，不惟抵課，且發財矣。"子稱善，父有難色曰："人皆欲坐享成福，我何必作俑自苦？"子怒其父異議，叱曰："爾往死，尚其棺木；爾貪生，誰肯奉養？自後想一粒米入口不得矣。"父含淚往，近東宅不數武，即吞煙土。二隣人偕往，故意與東争論，煙毒發矣，墮地即斃，議和，鄰族及其子，瓜分二百金，領屍歸，恰中其計。愚謂某東若挾此金控官根究，是子逼父命，朋奸圖賴，而佃風懲矣。惜某之不成丈夫而畏事也。

打死老子不賴人

老洲上某父子二人，夏日並鋤棉草。父目昏花，不時誤傷棉苗，子屢詈之。父受訶譴，愈慌忙，傷苗更甚。子怒隨手揮鋤一擊，時父正俯首鋤棉，不及覺避，適中天靈蓋，而父斃矣。鄰人首於官，繫子於獄，官以弒逆大故，擬委曲求全，稍從末減。鞫訊時，不無挑卸惜事。子厲聲曰："我父子兩人，共鋤棉草，父傷棉苗，我擊父首，自己打死自己老子，不圖賴他人，不赴愬官府，與鄰右地保何干？與爺臺書差何涉？正是農忙時景，何必拘累於我？”公然起，趨而出。此覆載難容之事，而冥頑不靈若斯！聖王所以下車泣罪也！嗚乎！是誰之責與！

雀頂上頭喫喜酒

道光十年，蘄州某赴試黄郡，游赤壁，遇武漢人，衣極都麗，相與接談，如舊相識。翌日，至某寓，私語曰：“我乃學院爨案胥也。秀才捷徑，衹費三百金。”某欣然許，約某日至安國寺竹嘯軒中會姑舅二老爺講話。如期，某往候，果二人自舟中乘四轎來。案胥曰：“請相公拜老師行禮。”二人答揖曰：“師生如父子，不必拘儀文，但作三篇足色文耳。”即三百金隱語也。仍乘轎歸舟，及學院臨黄，案胥約進場前二日秤銀加封，榜出便兑，商於予。予曰：“此掣騙挑包局也。勿爲所愚。”遂諱之，旋商其蒙師向、李二人，均言與予同。吴猶豫未決，向曰：“如不信，即就其計擒之，可獲重利。”某從之，雇健僕數人，向素善拳勇，亦與焉。及夜分，案胥姑舅二老爺偕至，入門，以手拍某頭曰：“恭喜恭喜，頂子上頭矣。明日定喫喜酒。”向、李帳中躍出曰：“好銀好銀，見財有分矣。今日已辦便酒。”三人見事不諧，急趨出，而門已反錮，即滅燈銜瓦逸。健僕從牀下突出，曳足墮地，塊然有聲。縛之，剥其衣，皆美錦重裘，兩肩下左右帖膚處，有雙鬚鐵鉤三層，挂銀包六件，已戳封署，共計銀三百兩，即豫備秤銀時挑包物也。拆視之，中皆鉛鐵，兼有書云：“君等讀書求名，宜守分安命，豈有秀才可買之理？我輩生涯貿易，因折本無資，姑爲把勢想方之局。但有福相公善退財，災生禍免；毋忠厚君子幹拙事，命隨亡錢。倘後日逢君相償，定權子母；若前生該我還債，免變豬牛。大丈夫有志竟成，及時學書學劍；苦心人鬱極必發，指日奪魁奪元。敬布芻蕘，望開茅塞”等語。時嚴霜夜半，三人裸衣伏地，肉皆赤矣。哀求賞衣釋放。衆佯言俟天明送提調官審訊。詢其姓名執業，不供。向曰：“拿喜酒來！”健僕攜溺壺進，某笑曰：“請姑舅二老爺，不腆膠醇，敬爲老師壽!”僕握發箝口灌之，鼻皆出血。案胥知不免，張口就飲。吴笑曰：“先生量大，請再斟一壺。”乃吐實。案胥係省城撫街口鬻筆人，姑舅二老爺，一則開設澡塘，一則嘗爲承差，即學使前手執烏蛇鞭，頭戴老鴉翎，而高冠岌岌者也。同夥三十餘人，以船爲寓。得彩即遁，防人燭破其奸也。八屬入其圈套者，以十數。麻、羅、岡、水，尤多行之，數届無有犯之者。雞鳴時，黨與見未歸船來，偵探接應，門外棒棍，戛然有聲，計圖奪出。聞室内人聲喧嘩，不敢逞，至黎明始散。三人猶叩頭乞饒，遂釋之。使人尾其後，果由漢川門出。所剥衣服約值二百餘金，向、李各分鶴氅、狐白裘焉。越翌日，夜仍納書於門隙内，皆恐嚇語，欲其擲還原衣，否則劫命行刺，卒無影響。

牛皮掌嘴帖工錢

某車傭，素零丁，年逾三十，積值娶婦，囊金而來營販，遂豐於財。目不識丁，納貲捐貢。子一，鈍於學，望其成名若渴。時鮑覺生閣學視學楚北，其幕友在外招摇，許五百金，場中授文稿取進。約先期在蘄水縣興賢莊内看銀封固，書立券據。後至郡榜出時交兑。及期，二比人皆至。是莊素有文昌神像，正封銀時，門外鑼聲驟至，輿馬騶從，十餘人傳呼入云：“縣太爺來此行香，驅逐閑人。”叱咤聲甚厲。某措手不及，倉皇裹銀憩廊簷下，覆以衣。官行香畢，顧謂騶從曰：“這一行人，麞頭鹿耳，形跡可疑，幹是甚事？着搜驗之!”皆股栗，果得銀包券據。官設座拷問，各披頰數十，遂吐實。官怒曰：“私售名器，舞弊過贓，大干法律。”繳其銀包券據，即將幕友鎖去，按例究辦。某貢生父子交莊僧看守，候移文該縣查核。某貢生懼慚賂僧，質子私歸，復取百金贖之，竟無事。後始悟其入掣騙者之圈套也。諺云：“鍾馗嫁女，抬轎皆鬼。”即此類也。貢生是强項伎倆，恥人目其金盡。歲終，猶勉置數百金産焉。

宫父凌遲處死

某生數子，妻故，置一妾。其子惡之，嫉其將來生子而分析家産也。一夕，飲父酒，乘其醉而宫之。父眩暈幾絶，後得調治，處幽室中，旋蘇。父溺愛情深，知子罪在不赦，遂匿之。妾觖望，首之官。官縶於獄，判曰："以子宫父，父雖未死而其造意狠毒，即置父於死地而不恤。凡誤傷父命，情節有可憫惜者，尚置重典，所以嚴弑逆之大防也。似此大逆無道，宜與故殺其親者同一究治。"遂擬凌遲處死，以爲梟獍者懲。

蒸母暴裂自亡

某宦門子弟，日習淫亂，族戚子女過其廬者輒思染指。年近五十喪妻，以少年託名娶人幼女。女甚婉孌，少前妻子數歲。及某年邁，不遂女欲，前妻第二子亦諸生，貌極清揚，遂蒸焉。諸生性英敏，累膺房薦，爲一邑所推。後旦晚目中恍有所見，聞雷畏避，恐遭天誅，因自道其有衛公子頑行，以求懺悔。旋得暴疾，腹裂而死，子亦夭。其父有衛宣公行，諸生所爲，亦其父教之也。至今盗娼其後皆與焉。

兄終弟及

鄉村愚民，不知禮義法律，往往有童養婦在家，無論已未婚配，有無男女，而兄終弟及或弟死兄繼者，取其家務熟悉，人口和睦，並能省一切婚媒費也。嘗見某氏子，兄故納嫂爲妻，族人未得酒食。及生一男，將及歲，舉族譁然，揚言出其嫂而埋其弟。納者知事不諧，置嬰兒於死以塞口。再延宗族之劣衿及諸無賴者讌飲，勸令女家父母，另立庚書，以寢其事。又有某氏子，其弟已婚配有年，忽被賊擄未歸。其兄鰥居，私納弟婦爲妻，女母家無賴及劣衿數人，造門省問，陽言爲女擇配，陰實圖射利分肥。往返數次，納者托媒勸釋，賄金若干，諸無賴瓜分，另立庚書，大噱醉而歸。後姻婭往來，稱乎移易，恬不爲怪，此傷天害理事，大干法紀。按律例，弟納兄妻者斬，兄納弟妻者絞。户族尊長及鄰右知情不舉者以黨惡論。所以正倫常、端風化也。在愚民誤於不知，好恬静者，知而不言，或事已成，以爲多一事不如省一事，甚非訓俗型方之道也。宜平日曉以禮義，諭以法律，杜其漸而防其微，斯得耳。《周禮》率民讀邦法，並聖諭，講法律以警愚頑，意深遠矣。

母與子通

某少年鰥居，欲娶妻；家有老母，欲再醮。俱未果。朝夕相聚，釀爲鶉奔之章。然宣姜與頑，尚非所出，兹更黑天也。然遭雷顯，未隕命，遂相語曰："吾母子行爲，天所不容。既爲莫諱，不如作禽獸狀。自處於禽獸，天必以禽獸恕之。"自後苟合，至豬牛欄中，無慮也。逾年，産一胎。男女各一，男人面牛身，女人面豬身。子母畏懼，溺斃，置空室中，乘夜棄之。復蘇，啼哭不與人異，行走與豬牛同，觀者如堵，閲三日自斃，天欲播其惡也。

一棒傾叔命

道光初年，某叔侄分爨同居，家小康。二小兒相鬥，嬸母笞侄，小兒且罵之，侄婦不遜，遂口角焉。侄婦素悍惡，屈於尊，不敢與鬥。其夫自外歸，愬之曰："打狗尚欺主，况渠兒打我兒，其母又繼之，何欺人太甚?"其夫方食，曰："耳不聽，肚不煩，彼罵我亦罵，如欲理論，飯後不遲。"婦奪其夫食曰："賤子太無用，無閑飯食爾。"激夫去，婦授以棒。其叔出護兒，一棒其叔斃矣。夫亦斃獄中。家敗人亡，婦一言也。諺云："家有賢妻，夫不遭横事。"洵然!

半足墮妻胎

陳某嫗素悍潑，且多言，日夕嘵嘵無一刻休。尤虐子婦，常誣以偷竊飲食。其子知母多方，置勿論。一日，子自外歸，督令責婦，子有難色。嫗嚷之曰："爾順妻逆母，今日偷嘴爾不管，異日偷人，叫誰管乎?"兒怒，向婦一足，直中丹田。適婦孕彌月，子母二命俱亡。婦母家欲首，隣族挽和，傾貲超度。家遂灰，嗣亦絶。

秀才被戕淫嫂報

某諸生與兄分居有年，兄歿，忽然聚處，人嘉其如包孝肅之事孀嫂如母，便於敬奉也。孰知青燈好對嫂嫂，黄泉難對哥哥，竹影斧聲，不無疑案。咸豐七年，粤逆踞梅，擄諸生爲僞簿書官，間或歸家，攜衣釵甘旨爲嫂承歡。三月十六，官兵破陶家嶺賊營七座，馬步二隊，一舉斃盜七千餘，諸生與焉。士人掩其屍，心腹腎腸已爲兵勇剖食矣，其亦有果報耶?當事者猶附其名於昭忠祠内，愧矣!

詞曹托缽挾姬游

某編修幸入詞曹，舉業甚疏，官階亦鈍。居都門時，名士自詡，沉溺聲色，姬妾盈門；薪水不繼，托缽宦游，雛姬載道，揮金如土，尤炫清班名色，招摇撞騙。時而督勇勸捐，時而貪緣干謁，致聲名狼藉，物議紛騰，彈章屢挂，到處難容。猶復誣造蜚語，慷慨沽名，真無忌憚之小人也!

殺命保命休填命

嘉慶中葉，廣濟朱左兒、右兒兄弟，豐於財，頗慳吝。鄉黨無賴，咸生覬覦，屢肆偷竊，輒被擒撻，而送之官，受創甚。糾衆無賴，搶奪其家以復仇。朱偵知其事，豫防之。居屋牆高，嚴塞户牖，僅留門一扉，半闔，後抵以石，側身方可出入。半夜，無賴明火持刀闖入，朱伺扉陰，利刃刺其胸腹，抽身退，立斃一無賴，繼之又斃，如是者三。衆無賴寒心，厥明始散。以殺命保命自首，驗屬實符，格殺勿論，例免究。

生才憐才遂因才

某殿撰，詩人也，最憐才。夫人姬妾，皆能詩。督楚時，幕中招致名流，不下百十人，日共謳吟，兼與其愛姬相唱和。一詩人英年，爲門下士，唱和中饒有情致。情動於中，故形於聲，聲應者，氣自求，不禁相攜去。嗾令箭追之，欲置重典。一幕友曰："公憐才，美人亦憐才。才與才偶，公憐之，實公教之也。納之不雅，離之可惜，不若體造物生才之心，副我公憐才之意，各如其意，以予之，使無一夫之不獲，亦燮理陰陽之道也，若何?"遂不問。

一錢不換幾填命

停前鎮姚某，買周某魚，内用一毛錢，應換不換，相持不下。始相争，繼相詈，終相鬥。姚一足踢周小腹，周墮地。姚見事不諧，棄魚與錢而逸。市人執赴官，予四十杖，罰十五金，延醫調治，日夜服事，爲周滌便承溺。姚妻聞信，懼夫填命且灰家，投繯幾死。幸周某醫早得生，不然姚某一命，不值半文錢也。

寸地相争遂破家

安陸某孝廉，造房屋與同祖叔争一牆基尺寸地，相持不下，致犯上不遜。戚族調處，一讓地，一服禮。叔未爲不可，而侄項强，遂興訟。

邑令飭孝廉不應以家常細故，目無尊長，致干重咎，婉語勸其忍讓禮下，以敦和睦。孝廉愈無忌憚。令怒，據實詳究，控至司院，返遭褫革，破家貲以萬計，屋亦爲他人有。

捋腳桿

某進士，性穎悟，文極清剛，刮削過甚，貌亦如之。身頎而長，下體尤修。相者評其終身云："始如田間青鷺，中如雲中白鶴，晚如澤畔烏雞。福澤亦然。"降生時，有某寺僧至其家，方索茶，延待，須臾不見。俄聞兒啼，即此公生也。幼赤貧，寄食樗蒲家，即近日賭局也。酷暑夜，曲促蹲几下，兩手輪流捋人腳桿，代撲蚊也。可人意，即擲錢地下，拾以度日，亦諺云打地雪之流亞也。少長，鬻松毛於茶室，寢其突而衾其薪。主人厭之，去傭某豪族，爲塾中役箕帚，聞人讀詩文，過耳成誦，兼領意旨。爲塾生代倩，動中竅會。塾師奇之，言於豪使，釋役授以業，給膏火而成就之。數年，游庠序有聲，得高榜，旋捷南宮，宰吳越，財賦藪也。習於奢侈，一頓飯，抵中人一歲之産，備極精緻，稍不可口，持饌具沸湯，喚庖人跪，淋其首。一外褂，值五百金，餘可例推。歲進數萬，不足供其揮霍。子三，長、次英俊，早亡，季溺聲色，揮金如土，致官項歉缺，遂褫職，籍産入官，依然舊家風焉。至暮年，爨火久虚，手撮糠粃，以供口腹，可謂無聊之極矣。然其得志時，乘肩輿，過表叔某翁於衢，覿面如不相識。某翁曳下輿，指擊其額曰："爾不記寒時向吾挨面皮，也記熟時爲人捋腳桿乎?"且慚且謝。業師某翁，即前時釋役而給膏火者也。自通籍以至筮仕，無一寒暄語相及，況饋遺乎? 抄家後，困頓如前。師已歿，將稱貸於世兄，先書師墓誌一紙，兼致書以鳴其近況，越數日，而肩輿臨門矣。某世兄拒於門曰："我家無此世誼也。若果有之，先君在日，何不見若一行書耶?"不及答，擲前書於外，哄然有聲，其門闔矣。恧然而返。輿夫索工食，窘甚，褫衣去。

布衣曰："此公寒微起身，應練達而爲老成，竟約樂不可久處，甚矣！不變塞之難也！宜其坎坷終身也！”

剥皮亭

某廩生，幼以貌著名，有初日芙蓉之目。逢考試，專以槍冒，夤緣撞騙愚人爲事。變産捐廣文，而不能赴任。因設賭局，私屬黨與，聚豪華子弟於家，酒食極豐盈，賭具藏奸，隨人所好而投之。日不足，繼之以燭，乘人倦眼曚曨，精神疲憊，出子女雜處其中，而移其孤注，覬其籌碼，遂使勝者亦負。負者當令書券，勝者及時飽囊。黨與張羅，歸其掌握，坐收漁人之利焉。結局，時人皆典田賣地，甚至脱衣質押，遂呼其宅爲剥皮亭，今售他姓矣。

家兔跟隨野兔走

居官用僕婢，以攏本籍人爲上。生其水土，知其人心，自能習其教訓。其次莫如相知者，曾試用而吹薦之。否則老成居家者，導引而保認之。若萍逢濫收，未有不受其害。近日大鎮市多有之，而都中尤甚。蓋無根蒂者，偷竊舞弊猶小也。惟誘内眷游玩廟宇、花局、廠甸、古跡、集市等處，一車拐去，售爲娼妓婢妾，如家兔跟隨野兔走，地方廣闊，官商兵民，莠良雜處，呼天不應，烏得而蹤跡之?

生雞引得熟雞飛

道光六年邑侯某，由廣東進士截取蒞梅。先在漢口置一妾，與嫡不諧，思歸，陰謀乳媽。媽係某猾胥妻，問計於夫。夫屬邑侯妾詐稱瘧疾，求佩縣印空白，以辟祟。私詭出授媽夫。上書，妾某邑人女某氏，夫某，翁姑某，某年月日被人拐賣某官爲妾，見逼於嫡，不甘爲賤，求親夫翁姑速來領歸，必得重貲，稍遲則命難保等語。媽夫往返二千餘里，招夫與翁姑偕來，具呈領人，兼索重金，有持柄而摇之意。邑侯知事不諧，屬庫丞陳某調處，出千金。陳以三百與妾夫及翁姑，以五百飽私囊，以二百爲媽夫辛勞，送妾出境。登舟，方繳印。據所謂賠了夫人又折兵也。若無此印據，可以硬抗不耳，何至忍氣吞聲，甘受其侮？甚矣！居官者親愛近習，有所必防也。

軟坑子

都中有蓄妓者，曰軟坑子。購幼女之冶者，文則教以歌舞書畫，武則教以騎射劍槊，詐爲己女，以奇貨居之。有貴顯豪華謀娶者，索重金，議許其父母往來，不可凌辱，質劑以信。初至家，極嫵媚和柔，閲數月，熟悉主人性情，視寵之隆替爲作用，故意刁難，潑悍異常。擇極貴重之器，華麗之衣，毁碎而污穢之。更於尊長之輩，欽崇之客，倨傲而狎侮之，令人厭惡而視爲目中釘。稍加責駡，即佯自盡。其父母不時慫恿，有持柄而摇狀。不得已，呼媒議休脱禍，必再遣以金，始允領去，則又易宅地更姓名以售他人。吾鄉某翰林曾墮其術，嘗飲恨而諱莫如深，人早知其爲軟坑子所愚也。

硬家丁

某京官，貪贓受賄，素假手於家丁。一日，與家丁失色，將遣之。家丁知贓款案重，敗露難堪，硬以脅之，明言欲娶其女；否則，發其奸。京官懼而慚，有相知勸其以五百金，購一豔婢，結爲義女娶之。家丁不遂欲，再以五百金爲奩儀，卒不能掩其臭名，爲某御史奏彈。雖未坐罪，聲名瓦裂，已不齒於人群。

心傷母首如瓜落

黄岡錢孝廉，忘其名，吾梅帥文毅遠燡外王父也。幼時失恃，父別駕公某，繼娶何氏，虐孝廉，莫可名狀。或曰：“曷告若翁。”曰：“告之，恐增父悲。”及孝廉受室，待之益刻，動以火鉗巨薪撻之。怒極，則叱孝廉夫婦，跪於門，長夜達旦。領鄉薦，將北上，一僕隨之。何賂僕五十金，授以刃，屬曰：“壯士能爲我殺此孽漢歸，更重賞。”僕允之，行未遠，僕患痢。孝廉憫其苦，事湯藥，調飲食，並盥其污穢。”僕德之，操刃與金，跪孝廉前而泣曰：“此太夫人所授意於小人，小人不忍恩反成仇也。”孝廉亦泣曰：“我不得於親，我之罪也。汝不忍害我，汝之義也。慎勿洩揚我母不慈名，益重我罪。”仍還其金，僕亦碎其刃。孝廉再試，春闈不第。都人士勸孝廉援例，增中翰秩，擬攜眷入都供職，何止之，遂挂官歸。奉侍益謹，而鞭撻猶昔。孝廉伏地如嬰兒，不稍怨。每食，即斷針匿羹湯中，婢僕察以告，始佯疾弗食。何係再醮，前夫有二子，皆賤役。每至孝廉家，踞上坐，倉粟匣金，取求無厭。孝廉處之，恬如也。何患瘰癧，環頸潰爛，痛刺心骨，臭氣溢户外。前夫二子往來，輒睨視不敢近。孝廉躬事湯藥，撫摩兼吮以口，吸其濃血，痛稍減。逾時復然，仍吮之。不弛衣帶者，三年如一日也。何坐卧不堪，惟以首欹置籐几上。一夕，呼孝廉而泣曰：“吾昔日欲置汝於死地，謂汝非己出也。今乃己出者方掩鼻而過，而非己出者，竟口吮不嫌也。吾有負於汝多矣！命加一枕於几上，孝廉方扶何首起，未及加枕，脱然有聲，何首墮矣。蓋潰爛久，肋骨相離，如瓜熟而蒂自落也。孝廉痛毁不欲生，因遘疾，未逾年亦卒。帥文毅自幼聞母備述其詳，而序以紀之，作《孝子吟》：

天生一忠臣，往往厄其生；天生一孝子，動與憂患嬰。孝子自長大，鞭棰迄於茲。生母尋不見，日夕背人啼。父兮不敢告，母兮不再生。鞭棰兒自致，勿傷兒父心。孝子與孝婦，長跪無晨夕。門外朔風寒，門内鬼神泣。入房告兒婦，母恩一何深！母豈不兒愛？欲玉兒於成。咋日尚青衫，今日喜彈冠。母意殊不然，兒謂母心歡。朝廷固需才，定省誰晨昏？母心如可慰，一官安足諭？每食必畏藥，每寢必危刺。兒死何足憐？母名殊可惜！大道何爾我，四海皆兄弟。况是母所生，貧窮胡不佽？兒年行五十，棰楚念年來。杖下不似昔，母力毋乃衰？母眠兒亦眠，母飯兒亦飯。母病兒病同，三年如一旦。有母病在牀，痛苦今三載。仰天一號泣，願以我身代。母生何敢死，母去何容生？生死一吾母，黄泉尚追尋。

手捻仇頭向獄行

直隸永清縣某令，晚歲得科名。初蒞任時，能員自詡，名士自居，出示鋤暴安良、興利除害等款，士民爲其所愚，呼爲包孝肅。漸至色厲内荏，無惡不作。是邑有蔡志者，父某素豪俠，聞人急難，輒排解；有冤屈，輒昭雪。嘗語人曰："人不爲非作歹，拖欠錢糧，便是安分。"鄉里咸重之，不平事得其一言而遂已，訟庭幾成虚設。惟胥役側目，謂無從肆其威福也。蠹役程德明誣以蜚語，並嗾盜犯噬其分贓，士民保狀以千數。縣令惟役言是聽，詳大吏，下之獄。日夕捶楚，遂致死。蔡志陰蓄利刃，爲父報仇，遇役於途，而殺之。左手持白刃，右手提仇頭，自首坐罪。縣令切齒痛心，恨失心腹而喪爪牙，苦以極刑，竟置之法。棄市時，蔡志引領受戮，無懼色，亦無悔容，鄉里哭而送之，跡塞街衢，聲震郊野。是日天氣清明，及蔡志出獄，忽大雷電，風雨驟至，沙飛石走，霧瘴彌天。擊轂摩肩者，白晝覿面不相識。縣令巍然坐堂上，始猶瞋目叱咤，繼乃駭膽栗魄。自此飲食寤寐間，蔡志操刃提頭，常在面前。一日視事出，忽連聲大叫曰："蔡志來矣！蔡志來矣！"顛輿外，左右扶起，立斃，七孔血湧，項下如刀痕。永人私立祠，祀蔡志父子，門外塑蠹役縣令像，如岳忠武祠鑄有檜賊夫婦也。

附録益陽湯海秋農部鵬《蔡志行》

蔡志至矣，縣官駭膽栗魄當奈何！蔡志至矣，縣官駭膽栗魄當奈何！借問縣官爲誰歟？讀書作宦，良不呆愚，乃不知殺人者死，罪無赦，縱汝蠹役活其軀，五刑之設胡爲乎？乃不知父不受誅子復讎，於禮於傳信有諸。聖人賢人教孝同，其符鴟梟盤天飛。鷹隼在樊籬，鷹隼出擊鴟。梟毛血淋漓，咄嗟欽鵶。汝豈羽蟲三百六十之長，不彼梟是懲，而反以鷹隼爲支離？蔡志左手持白刃，右手持仇頭，走訴縣官，縣官瞋目叱咤霹靂馳。不畏縣官瞋目叱吒靂霹馳，爲父報讎怛不疑。萋兮菲兮貝錦成，義高心苦斧鐵并。元霧薄空，昏彼白晝，人不恤，天所録。蔡志爲人孝且勇，爲鬼乃與天神地祇訴幽獨。厥惟五行之精，五嶽之長，各爲蔡志茹酸吐卒鳴厥冤；雨師風伯，雷公電母，各爲蔡志拊膺刺骨，憤怒不可言。昊天上帝九天門，虎豹猘猘守其閽，合詞跪奏帝納焉，此情此憾弗湔洗。下界紛紛顛黑倒白屍其權，檄召閻羅司汝事，立遣夜義翩以翻。提挈蔡志詢蹤跡，不令逃逸縣官魂。於虖蔡志至矣！縣官駭膽栗魄當奈何！黑雲塞户，日月弗過，生不懲其蠹役，福黎烝，死又留其穢德失令名。地下見蔡志，頓首帖帖出涕泗。君乃荆軻聶政之勇，曾參閔騫之孝，縣官誤矣不諒，君意太行高，高出天頭，滄海之深潤九州。高不可以補縣之庳，深不可以洗縣官之羞。蔡志死固千秋，縣官死亦千秋。蔡志千秋，乃令人搏黍蓺稷來享禮，廉頑立懦相勸酬；縣官千秋，令人絛其生死爲炯戒，怵心刮目無時休。維木有繩室則成，維形有鏡妍媸明。爲民司牧，慎莫披猖，謂歌浮邱先生蔡志行。

中流扶母柩

道光七年夏，圻州大同鄉張家塝陡起龍水，平地高數丈。有書生王元長，母殯在堂，水驟至，家人皆逸出。元長繩繫母棺及其身，抱棺大哭。室旋傾，棺及身俱浮去，漂流數十里。地係山沖，兩岸石骨崢峋。

前有巨岩，若墜其中，身與棺粉碎矣。忽反風回浪，倒行數里，送至一灘，巋然無恙，若巧爲安排然。人謂其孝感，官紳請旌於朝，部議以停親逾期，遂未果。請漢黄德道某，作詩歌以紀其事。

入水覓父骸

咸豐己未冬，子歸自都門，過葉縣至汝墳，即《周南》所詠者。見王孝子塚大碑屹然，上題“曹江日朗”四字。葉令楊元凱刻石紀其事，載孝子姓王名希曾，業農。時隔水演劇，隨父往觀，薄暮歸。衆争渡，先渡者無恙。子同父渡，人蟻附舟，力不勝，沉於水，同舟五十餘人，悉没焉。孝子忽出登岸，未見父。復躍入水尋父，竟不得出。詰朝，屍浮水面，如鳧群狀。獨孝子與父屍合抱固結，不可解。旁觀見而感泣，撈起，合一棺葬之，衢山聶蓉峰。太史銑敏詩以弔之。

附録《聶蓉峰》五古

我行汝墳道，忽見道旁碑。約略志孝行，下馬觀其詞：孝子王希曾，耕稼托東菑。村落事歌舞，觀者紛賓士。暇日偶涉川，父子相追隨。劇散群歸來，争渡黄昏時。先渡數十人，無恙江之湄。曾與父渡後，人衆舟忽欹。翻舟入波底，出没形參差。孝子得登舟，唤父聲嚶咿。挺身復入水，渺不知所之。日暮空江中，人鬼交迷離。詰朝天未明，江上浮滿屍。野渡争撈取，堆積何纍纍！各各認形貌，老小涕漣洏。中有兩屍連，手足相交持。知曾與其父，固結亦何奇！觀者約萬人，一見胸爲椎。因合爲一棺，並葬山之陂。縣令嘉奇節，刻石綴以詩。嗟哉王孝子！芳名可永垂。我思古大孝，臨深戒蹈危。不已尚宜擇，況乃事娱嬉。一朝偶失足，百歲悔難追。衍劇及競渡，樂極反生悲。是在牧民者，先事常防維。雖曰有天意，抑亦因人爲。孝子安料此，此事誠非癡。向使獨自全，雖生亦多虧。唯救而不得，雖死豈無裨！當其出天性，詎冀後人知。人心不可没，没世有榮施。出高與水深，遺恨杳無涯。宜繼曹娥江，更著孝子詞。

潔身就義正邱首

予姑母孫婦吴陳氏，年十二，適吴爲童養婦。性聰穎，聞兒童讀書，入耳輒能成誦，並能會其意義。工針繡，神明變化，出人意表，有針神之目。議酒食，同一作用，别具滋味。能體物性，聽火候也。姑母及子婦，兩世孀居皆苦節，陳能博歡心。家貧無立錐地，先君子授以田宅，二世居予家。婚逾年，夫故，思以身殉，因兩世孀姑在堂，故不果。守節十二年。咸豐初，粤逆踞梅，隨予眷屬避亂，無旦夕違。至七年，賊益蹂躪，予宅遭燹，徙依水鄉。暫息喘於母家，旋即聞警，計偕遠徙。陳整衣拜别曰："此狐邱首也。吾堂上人，皆即世，殘生今得所矣。不可以久累公，公眷屬多人，宜自爲計，毋我慮!"予意其欲隨母家避亂也，姑聽之。翌晨，有人報曰："某深淵人浮水面矣。"視之，則陳也。聞者感泣。其弟宗海，邑諸生，挽以聯云："碧水太無情，忍使一線游魂，長沈波底；黄泉如相見，好將十年别淚，雙落君前。"足爲死者寫真。

攜手辭親赴水濱

帥烈婦宗㝖妻，恩副貢洪公光大女也。早寡，哭夫喪明，守節多年。咸豐丁巳，粤逆猖獗，婦眷避亂母家，賊至，衆紛紛散。婦自分青年目瞽，無所逃，泣謂其父曰："父年近九旬，勿爲兒慮！兒未亡人，舅姑雖逝，未送父終，義不當死。今勢迫矣，與其生爲賊辱，曷若死爲父光乎?"翁曰："死者人所不免，兒能忍之須臾，一息足千古也。老夫復何言!"臨淵時，猶授釵環於父曰："此可作兒含殮貲也。"其從容就義如此！執手永訣，牽赴水濱，一躍而入。翁歎曰："得所矣！得所矣!"殮未及葬，賊疑有金，發其棺，面如生，舉手者促斃，人咸奇之。

閨秀陳情代父死

某御史剛直有餘，廉謹不足，曾忤權貴，一折而彈相國督撫數人。讎家銜之，陰伺其短。舊例内城米不准出城，備不虞也。禁久漸弛，内外亦通融，實私意也。京官糧馬通判及巡城御史有稽察責，每季納陋規，故作掩耳盜鈴狀。某御史適巡視南城，讎家嗾其門下士爲給諫者曰："爾輩職司言路，現在内城米，車載駝運，出城無數，巡城者囊已飽矣。未見彈章一字，何以報主眷而肅官方？須取米肆號簿而執其把鼻，方可。"某御史習焉不察，其家人亦狗舊習而受陋規。給諫探得其實，亟取號簿，果有某日出三百金與某都老爺字樣，據實直奏。上大怒，繫某御史於獄，坐贓罪論死。有女年十九，通文墨，願身代父死。疏三上，情詞懇切，悲婉動人。上諭於律不符，其情可憫，着褒嘉之！及父臨刑，家人不敢近，女披髮市曹，泣斂父屍。歸引刀自刎，束帛自經，兄嫂皆救之，死而復蘇者數次。益陽湯海秋農部鵬詩集中題《有女有女似緹縈行》，即此事也。

附録湯海秋《有女有女似緹縈行》

有女有女，被髮而大呼。九河之水，不能多於女之涕泣；廣莫之風，不能大於女之噫吁。道旁觀者，愕眙嚨聒。問女何所苦，問女何所趨。峨峨金吾府前，緹騎二百，持戟五百，如雷斯怒電斯驅。金吾坐上頭，旌旗拂天，猋猋居居，阿女膝行前，情摯詞有餘。父爲御史，不謹不廉罪當誅，朝廷憲典如海嶽不可傾撓，彝鼎不可塵污。於呼！不謹不廉罪當誅，蒼蒼之天，陽薀陰敷，靡物弗遂，靡類弗扶。鳳皇噦噦於高岡，飛鳥飲啄以自娛。麒麟至止祥下雲，走獸無恙遵其途。木有松樟有櫟樗，草有蘭杜有荻蒲。乾坤惠施豈有擇，頓首伏地心踟躕。不見烏生八九子，烏哺其雛雛哺烏？又不見蟲齧桃葉更桃根，李代桃僵胡爲乎？無知之物尚纏綿，誰謂女子心區區？女子非父曷有生？敢請代父捐其軀。咄咄金吾賢上奏，天門九重詞鬱紆。天子惻然發慈憫，於情則有律則無。姑息之愛不可治天下，其仍牢以桎梏膏斧鉄，不謹不廉罪當誅。金吾還告阿女，阿女心膽破碎魂模糊。黑雲漫漫，塞我屋廬，蚊蝱刺我肌膚，鵂鶹啼我樹株。阿女徊徊徨徨，三日不一食，十日不一沐與梳。於呼阿女！徊徊徨徨，三日不一食，十日不一沐與梳。左手持刀，右手持帛，欲速死。從父於地下。兄嫂救之，再絶再蘇。哀哉乎！漢家緹縈苦上書，上書有功肉刑除。哀哉乎！阿女不如緹縈之成，白日慘澹生欷歔。竹箭不上天，骨節中自殊。金石結寸心，足以愧碔砆。阿女慎莫憯淒惏悷，浮邱先生爲汝作歌永其譽。不歌洛陽城東董嬌嬈，不歌秦氏好女名羅敷，但歌有女有女似緹縈，傳之千齡萬代，不與蟪姑朝菌同須臾。豈惟不與蟪姑朝菌同須臾，金精石色無時無。

嬌娥自盡爲親亡

鄧孝娥，族丈師善侄女也。端莊婉孌，美秀而文，識字有領會。幼善病，母愛憐倍至有抱膝三年之苦。稍長，事母最孝，名曰孝娥。母病，服事維謹。母食方食，衣不解帶者，閲半年。年十九，許字國學吴世芳子四郎，納徵請期，歸有日矣。孝娥以母未瘳，有不樂色。母知之，諭曰：“吾病日糾纏，未識何時可起？兒百年事重，勿以我爲慮！”孝娥曰：“兒自墮地以來，受養育恩，此身即母身也。一刻未離母側，此身應母有也，他何計焉？況母與兒，相依爲命。兒無母，何以至今日？母無兒，何以安病身？易曰：‘歸妹愆期，遲歸有時。’母愈再歸，未爲晚也。”旋聞星家演命，謂母限值陽刃，非刑克兒女不能替。孝娥默禱於天，求身代。一日奉母湯，哽咽不語，氣將危矣，孝娥以繩繫梁，須臾而亡。易衣時，有文在其裾曰：“烏私聊酬今日愛，燕喜願結來生緣。”蓋一謂母，一謂壻也。論者憫其愚，而嘉其志云。

江南烈妓

江南秦淮河，青樓多名妓。王某女，色絶麗，有天臺仙子之目，名曰天仙。能笙歌詩畫棋琴，尤善舞劍。咸豐三年，賊突至，不及避，其中有黄衣賊目，僞國宗也。時賊令嚴，左右摒退，不傳呼不至，逼女爲歡。女笑曰："妾陋質，敬奉大王，何修而得此？顧家有酒饌，妾善歌舞，願爲大王壽，酒酣行樂，不亦善首？"賊喜諾。女進酒且歌且舞，賊醺然醉，女拔劍殺之，割其舌，挖其目，剖其心，既乃斫其頭；而後自經於樓，預積絲綿以自焚。衆賊見火起，往觀女屍，燼矣。尋視賊目屍，皆心驚膽落。噫！妓猶不屑與賊耦，吾知愧於妓者多矣！至其臠割賊屍，料理身後事，亦英武，亦從容，尤見其難。

湖北貞娥

邑西關外十五里瓦石山，王某女，名桂媖，年二十。咸豐四年三月，粤逆初犯梅，大肆猖獗，城内外皆鼎沸，避亂人不知所措，每於長林豐草間匿之。桂媖已隨其父母離家二里許，因於歸期近，平時所繡針黹包裹，未及攜出；聞道路傳言去賊蹤十餘里，桂媖返而攜之。入門，賊已在家，欲污之不屈，與手賊搏，至扭斷。賊終怒，縛桂媖於柱上，剖腹而支解之。近年貞烈中之最著者。

朱九妹

當時傳聞朱九妹有二，一江西，一湖北，名同事異，貞烈則一，江西女尤奇。機警陰鷙，不減明末費宫人刺虎，故並録之。

九妹江西人，色麗，年十九，壻已委禽納采矣。咸豐四年三月，賊破其家，擄至舟，貢賊目。目驚喜若狂，將污之。朱紿曰："婢子家敗人亡，無所歸，從君結百年緣，幸也。然君貴人，我良家子，義不苟合。雖無媒妁，必文字厥祥，擇吉成禮。”賊曰：“天朝不行妖禮。”曰：“聞有敬天父之説，請擇吉。”賊曰：“天朝不用妖曆。”曰：“請以三錢卜之，單用今日，雙用明日。”賊憐其悲婉，不忍驟逼。朱請紙，立文字書。賊曰：“咱不能字，爾能乎？”曰：“能。”賊啓篋中黄絹與之，朱援筆書七律一首，賊不識所書何物也。但笑曰：“咱們今日得一女先生矣。”是夕張燈彩，酒酣耳熟，攜至船頭禮拜。賊曰：“天朝尚左爾居右。”適符朱之右手用事也。賊甫跪，着然有聲，賊首落矣。朱一躍入水，衆賊股栗，援之不及，後漂流某處，漁人網得之。朱刃猶在手也。懷中微露黄絹一角，即前所書七律。其詩曰：“生長朱門十九春，而今忽作亂離人。殺酋稍洩君王恨，盡節聊酬夫壻情。江水夜流沉弱質，月明誰與弔孤魂？悠悠父母恩無極，輪轉來生作子孫！”同時舟有被擄逃歸者，詳述其事。一時稿傳競和，類多佳作。惜余善忘，惟記陳生宗海句云：“一朝忠孝歸兒女，萬古冰霜見性情。”出語尤寄託遥深，音傳弦外。宗海邑名諸生也。自髫齡受業於予，平日留心名教，游庠期年，卒附録之，以見其概云。

朱九妹湖北人，年二十，姿色殊尤，通文字。咸豐三年，被擄至金陵，屢死不獲。其所居女館，東賊楊秀清選女子能識字者，爲女簿書，遂入僞府。居月餘，東賊選妃，未污者方入彀。驗至九妹，大奇之，欲納爲僞王娘。入學習館，日侍東賊飲食。欲狎之，答云：“現在禮拜，未便苟合。請稍緩！”九妹得砒霜，東賊所蓄以毒同事者也。九妹陰置飲食内，以毒東賊。東賊素狡黠，每逢飲食，跪言天父下凡語，以詐人。投飲食與馬，馬斃。九妹知事洩，自刎。東賊遷怒於女館，殺同館者九人。

李四郎

四郎者，巾幗丈夫也。孝廉某，舉子遲晚，得女視如掌上珠，呼爲四郎。貌美皙而豐下，狀類男。孝廉即衣以男裝，内裹足而外靴鞋。孝廉出宰，延師課讀，及笄時，署内無有知其爲女公子者，咸以四少爺稱之。性敏捷，過目輒成诵。凡經書、古文、《女誡》、《古詩源》、《全唐詩》、《三國》、《聊齋》、《諧鐸》、《水滸》、《西游》等集，多確記。工小楷詩詞，如流鶯百囀，動解人頤。年十七，適某氏子。合巹之夕，余適遇焉。時俗合婚家，舉室若狂，有餪新房三日，不分大小習。戚友燕賀，酒酣耳熱，能偷得新婦衵衣者居上座。有輕薄少年，果得四郎睡鞋一雙。四郎屬某氏子求之急，衆客憐其纖小，把玩不忍釋，以能屬對即與之。出對者二，某氏子皆窘甚。俄自房中出“牛女相會”，對云“鳳凰於飛”；“采采卷耳”，對云“夭夭棘心”。皆四郎口授也。其敏捷如此！嫁時值阿父歸田，橐有餘金，裝奩甚厚，釵釧外，書帖盈箱，皆平日肄習物也。自適某氏後，即置文墨於高閣，羅綺珠翠，概屏不禦，躬操井臼，荆釵布裙，泊如也。奈遇人不淑。初某氏子家素封，英發能文，羡四郎者，擬以白璧雙輝。既爲惡少濡染，蕩敗諸習，無一不悉。而旨酒洋煙，猶爲酷嗜。同室某，素有遺行，灰家無寸土，迫四郎出裝奩，以資日用接濟。稍緩呵譴，加以捶楚。孝廉收四郎於家，决與某氏子絶。四郎私遺人相存問。曾見其致夫書，洋洋千餘言，温婉中寓激切意。其略云：“婦人以從夫爲榮，男子以篤本爲重，醴泉無源，芝草無根，此希世殊尤，不可得之尋常耳目也。竊思霜雪雨露，皆天地生成之恩，人能調和元氣，培養根本，不獨雨露爲滋生之資，即雪霜亦玉成之具。諺有云：‘勤儉黄金本，詩書丹桂根。’幾見無根本能發生富貴乎？又云：‘人子事親，當先意承志。’諭父母於道，不徒以從命爲孝。即云從命，治命可從，亂命不可從也。稍有拂逆，與小杖則受，大杖則避之，愛己之身，正以全父之名也。古人曰‘幹蠱’，曰‘蓋愆’，曰‘跨竈’，雖父母所願得於子，而人子不忍加於父母，惟束身寡過，庶導親意於未萌，回親心於不覺耳。又云：‘近朱者赤，近墨者黑。與正人居，如入芝蘭之室，久而不聞其香；與惡人居，如入鮑魚之肆，久而不聞其臭。’大丈夫出交天下士，入讀古人書，惟以資學問，共功名，顧身家，養廉恥，相取法；否則去之，遠之，賤之，深惡而痛絶之。若夫平居里巷相慕悦，酒食游戲相徵逐，抛天倫之樂事，擲有用之光陰，身敗名裂，爲士林笑，竊爲夫子所不取也。妾事夫子有年矣，憶束髮來謁時，吾父課以詩文，一見甚奇之。批云：'氣機洋溢，由此精進，取青紫如拾芥耳。'笑謂母親曰：'四郎有偶矣。'雖愛屋及烏之意，實憐才若命之心。及妾歸來，早晚得窺近作，私冀父親衡鑒不差，但嫌頭腦冬烘，物力艱難，置之度外。亦以少年豁達，或略於此，而精於彼耳。不料妾命不辰，江郎才盡，流水誤入桃源，陽春墮於煙景。然亡羊補牢，未爲晚也。誠矢革故鼎新之志，竭卧薪嘗膽之功，痛改前非，復修舊業。行見鴻毛遇風，潛蛟得雨，飛鳴在指顧間耳。'貧窮則父母不子，富貴則親戚畏懼。'願夫子一雪此言！前因道路傳聞，致蛟龍門而魚鱉生殃。妾身羅怨府，命鎖愁城。父母鑑妾苦衷，實未遷怒於夫子也。《青衿》之次章曰：'縱我不往，子寧不來？'請爲夫子賦之！"書後附五七言數首，如"殷勤勖夫子，努力事科名。婦人代吐鬚眉氣，男子無貽巾幗羞。試看天涯流落者，幾人不自煙花來？深閨脈脈憑誰訴？含愁無語怨東風！"等句，頗得風人温柔敦厚、怨而不怒之旨。書發，某氏子果至，四郎言於父母，留爲教讀，兼肄業焉。並給資斧以遺公姑。甫匝月，故態復萌，在御衣衾及四郎釵釧，夜半席捲而去。及孝廉卒，四郎歸，家徒壁立，時非居喪，有寢苫枕塊狀。四郎積數年紡織資，相與更始，並以父母遺愛數十金貸人，生息爲度日計。某氏父子掣去，漸次消磨。粵逆陷楚時，值戒嚴，衆紛紛爲避亂計。四郎自籌，戀家必遭賊辱，避亂不可無糧。飼一豬，約值十金。屬人變賣備糧。閱二日，某氏子，攜酒與肉歸。詢豬值，則一路花散，償煙與博債矣。是夕四郎與某氏對飲，互相酬酢，色笑怡然。某酒興倍極酣暢，偃仰衾牀，魂夢猶作呼么喝雉聲。晨起，將開燈吸煙，四顧無人，第見翩翩遐舉者，則四郎已自經而亡也。聞懷中有絶命詩，惜不傳其稿云。

手承便溺扶翁疾

邑北鄉龍坪鎮白土村去予宅二里許，農人宛方梅妻蔣氏姿甚美，人咸豔之。然美而德，瀕笑不苟，伯叔不親授受。事舅姑以孝聞，族黨無間言，人咸敬之。姑卒，舅年逾六十，患癱瘓，四體不遂，顛連牀褥。夫力田，兼以貿易，奉養不遑報事。蔣朝夕反哺，以手承其便溺，盥掖滌扶，如治兒狀。如是者三年，道路聞而感泣。

口吮脂膏潤母臟

吴四郎國學，世芳長子也。循謹能文，家中産。年甫弱冠，母病中滿，大便秘結，餌大小承氣湯，皆不應。醫斂手，病益窘。四郎禱神求外治，法取豬膽汁半升許，以嫩竹竿透糞門口，含膽汁吹入臟内潤之。婢等皆畏縮，四郎欣然如法治之，一日三治，母得以安。後二年，其父以酒癖患蠱脹，腹高於頂，坐卧行立皆不安。一刻而扶起放下背負手捶者數四。凡接便反哺，及藥爐茶灶，不假人手。父性焦灼，譴責不堪，怡色柔聲，晏如也。合母病前後歷三載，無懈志，無瘁容。諺云："長病無孝子。"如四郎者，可以風矣。

親夫兩手提雙首

乾隆末造，邑東街某姓夫婦二人同居，婦與人有私。夫責之，反受其侮。謂賊在當面集，無贓不問罪。夫銜之。梅俗有除夕皆守歲，家人聚首暢飲，圍爐達旦。元旦夜，防偷兒乘隙，輪班更寢。是夕，婦乘夫酣睡，約所私者爲娱，神疲轉酣睡。夫覺，持利斧駢斬之。翌晨，兩手提雙首鳴官，按例辦之。一時稱爲辣手。

母子四屍共一棺

邑西鄉吴元八户，繁族也。道光末造，一無賴子，以賭爲命，釜斷炊，僅粟半升，粟亦揮焉。妻嘗涕泣勸之，屬其勿賭，已願攜兒女行乞養之，聽其寬閑，可不耕而食矣。弗聽，反唾罵。婦生二子，一女，大者總角，小者襁抱。一夕夫出賭，天明未歸。室如懸磬，兒啼女哭。婦無奈，以繩係身，並兒女，而魚貫之。載胥及溺，無賴子未之知也。閱數日，水面纍纍如貫珠，見者無不寒心，族人以一巨棺葬之。

蠹猾吞賑餉

国朝深仁厚澤，不遺一夫。伏讀歷聖恤民詔，軫念民生，凡遇災歉，無不蠲租發賑，樂沛殊恩。近日封疆大吏，往往匿災不奏，究竟是何居心？總由各州縣戀徵錢漕，希圖火耗，督撫粉飾太平，博取陋規，遂致民瘼不問。嗣後該言官訪察，各省水旱螟蝗寇賊之災，州縣不報，從重治罪；督撫不報，拿問革職。庶朝廷德意下究而上彰耳。聖謨洋洋，中外黎民，聞而感泣。聞乾隆五十年，大江南北，近省大旱。高宗純皇帝除蠲租外，賑銀数百萬。梅列上災，得銀十萬有零。炎民仰企天恩，如赤子之待母乳焉。有蠹胥某某等，嗾縣令曰："現在停徵，前後兩年衙内全無出息，胥輩不足惜，明公何以支持上司應酬差事，日供薪水乎？不如多詳户口，稱餉少人多，開分難以遍及。藉修堤城，將工代賑，以一萬孝敬上司，安頓地方痞棍，以二萬開銷堤城工食，餘七萬可藉是而消納之。如此佈置，則百姓得其名，明公得其利矣。將來堤城告竣，紀録記功，利中並有其名。明公以爲何如？"令擊節稱善，遂相與瓜分而鯨吞之。其蠹胥置餉鞘三千於家，奢淫過度，套褲用金鉤玉環，其他可知。梅民効力堤城，時米價騰貴，餬口尚不足，何能賑家？道路相枕藉，皆側目而不敢誰何。惟聞蠹胥家，夜則鴉鳴屋上，日則鬼哭室中。不數年以案斃獄，男盜女娼，後亦絶矣。成皇帝御極三十年，災歉疊見，屢沛皇仁。近有役胥，因此獲利而致巨富者。某進士豔其聲勢赫赫，極稱道之。余笑曰："人眼竟有如是之淺乎？"時某孝廉在座，即應曰："吾身猶能及見其敗也。"可謂隨口絶對。

蝗蟲喫漕規

蠹胥舞錢漕弊，勒折浮收，愚懦鄉民，莫敢誰何。邑有二痞辣某，欲分其肥，倡首發難，摘奸上控，上官陽張公義，陰庇私情，袒蠹胥而戕痞辣。當堂質訊，故加凌虐，驅至階前石上，赤膝久跪，以挫其鋭。有跪至百餘日而未結案者。蠹胥嗾上官役，乘久跪之餘，脛膝腫脹，伺跪後，出不意，蹴其兩腿雙膝移挪，膚裂如瓜糜爛，痛楚不堪再跪矣。磨之又久，蠹吏防其黨與京控，始屬人調停，説之曰："錢漕舞弊，上下分肥，内外一氣，祇瞞皇上一人，宰相亦作掩耳盗鈴態，何況其他？真積重難返也。君錢漕有幾？何太自苦？不如坐享成福，每年收零丁小户，交漕由單自勺合積至百十石内，納正供外，收折價獲利不下十倍，一家衣禄有餘矣。"與以規約，遂罷控。所謂蝗蟲也，闔邑此輩，約百餘人，不自愛，舉貢生監間居其中，但蝗有大小，規有隆殺，閱數十年而蝗蟲老矣。蠹吏欲削其規，老蝗顧子弟曰："老夫之所以雄於猾胥蠹役前者，非恃七尺軀也，非恃三寸舌也，恃此方寸骨耳！"指其膝曰："是區區者曾蹲然屈曲於府道司院前，歷百日而腰不軟。今老矣！爾曹好爲之！以繼我志，毋令後人笑我拙也。"令其練跪，擲膝於地，僵立不仆，閱五日一視。及數月，通體精力，凝聚於膝，駢肉叢生，癥結纍纍，若驍蹄然。老蝗撫視而笑曰："此傳家寶也。此跨竈具也。余有後，弗棄基矣。"覓一紙於某乾爺，徒步橐饘往，旦夕可行數百里。蠹胥惶恐，屬人議和，遂復其初。此吾鄉百餘年積習也。及粤逆猖，漕運廢矣。克復後，撫憲胡文忠公林翼奏改漕章，利國利民，獨不利於中飽之蠹。惜未定錢糧章程，而公遽騎箕尾也。

鷸蚌相持漁父利

鄰省某豪猾，家頗豐。父手出數百金，貸庫胥，墊官款，按月權子母三分，書立券約。庫胥輪流交代，人亡而債不濫。每歲春秋時，城内各廟廣演劇，豪父踞庫胥家，收息觀劇，呼叱昂，輪流供應，若奴奉主，俯首聽命，莫敢仰視狀。或謂諸胥曰："君等皆役人，非役於人者。何反見役此翁乃爾?"胥曰："喫公門飯，無日不作欺君虐民事。平常朘削無論矣。一遇災歉蠲賑緩徵，尤爲居奇之貨。此豪父子熟於律例，優於詞訟。若不禮下，定攻吾短。"或曰："償其貸若何?"胥曰："更不諧矣。此豪貸我金，貪我息也。亦望我肥，若我事敗術窮，彼亦何所利焉?貸其金，制其毒也。使彼有投鼠忌器之嫌，我得愛屋及烏之利。枉尺直尋，故忍而爲此耳。"每易一官，欲罷其息，謂欠債者完錢，池魚不受城門之殃。豪父子常笑謂人曰："乞兒不離打狗棍，獵户多有抵虎牌，閑時備得急時用，吾今日見兔顧犬矣。"草百餘字，嗾其義子某爲蝗蟲，混號紅煞黑煞者，投一紙於新縣令，使鷸蚌相持，坐享漁夫之利。新令閱呈，利民妨己，不便批判，斷猾胥調處，謂湯中止沸，不如竈内抽薪，向豪父子禮下之，仍復其息。呈退還，竟無事。豪父在時，收息完糧，有盈無縮。乃翁死，銀值日昂，糧浮於息，豪援息抵糧，庫胥攤其糧，於水旱沙淤及流亡死絶中，不蠲即緩，積欠成騙。後豪因訟敗累，氣焰將衰。猾胥相遭以白眼，不數年有粤寇而玉石俱焚矣。此雖非盛德事，而鋤强扶懦，亦孟子所云彼善於此也。

狼狽爲奸子孫殃

鄰省某明經，機警陰鷙，以刀筆著名。交接當路，狼狽爲奸。胥隸聽其指使，平地風波，能坑人於禁綱。豪族恒憚之。邑令某，催科嚴，縱役截券，勒索鄉民，欲未遂，毆斃一年老人。其家衆縛役呈訴，令知關處分，請明經商解免路，實畏其仗義執言也，厚賄之。明經曰："分明抗糧畏究，殺父搪抵耳。"令大喜，倒署時日，預詳上司，賂證狡供，誣以殺逆，遂鍛煉而周内之。上司屬人查訪，明經與縣令，暗遣私人，散佈流言，而獄成矣。遂置其子於重典，聞者無不裂眦。其素行多類此。

時明經有子數人，皆當時英俊，名掇巍科，聲蜚藝苑，一門科第，爲皖北右，輿論沸騰，叱爲不平。踰數年，子某視爲浙省，明經私鬻功名，代子坐堂點名，凌辱士子。浙人發其贓款，兼以舟妓送少爺，謂私孕也。知事不諧，致子自盡。又有子英年，以庶常榮歸，不日抵里，暴疾路亡，子婦産難以裂腹死。明經旋自悔曰："吾孽自作，應自受也。與兒輩何干?"予按此顯報雖未足蔽其辜，足供談讌者下酒物也。

有奇福即有奇禍

某爵閣，祖父以詩字著名，與某藩王善，人争附之。爵閣髫年考取天文生，中北闈副車，後入詞翰，官至爵督而大拜矣。其知遇之隆，由道光中葉。都大旱，上雩壇祈雨，聞祝史讀疏，有感於心，越日，果得甘霖。上大喜，因憶祝文甚佳，問誰作。適某值班某相國因指名奏此君，乃相國門下士。其實此疏亦成例舊稿，非某作也。上加寵異，召見數次，命上書房行走。詔曰："某編修才學兼優，本應留内廷以備顧問；恐未經外用，後來難資倚畀，授太原府知府。"未到任，即觀察雁門。不數載，擢藩臬，任對疆，膺爵閣，後竟以粤督而不知所終。

以倖始者以倖終

嘉慶末造，某檢討出任糧道，請訓時，上問糧道以何者爲要務，猷奏曰："有漕收。"時上倦勤，亶聰未免重聽，誤以有漕收爲有操守，嘉之曰："有操守，是最上乘士人，無論窮達，皆要有操守，而居官尤宜。汝能以此自任，朕將股肱倚之矣。"即於私指内，暗注其人可勝封疆大臣之任。逾年，即擢漕督。宣宗登極，某因事交部議處，降諭旨曰："皇考謂其可勝封疆大臣之任，着無庸議!"即召見，天顔温霽，倍極褒嘉，擢爲撫督，晋秩協揆。論者謂此公陋劣伎倆，僥倖兩朝知遇，宜如何感激報効！乃率其有漕收故智，督粤時受賄通商，養癰病國，不惟辜負天恩，亦且貽羞萬古。後雖下獄戍邊，逾年仍賞編修，回籍竟全腰領以終，豈非僥倖中又一僥倖哉？而其七十自壽詩，末二句云："依然三十年前夢，贏得頭銜勝一籌。"公然作豪俠語，可謂無恥之極矣。録之以爲欺君倖免者戒。

賣箱漢

奸民巧於射利，平日廣招優時藝者，窩藏作文。不許自存其稿，以杜雷同。加以良工修飾，以求奪目。一切大小題，無一不備，録成小本，隨學使出棚承差隸役，聲氣皆通，防搜檢也。臨考雇於生童，入場見售，出金若干，名曰賣箱。無場不入，無入不利，較傳遞槍手，尤居爲奇貨焉。

鬻菜翁

都門有鬻菜翁，日荷於市，往來某京官寓前，貿易日久，相習忘形，互相談論。翁見某京官博取科名，氣象軒昂，有不可一世之概。微問曰："請問明公貴科？"曰："某科。"又問何題。曰："某題。"曰："是科題無好文字。"京官怪其妄。公曰："非無好文字，因主試者，未取好文字。"京官更怪之。翁曰："小人不知教子，故小子不知衡文。"京官問小子是誰？翁曰："某某京官。"詳詰籍貫科分，翁歷歷陳之。京官長揖而前曰："翁竟太老師乎？令嗣即小門座主也。"大驚訝慚恧，請翁居上座，方肅衣冠禮下之。翁不顧，竟荷菜而去。蓋翁亦予告翰林，其子現出學差，翁居京邸，見宦情險薄，隱而爲鬻菜翁云。

獨子祧二姓

畸人傑士，出身有不堪問其由來。令尹子文，其父淫於䢵子之女，而生子文。國朝李文貞公光地，相傳其父通女僧而生厚菴。二公之父，遺行皆不可訓，而不能爲二公累也。某給諫母，未嫁時，其父造岳父母家，苟合成胎，腹漸皤矣，恥人覺而不雅，欲陰墮之。母嫂未舉子，得其實，寬之曰：“姑無慮！夫壻苟合，與私所歡有間。但可爲知者道，難與俗人言也。今有道處之，吾佯娠，與姑寂處一室。分娩後，兒置吾懷，揚於外曰：‘某婦生男矣。’生女亦然。”姑面赤而心陰喜，從之。果生男，即給諫也。後適某，未生子。父病篤，親屬欲覬其産。母笑謂其父曰：“君尚記吾未嫁時某年月日，在吾母家某處，相與爲歡乎？吾已受胎生男矣。”父恍然悟，欣然喜曰：“男在否？”曰：“在。即吾嫂所養兒也。”父自知病將不起，即遺書付其母執之。屬日後認子歸宗。時母兄已故，無出。給諫游癢，登賢書。至某家拜謁，母撫而泣曰：“爾吾兒也。”出其父遺書示之。給諫愕然，偕母往議歸宗事，未允。呈某遺書，訟之官，刺血驗，亦符。官判云：“是兒無某骨脈，不得有此身；非舅氏收留，不能至今日。固宜全毛裏之愛，尤當報養教之恩，一人可祧二姓矣。即令歸宗，將來生二子，以一子爲舅氏後。”及給諫成進士，授京職，請兩姓封贈，部議允之，亦異數也。按此事與奇中丞豐額事略同，奇公面奏御前流涕曰：“臣有二父。”上笑曰：“父是何物，而可有二耶？”因陳情，一生父，一養父源委，請加封典，詔可。

九旬生一兒

前明閣學李九我先生，諱廷機。父某爲相國，予告還鄉，玄、曾繞膝，朱紫盈門。年九旬，一雛婢服事，殊婉孌，一時興復不淺，私納焉。一舉而孕，子若孫不知也。婢見相國年高，若生子女，家衆不允，恐失所。一夕，執相國手，摩其腹曰：“此公骨脈也，已栩栩然動矣。降生公在，自不待言。如不諱，將焉置此？”呈扇頁與相國，索一詩云：“是姬卻非姬，非姬卻是姬。生女任爾嫁，生男曰廷機。”居無何，相國薨。家人環聚而泣，婢亦與焉。群叱之，婢出扇，呈公靈前。群公子視之，遂見容。彌月生男，即九我先生也。名臣學士，兼擅其勝，視相國尤跨竈，群公子皆被其光。婢柏舟自誓，天子旌其門，封太夫人。猶世傳長沙某太守，年邁生子，士民笑之，守題署内壁曰："八旬公祖生孲孲，笑殺長沙百萬家。若是老夫真骨脈，將來依舊守長沙。"後果然。諺云："氣盛者梢頭結大瓜。"良然。

打虎要親兄弟

邑停前鎮海螺山農夫有錢三者，名金階。兄弟五人，素不諧。咸豐四年五月初八，有虎從天衢山嶽脊下過坂，衆逐之，已傷數人，踞海螺山麓息喘。時方日出，金階睡未起，其妻促之曰："衆逐虎至宅後矣。牲畜在外，必爲所噬，君猶酣睡耶?"金階赤身懵騰出，正遇虎作人立狀，將咥之。錢失所措，即抱虎以頭觸虎項，相持倒地，輾轉至山脚下，虎伏其上。其弟錢五聞虎哮聲，持棒往救之。一見大呼曰："三哥頭喫了。"金階曰："吾頭尚在，毋慮也。吾抱虎甚固，爾棒擊其腰。"錢五每一擊，虎尾格鬥，棒不能近。金階曰："喊二哥來!"錢二至，直曳虎尾而履之，二人併力一擊，而虎斃矣。諺云："鋼頭鐵尾豆腐腰，攔中一擊命不饒。"中其要害，故易。金階起，渾身血汗淋漓，戲堅虎於石旁，猶能作人立狀。方打虎時，鄰右皆吐舌縮頭，慮其脱而遷怒。俗語云："打虎要親兄弟。"誠然！及虎斃，衆覬其利，争擊之，皆打死老虎者也。

捉狗須大户家

婚姻取其相配，稍形優絀，子婦必生厭薄心，世家巨族無論矣。即士庶家娶妻，必擇其門第詩書，祖父長厚，子女方無悍撥、暴殄氣習。曾見某貴顯子，一諸生續娶一村佃女，取其婉孌，居家不識艱難，待人不嫻禮法，慣與同室人口角。雖舅姑不遜，凡見賢淑則避，遇鄙野則親，姑息子女如禽犢，來往親友若越秦。亦猶窮鄉僻壤，所豢寒厖，低聲弱質，見裯人則潛逃，遇乞兒則狂吠。俗謂“捉狗須大户家”，洵然！

求天洩憤

某孝廉交接官吏，武斷鄉曲，道路多側目，因索貸不遂，誣鄉紳李某督修考棚，吞蝕公款，嗾官追究，冤屈賠累。李鬱難伸，齧血書疏，默禱闔邑諸神，惟願天賜速死，化爲厲鬼，以洩憤氣。一日，果噴血死。孝廉尚膺保舉，以知縣用。近年五十，續娶鄂城某猾胥幼女。既婚婦寧，老夫少妻，齊驅並駕，揚揚得意。時秋高氣爽，假館開筵，酒酣耳熱，有解衣磅礴之致。日方昃，孝廉上厠，見李某噴血，披髮而怒曰：“今日得雪吾憤矣。”濡其首糞窖中，兩腿倒立，如雙柱擎天。越一宿，始尋出。腰以上，早爲糞蛆食盡矣。其子諸生出入軍營，亦膺保舉，夜半失足池塘，倒立如乃父狀，想亦伯有爲厲也。

拜日伸冤

某貴顯子，謀一窶人業産，而慳其值。窶人不允，轉售某豪，得倍值焉。貴顯子怒，招窶人至家，嗾誣某豪販賣私錢，勒指田價，陰與官吏相通，凌辱坐罰。豪含冤莫訴，其母年逾七十，每晨早起，披髮焚香，向日泣拜，求天眼鑒察，閲一年，而貴顯子裂腹死。

又某豪衿席，先業甚豐，輒恃財作膽，與鄉鄰某有小嫌，久欲洩忿，而未得其隙，遂匿怨而友。適來貪吏，假公濟私，豪素接交，嗾其先勒捐，繼强借，不遂欲，即中以禍。編氓之家，數世勤苦，稍有餘囊，一舉而罄。復變産以彌之，有不得不飲恨刺骨者。家人父子，每日候太陽出入，咸披髮泥首，泣求鑒察。甫畢，即向豪宅，如是深有及爾偕亡意。及一年而豪衿夫婦，所愛憐少子，陡起癲狂，始作癡獃狀，繼逞咆哮聲，室中衾帳器械，撕毁殆盡，猶復挺刃交加，人莫敢近。呼其父母姓名，數其父母罪惡，攻其父母陰私，怒目切齒，而唾罵曰：“爾致我如此，我不殺爾誰殺爾?”豪亦視爲仇讎，羈其子手足，而禁錮之。子以頭搶地，吐血死。

見利忘義招烈禍

江西德安縣，二人早起同行，一陳姓，一楊姓。陳先楊後，相去百餘步。陳在途拾一搭連袋，内有銀錠二兩許，票二紙。一計銀四千兩，一計錢二串。陳恐後至者索分，遂匿銀票，僅以銀錠錢票示之。楊曰：“既是拾遺物，見財有分矣。”陳以錢票與楊而己得銀，各分途去。陳轉自揣，兑銀票時，恐失主戒店主勿與，再四躊躇，計無由出。仍謀之楊，楊素狡黠，又善詞訟，議瓜分，始獻策。陳許之，楊教以如此如此，方置酒款陳，陳忽不見，獨持票兑銀，店主果以失主言推諉。陳如楊議，餌店主五百金，脱然取之，遂鯨吞。楊詣陳，瓜分欲踐前約。陳不允，僅與百金，田二畝。楊得之歸，再索亦如之，三索亦如之，楊因銀未平分，欲未饜，訟陳於官，官垂涎縶之獄。胥隸皆眼饞，楊嗾之益加厲，譴謫之聲，不絶於耳，囂凌之狀，日肆於家。逼陳妻投繯死，陳舁屍於楊，亦然。楊母赴水死，二婦母姑兩家，并力出訴，内外夾攻，相持久，牀頭金盡，家貲亦傾。惟官胥隸各飽囊。諺云：“得分外財，必有奇禍。”又云：“鷸蚌相持，漁夫獲利。”不信然耶!

辭多受少發奇財

漢陽李祥興鹺商也。嘉慶中葉，富甲兩湖。其祖父係渡子出身，因過客遺一包袱，内重資，後償之，酬以金，謝曰：“余不貪多，而取少耶?”悉卻之，贈以豚腿，乃受。至月朔，以是腿，供神，設船頭行禮。忽爲鷹掠，盤旋江干，欲下不下。李相之率舟以從，至荒洲無人處，豚腿墜下，鷹忽不見。甫近岸，岸已崩塌，半露敗舟形狀，諦視良久，中藏白鏹滿艙，舟木觸之成泥，則古所沙淤沉舟也。滄桑之易，大抵然矣。不料爲鷹牽引至此，歎造化巧於安排也。李載白鏹歸，居無何，前遺資者重李信義，邀其同販川米，而倚爲腹心，貨以重金。李亦出所拾金以副之，自川至吴越，舳舻五千里，往來如織者，多李家船也。其他生涯資本，皆稱是。生平善舉，美不勝收，若求生局，崇善堂，每歲以數萬計。先是洞庭、君山素有險磯，嵯峨林立，潛伏波中，上下艨艟，觸之立覆，行者苦之。李捐資設法，挽水鑽石屑以金，易費可知矣。去其險阻，導其向從，至今懸崖峭壁上，鐫“對我來”三大字，巍然在望者，雖萬古不磨也。

人物類

誠馴猛獸

王霞九觀察贈芳視學楚北，江右吉安府廬陵人。其祖光昇，父殿墀，兩世皆以孝聞，而殿公尤純篤。五歲時，就傳家塾，講《論語》至“父母惟其疾之憂”，問師曰：“其字指誰?”曰：“指人子。”泫然曰：“子疾，父母憂之；父母疾，誰憂之乎?”即有孝童之目。後父母没，廬墓三年，杖枯桐植墓所，自秋徂冬，忽生芽，歷久不萎。居廬中，每遇風雨，雖夜分，繞墓而哭。一夕，有猙獰物咆哮林中，睨其哭號，將搏噬，漸近若馴擾然，仍掉尾去。詰朝，聞守稻者被虎傷，衆逐之，乃知其爲虎也。墓旁而水可汲，終日枯坐，輒乾食，忽湧一泉於道旁，清洌異常，時人謂之孝子泉。天子旌其門兩世矣，故曰孝子門。

孝格頑民

業師汪公楚璜諱焕，邑諸生，年七十七，母趙太君親見七代，孫、曾、玄數十，聞聲能别其名。百有一歲，猶刺繡。公鬚髩皓然，母視若嬰兒。一日，授以針線役，陰戲試其目力也。公屢穿不果，母睨視微笑曰：“兒癡耶? 焉有針線離寸許，猶能穿透耶? 盍還我!”失針於地，命拾之，公摩挲未得，母示以足，猶未得，母佯怒曰：“三婢太無用! 豢爾如許大，猶不能爲我拾一針，三婢太無用!”三婢者，公之小字也。幼愛之甚，故賤之甚。公俯首，母徐命曰：“爾眼鏡在乎?”曰：“在。”取鏡拾之奉母，母一舉而透，子母家人皆大笑。公年逾七旬，得發光鏡，夜分能作小字，因侍母未命，不敢戴，恐自形其老也。其謹篤如此! 咸豐七年，粤寇至，充斥深山，踞人房屋，眷屬皆驚徙。公奉母棲宅後祖墓旁石洞，子汲母炊，相依爲命，誓遇害，屍魂歸邱墓便也。賊奄至，直奪釜糗，將吊拷之。賊目諦視曰：“二老妖即某宅挂百歲扁額母子耶?”戒勿傷，相率而去。賊退，不毁其室，且遺粟。公揮之曰：“吾素不飲盜泉水，況賊粟乎?”先賢名論，謂至孝可格頑民，今於師益信。

姑娘視我猶香袋

道光二十三年秋，下鄉有外來婦人，年近三十，頗標致。沿門賣花樣，剪畫拈繡，無一不工。到處婦女争延之，輒留連數日。有某大屋墩一女，壻家納采，請期太近，一切針黹未能連成，雇剪花婦人幫助，日與此女伴繡，食宿偕焉。女群結黨，相習者久之。一日，某女壻來，戲窺其妻於房中而心動焉。夜分竊起，將苟合。甫近榻上，撫其面，則耳有環；下摸其前，則男也。喫驚而出，竟夕不能寐。自維吾妻豈陰陽生者耶？抑或與所私者宿耶？何以明明上有耳環，而下儼然男也。私問其妻弟曰：“爾姐房中何人作伴?”曰：“剪花婦。”翌日，白其岳父，驗之，果男也。將燒赤鐵烙之，自吐實，則一墩女子，無不染指也。衆恨之，縛於孔壟鎮許真君廟前戲臺上，觀者如堵，有怒而擊之者。彼曰：“非我不善，貴處姑娘，視我猶香袋，個個不肯饒我也。”白縣令，刑訊，供稱素係優小旦出身，自幼裹足蓄鬢穿耳，因年荒戲少，改此業。淫乱雖不著名，到處未嘗漏網。令詳解臬憲，立斃杖下。余按風花雪月，婦女常情，居此奇貨，未有不因利乘便者。此《行露》、《摽梅》、《野麕》諸詩載詠《召南》，見以禮貞潔自守者之難能可貴也。朱柏廬先生曰：“三姑六婆，是淫盜之媒。”兹非明效大驗與？型家者不可不謹。

觀察迷人勝軟坑

都中某會館，寓一人，自謂報捐道員者。攜僕數人，車馬衣服飲食，俱極都雅。有最著名相公，豐於財，寶玩以倉積，金玉以櫝儲。道員招侍酒，以黄金真珠賞之。相公請至本堂，即優館也。飲以酒，有留宿意。故遲遲其肴饌，陰揮其車馬僕從去，蓋將大有所圖，若惟恐其不入軟坑者。旋有僕尋至云：自會票局兑銀，暫取數百，封印完固，請主人驗收。道員呼相公代爲收存，明日再秤銀色，若不甚介意者。相公益喜，入席對酌，甫舉杯，道員愀然曰："此酒吾不慣飲。"相公曰："願借公酒以饗。"公唤僕取之，僕以一甕至，香色氣味，果異常品。堂中諸聽事者，遍賞之，衆跪曰："謝大人酒。"道員各賞以銀，及夜半，堂中人皆昏迷不起，道員與相公同宿，恣意歡娱，及興盡，僕黨暗來接應，罄堂中所有，捆載席捲而去。至日中始醒，跡之會館人云："前三日已出城矣。"查吏户二部，並無此捐道人員者。始知爲拐騙者流，製毒酒以迷人也。

奴婢多染指

富貴家多喜蓄婢，尤尚豔冶。荒年買入，其價甚廉；豢養數歲，料理頭足，售爲妓妾，則奇貨可居。未售時，早晚資其服事，既利且便，孰有佳於此者？嗟乎！患有不可勝言者矣。子弟知識初開，血氣未定，朝夕相依，始垂涎，繼染指，皆誨淫之漸也。我遺真骨脈，人得活風水，冒吕爲嬴，以牛易馬，禋祀因而斷絶。至若家主苟合，妒婦不能奈夫何，遷怒於婢。俟夫出，苦以酷刑，如赤鉗烙陰、紅磚跪膝、沸湯澆背、花針刺指之類，性命雖薄，皮肉相同，婢有何辜？先因畏勢曲從，後則沉冤莫愬，傷天害理，莫甚於斯！坐此弊者，吾目擊其門祚消亡，子孫流落者，指不勝屈。型家者不可不防微而杜漸也。

堂窰可寒心

辱賤至妓優極矣，均以色事人，亦有不相能之勢。優見妓，必下氣，稱妓爲恩母親娘；妓見優，必抗顔，斥優爲龜丁兔子。間有親近者，看老斗情面也。非必陽衰陰勝，惡其男攙女行。故都中妓欲圖財，决不留優伴宿；優欲消遣，必不與妓同居牀。呼妓館爲窰子，呼優寓爲堂兒，呼嫖客爲老斗。入堂窰觀看者，爲打茶圍；出堂窰門户者，爲點燈籠。昔都中有牀頭金盡者，作點燈籠賦，以傷心二字點燈籠爲韻，謂下逐客令也。予居都數年，相知者强予打荷圍，予曉之曰：“君等以爲狎昵具耶？予以爲可痛哭人也！予豈性與人殊？覺有不勝寒心者。臨之若子女然，懼輪報也；憫之若哀鴻然，嗟失所也；懔之若酖毒然，防傳染也；厭之若腐鼠然，嫌污穢也。善夫！蔣礪堂相國之言曰：‘人言此是鴛鴦侶，我當哀鴻一例看。’誠禮義人，言藹如也。”

輪姦幼女

陶鳧鄉閣學樑，秉楚泉時，訪拿漢鎮有販生人者，訊以極刑無供；及訊幼女，僉供有四五十人，多由拐帶而來，夙夜淫亂，輪流更换，而後售人。陶公以輪姦幼女，無論强和，問實斬立決，請僉呈令梟示以快人心，女發配良家爲婦。近年本地有至六安、徽州、江右等處販人者，年壯魁梧，多詭言自娶婦，人願從，不索其重值，沿途宿食相偕，抵家以使君自有婦而轉售他人，且索重貲，兼留其釵釧、衣服，婦亦切齒，而莫可如何。其中多至失所，縱欲飽囊，惜不遇陶公斬决而梟示也。

陰致嬌娥

某世家後裔，好漁幼色。家蓄雛婢，輒先試新而後出字。後爲悍妻所妒，不遂欲，遍漁於外。承平時，城内放煙火、玩花燈、賽會、演劇，諸戲無虚日，觀者甚衆。厚賄鄰媪，陰誘良家子女，甫及笄與未及笄者，粉白黛緑，盡態極妍，藉諸戲事外出，集於某空室内，餌以雜佩、釵釧、衣料、幣帛、殽核等物，肆行淫亂，致有壞名節而喪命者。每收租，佃人投以所好，即抵其歲入之數焉，否則刁難無不至。不數年爲賊所戕，漏網者亦夭且絕焉。道光丁未，堂弟嶰虚孝廉自都歸，買舟淮上，同邑某游幕此地，攜裝附舟，篷窗風雨，把酒縱談。時患足疾，漸近癱瘓，因自悔其少年不檢，應受磨折。某年五月賽會，觀者如堵，至城北見一少婦，姿色可人，同行皆紈袴子弟，咸以爲西施不若也。因共詣西城某嫗，求其畫策。某固老妓也，能致良家婦女與惡少歡。訪知少婦家貧，可以利動，索青蚨二十千，衆斂錢與之。某嫗飽其半，以一半遺婦家，而婦姍姍來矣。同輩十人，置酒雜坐，興到即擁女爲歡，無一肯作閑人。婦受創甚，即歸得下血病，不數月而死。同輩多不軌行，未有若此事之甚者。至今心猶介介焉，因嘉其有悔過心，又不自諱，故附記於此。

鬧端午

某生處館鄰邑豪族，生徒數人中，有女弟子，年甫及笄，姿態聰秀。生甚憐之，女亦未免有情，私約蒲節前五日，衆徒解館，女夜私奔。某生爲剃鬢髮改辮。翌晨，某生歸，女早易男裝，趨於路待之，相與同車過市。至家時，妻問此郎君何來，生詭言門下士，過此游五祖山。是夕師生同寢，夢正酣矣。不料豪族追至其家，赤身搜出，撻之市朝，斯文掃地矣。有好事者演一齣名《鬧端午》，此使女子讀書之弊也。

賀中秋

某孝廉爲諸生時，年甫弱冠，教某姓女弟子，情意相孚，一憐才，一悦色，有苟合事。後女嫁，孝廉契闊良久，時近中秋，備賀節儀，作傭奴狀，親詣其夫家。女約日出夜來，私留門户。適乘其外出也，爲同室人猝遇，目爲偷兒，鞭之見血。女聞而憐之曰："此某秀才也。文采爲一邑冠，行將出人頭地矣。昔爲吾師，曾許以身。此次微行，未免情癡。今羅敷自有夫，使君自有婦，先生休矣！請勿復見！"遂釋之。下秋果掇鄉魁，英華太露，閱一年而卒。

充軍遇兇手

咸豐年間，陝西某縣一諸生，聚徒處館，學舍去家不數武，徒十人中有女徒，年將及笄。一日，午飯時，諸生及衆徒歸，女一人在學，俟其家饁而未到。有業薙髮者，適入館，見女猝起淫心，將强姦，女不從，殺而潛逃。飯後一徒先至，見女死於地，衣皆血染，喫一驚而出。會諸生及衆徒來，察此情形，必是先至一徒無疑，因此徒素輕薄子也。遂首於官，嚴刑逼勒，獄遂成，坐大辟。諸生以不應男女雜沓處館，且教督不嚴，坐遠徙，安配某處。甫到，居飯店，遇一故鄉口音人，諦視之，乃薙髮者也。生固識之，與叙鄉誼，彼卻不甚認識，而前事在心，問諸生曰："鄉親自故鄉來，知某家女學生被人殺死一案，今已了乎？"情似怯懼。諸生曰："吾離鄉有年，不知此事。"陰疑焉。訴於是縣官，拿薙髮者嚴鞠，得其實，囚解送還。甫抵籍，則某徒未處決前一夕也。此即昭雪，越翌日，而勾决釘封至矣，遂平反之。見冤家英靈不爽，亦斷獄者審察必精也。

搶親得禿頭

山東穎上縣王某女，幼許某人子爲妻，長嫌其貧，而改字焉。幼字者不與論，伺其婚嫁日，要於路而奪之。就近至其姨家，賃室成婚，防後聘者轉而奪於其家也。姨係寡婦，内室不便，即於後堂扃門婚焉。及夜深，後聘者尋至，竟闖入姨内室。姨披衣起，拒之，奪者戒勿誤姨，執姨手安慰。尋見衾被中一人隱卧，有紅衣覆其首，謂爲此女無疑。衆連衾包裹而去。至家揭其紅衣，則一赤身裸體和尚也。衆大驚異，暫匿和尚於倉中，俟翌日查處。蓋此姨素通和尚，黄昏時挨入内室，不料奪婦者猝至其家，故出後堂扃門而婚；更不料轉奪者驟入其室，故匿被中赤身而寢。其紅衣覆首，恥人見其有和尚假示以也。及天明啓倉，和尚知法律難逃，已束項自盡；姨恐穢行貽羞，亦雉經而亡。一事而致喪二命，所謂城門失火，殃及池魚。近年蘄州亦有搶婚事，與此略同。州牧彭君禹門以和尚死得無名，置不問。衆秃子欲首，知不諧，乃已。

借花獻佛

都中有尼窰子者，亦妓館也。居寺庵最華麗，以老尼爲老鴇，其餘十二三歲至二十一二歲不等。日禮佛尼裝，夜娱客妓裝，足極纖小，歌喉舞態，異於常妓。亦有戴髪修行者，名曰道姑，蓄髪結辮，忽男忽女，隨人所好，風雲變態，令人目炫神移。北人信佛，滿漢貴顯婦女，好許願祈福赦罪，多入寺觀拈香，與此輩往來密邇。有某少年素與尼通，忽門外車聲轔轔，叩寺而入，則其貴顯太太小姐也。少年竊窺之，甚垂涎。尼笑曰："君羡之耶？我可借花獻佛也。但許我若干金。"少年答以太太十金，小姐百金。逾時尼作延壽會，誑太太小姐偕往諷經畢，下迷藥於茶食瓜果中，皆昏睡。尼曰："太太小姐，一誠有感，佛爺引進天堂矣。請凝神於内榻!"少年伺候久矣，縱其所爲畢，尼出湯水解之，豁爲醒矣。後雖知覺，歸不敢爲其老爺道也。

過氣煉丹

某太守信佛，妻亦持齋佞佛。一少尼聞而化緣，談佛法甚顯應，目爲仙姑，遂往來署中，門者莫敢阻。常引守妻入廟行香，又與守妻在署樓禮佛。童僕窺其奸狀，告太守曰："太太與仙姑過氣煉丹，非尼也，僧也。大人宜察之!"守怒曰："爾何以知之?"曰："奴子見其立而小便耳!"守戒勿洩，令尼赴花園井内取水，尼俯躬於井，守一驗，乘勢墜尼於井，以爲失足，亦勒妻自盡，嗣後不復信佛。

羅漢種子

成都某寺，大禪林也。塑頭陀五百十八座，僧以百數；喧傳寺神極威靈，求子者無不應驗；朝謁如市，有羅漢種子之説。先於神前求筊，予筊者，領籌入浴室，以檀香湯沐身，更新衣再入麟趾室，室如蜂房，門垂簾。求嗣者焚香合掌，坐至三更，燈齊燼，裸衣仰卧，候羅漢來，閉目凝神，任其姿意，不可詰問。羅漢所不到者，謂不誠心。夙興，經過者各述其事，歆然得意。時郡守方公未舉子，一日忽有僕從多人，簇一輿至，稱郡守夫人來求子。夫人盛妝出，如法求之。翌日方公至，夫人述其事，方公欣然如望外，喜招僧曰："若方某得生弱息，神宇頗焕規模，諸住持者各贈袈裟。"衆僧出謝曰："大護法，公侯萬代。"方命署僧名單，預量身長短，核衣廣狹焉。僧畢至，命褫衣量之。時盛夏，褫衣見膚，一僧極肥胖，狀如佛像，背膚有血印。方公曰："此活羅漢也。但羅漢宜脱凡升天，吾特送之。"命褫下體衣，丹田穴亦血印瑩然，唤夫人視之，即昨夜種子者也。以綿纏其前陰，沃脂燃之曰："羅漢普渡衆生，種子有功，皆此物力，尤宜早燃畢，再焚其屍。"觀者如堵，皆方公兵役也，已圍寺三帀矣。闔衆僧於寺内，而盡焚之。蓋僧以術愚人，兼用淫藥取歡，戰能戀久，皆婦人生平所得未曾有者也。經過者，多藉求嗣而取歡焉。方公皆廉得其實，招一妓，詐爲夫人，藏猩血印於身，俟種子時而陰蓋之。此血能入人膚，猝不得脱，一驗即是。

菩薩拜年

南人信鬼，北人信佛，畿輔浙閩皆沿之。元旦各寺觀僧道，有升木偶土直像，互投紅片賀年，如武聖廟、大士閣、岳王祠、天后宫等。住持者，稱男神爲老爺，女神爲姑太太，互相譁然曰："咱某老爺拜你姑太太，咱某姑太太拜你老爺。"以人物輻輳之區，作市井兒戲狀，不獨慢神，稱謂亦令人噴飯。按諸神時代，隔千百年，以後拜前，猶可説，若以前拜後，是稷契、皋夔拜太任、周姜子，娥皇、女英拜子産、伯玉也，有是理乎？

摸頭子

同治四年夏，子弟應黄郡試，聞有洋人煽惑奸民，在陽邏等處以迷藥致鄉市兒童於舟，人呼爲摸頭子，抉取小兒眸、腦、心肝等，延及巴河、後湖地界。有某姓兒赴學，中餘忽不見。後於麥隴得其屍，眸、腦、心肝皆去焉。一日，午後有童子約十一二歲許，循清源門外，直趨市，人呼不應，亦不反顧，咸訝曰："此必中摸頭子術也。"試阻之，狀如瘋癲，披其頰，冷水噴其面，兒恍然悟曰："我在某所，人遺餅餌食，兼摸吾頭面，心遂迷，但見兩水夾路，惡獸烈火尾後追之，如人負而趨耳。今得凉水一驚，即醒矣。"衆問遺餅餌者，能記其人否？曰："狀貌彷彿能辨，衣服係某色。"市人同捕役跡之於安國寺塔内，獲惡丐四人，搜出小斧、鉤、剪數件，斧柄尚有血痕。械至有司，儀門外觀者如堵。一丐毫無懼容，有愍不畏死狀；三丐流涕被面，作觳觫就死態。大約一首而三從也。後聞供稱奸黨近千人，流布各省，專爲此術。此一夥，尚有四人，踞塔第四級，未搜捕而兔脱也。

放鷹兒

南人捕魚蓄水鴉，北人捕鳥蓄山鷹，其法取鷹卵數枚，置人懷中，帖膚抱雛，飼以血食，處以袖囊，於林前放出而呼唤之，能捕雉雀及一切禽鳥，以供肴饌，名曰放鷹。所謂饑則附之飽則颺之之物也。都中蓄妓者，師其意以愚人。取雛蛾之甫及笄者以練習，丰神綽約，自不待言，總期入彀。富貴人買爲妾，其母家男婦或扮作花姐、穩婆，出入宅内；或假爲貿易乞丐，呼唤門前，皆有暗號。此女偷傳衣物財帛以去，或身竊重資，約時備車，伺連人飛載而去，即飽則颺之之故智也。

輪姦數案

道光壬寅年十月二十八日，有合肥亡命徒男女七十餘人，名求喫而實劫盗，借宿城外東嶽廟内，夜至近地樂家籬小店，闖門入，火光如炬，縛家長，泥其口，以布勒處女頬而輪姦之，並衣物席捲而去。有木匠從鄰家夜作歸，聞呼救聲，從後尾之，得其下落，呼地方人併擒之。邑侯嚴訊，至死不供，恐有遺漏。屬内眷私問處女，姦時能記其狀貌否？女曰：“多不勝記，但初姦是二麻子下手，頭戴白毡帽，若將此人至前，吾能辨之。”侯以二犯至，女切齒曰：“恰是恰是。”遂以竹簽寸許，刺入十指甲，盡吐實，詳上司，請王命梟首，懸犯事地示衆。

武昌縣某氏女，嫁時前一月，至姨姊妹家赴宴，名曰喫嫁飯，盛妝而往。姨居鄉村獨户，有惡丐八人，在門前乞食，見而豔之，猝起淫心，朋肆輪姦。姨求救於四鄰，迫不及應，遂自焚其草棚。救火者至，擒其四，餘逃匿敗窰中，捕得之。予初赴鄉試，見武勝門外，一日而梟首者八，即此案也。

邑東關外一天門，某鐵匠獨居道旁，新娶婦，少而冶容。一日匠早出，時近五更，有惡少入城擔糞者數十人，路遇匠，知其家衹一婦，撬門入，群嬉謔，以衾裹婦，扛至山後僻處輪姦之。辨色時，送還其家。婦小腹腫脹，僵不能起，氣垂絶。匠歸，覓穩婆揉推，洩精血斗許。人勸其鳴冤雪憤，匠苦無資，事竟寢。

南鄉張家湖某耕漁爲業，湖攤搆屋三間，四面水繞，以船爲足。某漁於湖，家一妻一妹。有撈草惡少船泊宅畔，朋淫其妻妹。妻貌美而妹年輕，分姦不遂，折草爲籌而拈其次第。有强暴初淫此女，以爲勝籌，喜不自禁，以舌喂入女口中。女遂齧其舌，斷寸許，群醜寒心，興亦敗，乃散。漁人返，或勸其訪斷舌者訴於官，某恥貽人話柄。不數日撈草惡少皆覆舟亡，斷舌者亦餓斃，洵天網不漏也。

迷誘童男

同治年間，皖北省城有奸民董五等，見秀麗童男往來市肆間，詐爲嬉謔，搶其帽及佩挂等件以爲戲，急行於前，逐之不即，舍之不離，延至僻巷，或城隅小屋内，媚以甘言，餌以糕點，内藏迷藥。至晚，群惡少朋輪雞姦，或留數日，或遲至五更，負至原處釋之。有某官公子，及某塾師學生墮其術中者，雖控訴而幼童不知其地，不識其人，久之遂寢。時臬憲聞而恨之，密遣親信耳目，帶領美幼童盛服於街衢試之，遇有此類，尾其後而拿之。一日，果獲數案，嚴訊則董五一黨，得十數人。拘繫以待，唤前被迷者視之，果其人也。按律姦童男女在十二歲内者，問實斬立决，遂請令梟首云。

駄婦多貽患

嘉慶年間，佃人向日昇子婦某氏，晨飯後，偎兒窠中，屬童養婦視之，出澣衣。窠覆，兒睡於地，豬齧其半，舉家大哭。欲甘心於豬，售價可抵數月之糧；欲遷怒於婦，一命遂致兩命之喪。真哀憤莫伸也。蓋婦出，少婦亦離，幼而無知也。兒遺屎於窠，豬嗅穢氣，覆窠啖屎，累及兒，人血最鹹，故饜之。

又袁角鎮王某婦，持兒遺屎，素不揩拭，但唤狗舐。一日，狗連兒前陰誤噬之，猶以兒好啼，置窠中，兒斃矣。驗之，始知爲狗所傷也。

又蔡山鎮梅某婦，哺兒飯，甚狼藉，及兒頭面。群雞伺其餘粒，啄之，誤啄兒眸子去，遂成廢疾。

又濯港鎮胡某業漁，以船爲家，蓄雄雞報曉，雞與兒相習。一日，其妻哺兒魚，遺魚鱗於兒面，雞啄魚鱗，雙眸皆去。婦撲雞，致船傾婦墮水，遂傷二命。

又龍坪山嚴某家婦，正月人日，將往厨治飲食，置窠於牀前，防兒寒，以烘籠伴兒寢。方食時，聞兒蹄，急視之，兒下體已灼矣。衾褥幾被燬，兒隨斃，家人咸責之，婦憂鬱而死。

布衣曰："予觀近日此類甚多，略舉數條，見獃嫗懶婦最可憫，尤可惡也。爲丈夫及舅姑者，不可不防閑而開導也。"

癡兒自取污

邑陋習，每年演劇，觀者人如山海，而婦女居其半。日中往往入近處人家便溺。西鄉某豪族狡猾少年，惡其煩擾，戲以湍水浮沫煎茶待之，即田流下旋流水也，最利小便，婦女飲之，咸數便。愈覺户外屢滿，入其室，咸迫不及待，即於油缸、酒甕、醬瓿内遺之。少年嗜酒，入口覺臭味差池，始知其爲嘗溺。御史及啓油啓醬視之，則在川滿川，在谷滿谷矣。以好行小慧，致暴殄天物，見玩人喪德者之自貽伊戚也。

銀錠隨罈走

同治八年，張林鎮劉作章次子，離宅半里許路旁耕地。犂碰物有聲，掘之，得一罈，上覆以盌，啓視，則白錠充滿其中。上二錠較大，約十餘兩，鐫二人姓名。其一則適來過路素相識者，其一不知何許人，皆匿而不宣。挾二錠於腰，仍耕焉。覺累贅弗勝，擲一於原罈内，少頃，亦弗勝，皆還原罈，覆以笠歸，攜籮來挑。笠仍覆未動，罈未動，罈忽不見，掘地數尺，毫無影響。劉嗒焉若喪，棄盌於道旁，輟耕而悶。有乞兒拾盌求食，盛物常温。盌色白，古瓷也。有識者得之，謂能治哽噎，劉悶而終。

木桶當褲穿

戚誼有柳氏子者，素有博癖，父歿時，屬曰："爾輩不戒賭，吾目不瞑矣。”繼引誘者多，遂無日不戀賭局。家將落。一日，某局中見一偉然大漢，立桶中，與人相語，呼之畏縮不出。諦視之，不獨袒裼，亦且裸裎，下體衣已爲勝者脱去矣。柳氏子因自猛省，慨然戒賭。家中無如其勤儉者，晚蓋可滌前非也。

到了就好

里巷歌謠，古盛時擊壤風也。若近時暮夜演花鼓戲，皆淫亂事，名曰採茶，由鄉里無賴游民嬉謔播弄而成，如張出錢、王墊米、劉搭臺、李剔燈之類。男女雜沓，相遇於野田草露之間。凡殺牛、酗酒、賭博、凶傷，及命盜、姦拐等情，悉出其中。傷風敗俗，莫此爲甚！有好事者，署聯額於臺云“賢者亦樂此，鄉人皆好之，喜而不寐”等語，居人争先睹之爲快，爲所移者不免如醉如癡，若瘋若狂狀。一婦抱兒往，延頸舉踵，以乳哺兒下體，旁觀笑曰：“兒抱倒了！”婦曰：“到了就好。”時有吊桶燒茶，抱枕作伢笑話。道光初年，獨山鎮某姓處女，有因此被惡少拐去，累訟數年，後且釀爲命案。又蘄州西河驛，因此招摇，大盗偷劫餉鞘，遺累地方，十室九空。又近年白湖渡西街某姓，舉家群往，室中遺火，一炬而成焦土。又同治四年，小溪鎮某姓，繁族也。東邊大屋墩中，一少婦夜半歸來，時溽暑，倦卧巷口竹榻上，至日出猶鼾睡。有惡少過而戲之，以婦鞋塞其前陰，夫恥而怒撻之，始醒。婦慚，雉經亡，母家以凶傷斃命，移縊梁間，欲白官。後經講和，家資幾盡。此種流弊，更僕難數。是在訓俗型方君子及守土有司開導嚴禁，以挽其頹風焉。

吊不叫饒

粵賊掠一方，必覬民房。有青年婦女姿色可人者，踞其宅中，名曰打館。所謂花香纔引蜂蝶至也。打館後，飲食衣服，搬積如山，以悦其家中。老幼男婦，方爲所用。因訪近地金銀財帛埋藏洞窖者，捉其人而吊拷之，欲買命者，無不吐實盡與。獨吾鄰右有吕老者，力作起家，積數百金。土匪㗭賊捉來，以麻繩繫其四肢拇指，俯懸樑上，薰以狗糞煙，不吐；背加石磨一扇，不吐；加土磚數塊，不吐；更加樹兜一筒，仍不吐；自午至申，歷三時而繩絶矣。賊以所加物總計之，約二百餘斤，笑而搖首曰："呈吊人多矣，未有如這老妖之不叫饒也！"老者曰："再吊必死，吐實金亡，則全家餓死，與其死全家，不如死一人；況我年逾八十，留一老命何用？請大王再吊！但求一餐飽飯，免做餓肚子鬼，來生當長毛，又吊别人也。"賊笑而釋之，後活數年卒。

求榮反辱聲名裂

近年考試詭遇求合者，名色頗多。童生縣郡試賄列前茅，名曰"佔紅號"。院試雇鎗手，塲外拉縴者，名曰"猴上樹"。場中連號者，名"狗練丹"。某廣文曾以練丹游庠索筆資者欲壑難填，屢致書於某父曰："令郎未下面壁功，一旦龍門奪錦，取青紫如拾芥，伊誰之力與？"某護短遂至無歲不聘，及捐廣文時，亦然。或嘲索貲者曰："爾太無賴，桓公殺公子糾，是遠年命案；宋朝私通南子，是幼時姦情。豈有割不斷葛藤耶？"彼應之曰："螞蝗搭倒鷺鷥，腳要脱不得脱，見男子失足於小人，猶女子失身於狂夫也。"又武昌有鄢駝子同本邑剥皮亭者，慣作猴上樹事。某姓二生，曾以練丹游庠，希圖上進，以泯前跡，被其蠱惑鄉試，場前豫立銀券三千兩。署名云："某科舉人，某人手票。"及榜發，二生名在孫山外，以爲事不驗、券無憑矣，遂忘銷繳。逾年，二豎與猾胥上下其手，呈券於某觀察，遂興大訟。幾致褫衿，耗資無算。名裂身敗，求榮反辱。在比之六三，曰："比之匪人，不亦傷乎？"正謂此也。自修者不可不謹。

極樂生悲産業灰

隣邑某豪族好博，父子兄弟叔侄，公然同座。凡歲時伏臘，與諸慶賀，叔嫂甥舅姊妹及姑姨夫壻共戲摴蒱，接膝比肩，嫌疑不避。有雇工乘隙開倉盜稻，豪覺，責其不應，反受侮。豪怒鳴官處治，有劣衿唆聳捏詞搪抵，牽涉婦女子弟姻婭多名。若清正官處此，訊雇工完案，餘置不問。詎令頓起欲心，拘其眷戚質訊，當堂咤叱，以姦淫財博論，收押加刑。豪見事不諧，託人賄賂，破産傾家，一舉而盡。

除害同沈水

某監生，武斷鄉曲，自恃健訟，人莫敢侮。凡鄉間一切事件，彼未染指，不能安全，無不視爲目中釘。有俠漢憤極，願捨命爲地方除害。一日，偵知彼往某所，先伏路旁深淵險隘處，出其不意，牽髮入水，駢溺而死。地保見水浮二屍，相與持抱，鳴官撈起，固結不能解，遂以一棺掩之。

圖詐自繫繯

蘄州某豪家素封，鄰里無賴子悉索不遂，輒尋死圖賴。豪强項，素恃財，作膽笑曰："與其屢受詐索，不如斬斷葛藤。諺云：'燒一靈腳，便少一鬼。'"遂聽其所爲。設一椅於門外，坐視無賴子延頸投繯，氣將絶時，手舞足蹈，有求救不能出聲狀。豪鼓掌大笑曰："問爾猶能爲好漢不怕死之句否?"鳴官相驗，自盡圖賴，勸豪給棺木掩之，後遂無有言尋死者。

拾遺爲騙局

市井無賴，巧於行騙，黨與三四人分伺通衢要路中，假爲拾遺小包一二件，啓視内有信一封，上書某官署，或某钜賈寄人參若干，或金銀首飾幾件，或匯票一紙，皆贋也。故作不識字狀，送與過客閱念。旁有人佯聽，群起而訝曰："大家見財有分。"將人所帶資財衣物與其贗物，摒數瓜分。黨與互相争競調處，遺肥取瘠，若爲人愚而實以愚人也。某佃曾以一豬易十貫假票，致妻自盡者，墮此術中也。

挨餐作竊班

乞兒三五成群，本干例禁，然移口就糧，孤苦零丁，不敢輕出，勢必盡室偕行。有家人父子之樂，有出入友助之資；獨貪污頑民，邀伴求乞，名曰挨餐，實行則竊。至一鎮市，或大村莊，凡拋曇踊索駝猴狗鼠諸戲，及醫卜相命等技悉備。引誘窺探，矇混偷竊，稍有敗露，則詐爲孕婦臨産，疾病將危，以嚇失主。一旦術窮送官，不能遽置死地，惟有盪以沸水，煨以礦灰，則欲生不能，求死不遽也。聞下江待若輩以此法。

四指墜地如蛙跳

徐某好博，負時無付，屢受人侮，因自悔恨。舉巨刃斫其四指，一齊墮地如蛙跳狀。猶復自問其指曰："看爾猶能拭牌否！"可謂痛懲之極矣！逾數月，始痊。結成肉餅，形如薑瓣。不期年與拭牌者群處和聚，謔浪詼諧，不覺技癢垂涎，有攘臂下車概。遂以肉餅抵几筵側，微露其縫，可以安插葉子，朝夕不舍，較前尤嗜焉。

七孔出火若螢飛

都中酒肆"六必居"三字，前明嚴分宜相國嵩書也。字體遒勁，酒亦甲於都門，有三兩能煮斤肉之説。余曾過是處，時近黄昏，見一人口中出火，初以爲戲術，見其舉手招人救命，締視脣舌焦爍，猝然有聲，始知醉人腹中酒滿及咽喉，吸食旱煙，遇火焚着耳。衆灌以凉水不熄，掩其口，則火從鼻耳眼諸孔出，狀如繡毬燈，又如蛇吐芒舌，閃灼三四寸許。撲以扇少殺。俄下體衣忽焚，則火因風降，從穀道突出矣，諸上孔復然。市中譁然，代求解法，余問有冰否？曰："有。"急取冰來，置六七斤重冰一方於頭頂百會穴，以二冰夾其腹背，更納碎冰於諸孔中即熄矣。時五月十三日，即時俗稱關帝會期也。都中人推余有急智，余笑曰："幸在此地，設在南方暑月無冰，則竟袖手旁觀矣！焉得智？"

剔　膽

余在都門聞有奸民居城隅偏僻地，早晚伺一二人散行，騙至宅内綑縛，以小利刃刺入乳脅交關處，約寬三寸，深二寸，如閹雞法。以弓繫絃，絃端有鉤，分闢其刀口而生取人膽。捕獲後法司嚴訊，供稱取活人膽一枚，立時投紋銀八九錢於膽内，狀如鼎沸，又如紅爐鼓鑄，即時鎔化，妍細爲眼藥材料，點瞽目無不神效。但見效者復發，非此藥不能再療，故奇貨可居，獲利無算。法司按律治罪，悉置重典。

刮　胎

道光初年，余居縣市，見城門洞旁黏帖皖省賞格一紙，載有奸民扮作丐狀，或三五成群，或七八逐隊，每至鄉村僻壤獨居之家，入門求乞，佯爲吸煙，燃紙捻一照，即知婦女有孕與否。或就室中，或舁至山林，裸孕婦，綳其四肢如十字架形，縛立樹下，兩手自扠其脅，弩力張肘，推摩孕腹，輪流更换，不數十把，而胎墮矣，即裹而去。常孕者間或得生，初孕者立即斃命。擒獲供稱，和藥熬油，能照土内三尺深而取寶玉，及行人囊篋中金銀財帛，無不畢見云。

刀來拳落地

鄉里游民，群居小店，言不及義，好勇鬥狠。有二少年在某屠店嬉戲，一伸拳於肉墩上曰“爾敢斫吾以刀乎?”諒人必不以刀來也。一舉刀而咤叱曰：“爾敢當吾一斫乎?”諒彼必將引手去也。言未已，刀起拳落，跳躍於地。一以血盡氣亡，一以戲殺抵命。屠店踏爲平地，店主在獄死矣。

石墮首如泥

道光癸卯，楚北武鄉試。一武生舞刀如劍，流利頓挫，令人目不及賞。累三石爲一，舉重若輕，主試者已擊節歎賞，稱爲絶技神勇，擬置第一。武生欲賣餘勇，加二刀於三石上，併力連扛三把，至末把力不能支，連刀石仰卧於地，首成血泥矣。見有力不可用盡，凡事當留餘地，以自處也。

卧棺如睡榻

安陸劉璧臣孝廉奎光宰宿松，有侄毆殺叔父者，劉往驗凶傷，供證確鑿無疑。案完矣。劉授意隸役，即呼兇手曰：“爾叔父也，死得苦，爾願出衣衾棺木呼?”曰：“願。”俄扛一棺至，甚美。劉曰：“吾知爾家寒，不堪此費，即微薄些，亦可。”兇侄大喜，果舁薄棺至。苦主家人大嘩，叫冤曰：“渠喪一命，並不得給一好棺耶?”劉叱之，笑謂兇手曰：“棺恰稱，微嫌短了，爾姑試之。”侄即躍入，如睡榻然。隸役急加蓋其上，錚錚有聲，棺釘固矣。鑿深坑埋之，即以厚棺葬其叔，觀者以爲直截了當。

搭船占官艙

宿松豪族至佃家收租，是歲大歉，所收不敷租。佃畏豪勢，將鬻妻女以償，鄰右憐之，朋成陶公，會以與豪，完其骨肉，尚缺其一，勸豪助成。豪强諾，醵金爲酒食，盃盤設矣，未就席。適門有貿布者至，詢何讌會。衆告之故，布客甚嘉獎，拂衣行。佃母奇其狀，亦留飯。布客從之，擬坐次。衆以布客異鄉人推首座，布客推豪，豪佯辭。布客竟坐，豪次之，心不悦，布客知其意。酒畢，佃盤捧六骰出，請豪摇會，豪怒曰：“爾等推異鄉人首座，何不推異鄉人首摇耶?”擲盤骰於地，復厲聲唾駡曰：“爾以搭船者占官艙，是奴欺主也。吾錢糧已完，定送爾下獄追租，看爾有多少妻女可鬻。”佃股栗戰懼，尤其母惹禍胎。子母向豪屈膝，衆亦賠禮，並令布客代豪頂會，以賠服之。布客曰：“君等全人骨肉，好事肯讓異鄉人做耶？如蒙不棄，莫説此一分，即全數何不可作小東耶？若吝此舉，斷不敢登此座也。”解金先給其席值，餘訂城内某處交。豪惡其相形見絀也，兼疑爲撞騙者流，即與偕往試之，虚則破其騙局，實則扣收佃租，自謂得計，遂同往某處。主人點首應允，布客出。少頃，有持籤票執鐵索者來曰：“劉太爺請爾赴會矣。”豪倉皇失指，不及問，竟鎖其頸而去。遥見巍然上座者，即布客也。豪始知爲劉公矣，股栗戰懼。劉查其糧册，積欠尚多，罪以抗糧，下獄追繳，獄卒受金少，委與囚處。衆囚虱疥纍纍，厲聲唾駡曰：“爾搭船欲占官艙耶？爾今日成我輩會，便登首座。如不然，此處無立錐地，看爾有多少妻女可鬻耶?”不數日，糧盡完，出豪於獄，從末減責，以爲富不仁，罰金若干，恰符全股會值，招佃母與之。並招前同席者共飲，推豪首座，豪大慚，一時稱快。按劉君好微行，苛察爲明，非古循吏風。然此舉頗足快人意，故録之。

鴨棚謀命

潛山縣某巫者家，薄暮時有過客二挾重貲，未及館舍，叩門借宿。適巫者出，婦曰：“吾丈夫未歸家，一女流甚不便也。”與之茶，請客他往。及夜分巫者返，路過鴨棚側，聞棚内號哭，有連叫救命聲，巫怪而問之。鴨傭曰：“小夥心氣痛，求醫診視耳。”及歸，婦述二客借宿事，巫者因悟鴨棚救命聲，必此二客投宿於彼，鴨傭謀財害命也。家去鴨棚里許，心生一計，縱火自焚其室。隣右救火者衆，獨無鴨傭一人，巫者曰："勿救火，請救人!"語以鴨棚事，率衆圍之，搜見一客釘舌於板登上，一客未知所在，但見群鴨食物，血臭甚腥，跡之，則客身已被支解，臠割飼鴨，而食將立盡也。鴨傭迅雷不及掩耳，無一脱者。巫首於官，官義其豪俠有智，爲營焚室以旌獎之。

漁舟愬冤

道光十二年四月，江右有巨賈，二舟子覬其重貲，乘風泊江干僻隘處，商曰："此處不便登岸，且非常泊所，蓋他移?"舟子隨口應之，卒不移。二商爲重貲累，竊憂之。薄暮時，有漁舟過，商呼市魚。漁翁曰："無矣。"商曰："吾姑下定值耳。"以千錢與之，約明日送魚。漁翁思此地非常泊所，二商亦萍水交，何慨然假以值，必有故。甫曉，邀漁舟數十，至泊所呼商取魚。舟子曰："吾客正酣睡，何暇與爾言計值，與魚足矣!"翁候少頃，呼之，仍云然。又少頃，呼之仍云然。漁翁率其黨直上船，呼不應，欲視其艙，舟子挺刃以拒，衆寡不敵，悉縛之。啓艙中血色淋漓，搜得一客，斫爲四塊，裹以氈毯，藏在艙下。艙内一客，身首異處，埋在蘆州中。漁翁同地保首訴，守土官目不忍視。獄成後，設二客位，將舟子剖心瀝血，以祀之。重賞漁翁，翁不顧而退。予按二商雖有見幾之明，而無保身之哲。其意以爲示意漁翁，即可驚醒舟子，不意小人不恥不仁，不畏不義，不見利不勸，不威不懲也。若市魚時，寄身漁舟，傍己舟而泊之，不獨遠害，並可保貲。懷璧越鄉者可以鑒矣。

楚江盜

同治九年春，漢、黄江漁人，網取淹骸百六十餘，土人埋之。見有身受刀痕者，有腹背縛石塊者，有氈被包裹肢體者。時逆氛肅清，知必江洋大盜所爲，卒無一訴冤者。官吏察訪，未得其情。越半載，鄂城候補州牧王秉厚因授缺無期，思圖捷徑，稟請查辦，當路然之。王攜僕役，周歷各水鎮市茶酒館中，訪有業隸役保甲者，與之接談，貺以飲食，如訂莫逆交。至武穴鎮茶館，過一船行爲水捕者，相對言歡，稍露圭角。造其家，聯蘭譜兄弟，詢王去來。王曰："弟自武漢往下江，近聞船家叵測，願叨兄教買舟，始放心。"船行曰："小心天下去，但財多累己耳。"適來一少年曰："於今財不在多，疋布千錢尚不饒，豈在多耶?"王問若何人斯?船行曰："二小兒見伯父，速爲禮。"王以百金作見儀。船行置酒爲壽，酒酣耳熟，盡吐實情。翌日，王置酒勞船行，情實愈信。再造其家，温語曰："吾與君既結爲兄弟，誓同生死，自休戚相關。今君把鼻都在我手。我出首，君定滅門巨禍。君若獻盜，我可保君得功。"出督撫檄相示。船行懼，跪泣求救。共乘舟至九江投檄，各署出兵弁捕之。時方演戲，一舉而擒八盜矣。又獲滿江紅舟一隻，紅白藍頂孔雀花翎，皆其服物焉。因解鄂省刑訊，供稱沔陽、黄陂居内，有張姓四人，爲盜十餘年，黨與百餘，殺人千計，姓名年月贓款，不能記，不勝記也。其術皆自駕船，上下江湖千餘里，沿途伺候，價廉言甘，逢人即合，及上船，或乘風浪，中流下手，或泊孤洲，早晚隕命，貴賤老幼，不饒一人，防其首也。石土包棄，不遺一屍，惡其浮也。曾中堂親屬曾國藻、漢川縣教官石廷樾，由水路不知所終，大率均遭其手，此數十年未發之毒也。臬司憤極，請令正法，剖心瀝血，梟首沈屍，設臺江干，以祭冤魂。風浪大作，水若倒流。後捕餘黨，雇泅水者，陽爲搭船，陰查盜犯，熟識其姓名狀貌，至盜欲下手時，失脱身投水去，泅者潛出而捕，無一逃者。

熱河僧

熱河普濟寺，口外大禪林也。北人信佛，男婦朝謁，往來如織。僧多淫亂，少婦間有入不復出，亦無跡可尋，爲悶香所迷，故任意所爲，從未有發其奸者。同治初服，有人具奏，派某都統，帶領侍衛兵弁入寺查辦。索及大金身觀音背上，披織錦金龍袍内，藏一門，暗通地道，室如蜂房，珍饈瓜果，羅列雜陳，得百十幼婦，共擁一僧。時值隆冬，香煖異常。擒僧出，五體械以鐵索，雙膝荷以木枷，共約百餘斤。衆侍衛環之，將檻送京師，交刑部治罪。是夕，騰空去，飛行絶跡，不知其何以往也。厥明，盡遺刑具於地，不知其何以脱也。

自害自

咸豐己未，余出都至德州，聞旅人云：前月有出京縣令，廣東人，主僕三人，乘騾車二至此，投刺州牧。牧啓視，乃送懲刁難車夫，即投刺人也。牧痛懲釋之，仍爲令駕車，頗馴順。越數日，行至某荒僻處，喝令下車，跪授首，肢解棄秫叢中，仍駕車去。地保鳴官，有文至德州查訪。余謂令有取死之道，堂堂縣主，將遠行而不攜心腹，用無賴而不忍小忿，已懲戒而不去禍胎，既不能慎之於前，又不能遠之於後，洵孽由自作也。近日挾貲出行，舟車必用本地信心人，生其水土，知其人心。若在旅次，萍水相逢，切不可用。萬一用之，必攜健僕，力能防閑約束。即憑牙行，其人不能全靠。何況萍蹤小人，樂得其欲，略施小惠，便搖尾乞憐，無事享其安逸，有事並得死力。若窺其觖望，即温語辭去，萬不可使之結怨。不然輕則盜財，重則喪命，在途送懲，必屬本官羈留數日，防其追逐反噬也。

刀還刀

咸豐十一年，僞英王四眼狗由徽、寧轉救安慶，時溽暑，賊惡熱，裸衣動地而來。邑西關外某，擬明日避亂深山暫息喘，忽有人告曰：“不消走！定遭寧國府某某手，爾前身殺他，他今身仍殺爾，爾來身再殺他，直以刀還刀耳！縱走焉得脱乎?”即以人之姓名年貌指示。明白覺來，竟是一夢。翌日，立門前通衢俟之。遇一賊來，欲擄去，否則殺。答曰：“殺我者寧國府某某，非爾也。”述其夢狀示之，其人去。少頃再至，亦如之。及日中遥見一魁梧悍賊，馬上據鞍，顧盼而來，狀貌恰如夢中所聞。某跪道旁大呼曰："殺我者來矣！請寧國府某大人開刀。"作引領就戮狀。賊驚問，以夢景實告。悍賊急下馬泣曰："天生我輩，原來刀還刀耳，仇怨相循，終無了日，曷若我今不殺爾，還從此止！"遂奮然掉臂而返，途遇悍賊，廣爲開導，故此次逃散者多。

看會成逆案

咸豐年間，鄰縣六月六日，鎮市鄉村，釀飲演會，喧嘩嘈雜，舉國若狂。有鄉民老嫗，背負一孫，赴市觀之。轂擊肩摩，時擠孫墮地，爲衆踏成肉泥。其子兇頑，失手將老嫗斃於杖下。事聞於官，子坐凌剮處死，以鄉村兒戲事，釀成巨案，長民者，不可不嚴禁陋習也。

圖賴棄屍身

某姓人丁繁衍，悉索某寺僧，欲未遂，除夕日，以病亡人扛入寺中圖賴。一游僧見衆僧惶恐，戒曰："無傷也。"將死者盡薙其髮，噴以温醋，厚絮包之，閱一夕，短髮出皮三分許，衣以僧衣，殮而埋之。圖賴者訴官認屍，終莫能辨。

三妹烹孩子

某蓄猴甚馴，辨人語，足供使令。凡曝魚肉、穀米、蔬菜等件，屬看守，能驅鳥獸掠食及外人攫竊，兼以伺候門户及厨中水火，並能扶持小兒，摇兒窠，引兒玩，送兒睡，命名爲三妹。呼之即來，若僕婢然。平日主婦戲其小兒於手而玩弄之曰："這肥胖模樣，若煨熟可作一鼎殽饌也。"猴以爲真言。一日，主婦出，令猴守兒，猴置兒於釜内，投鹽料與水，上覆以蓋，縱烈火於釜底烹之。及婦歸，問兒何在？猴揭釜蓋示之，兒糜爛矣。婦擗踊號泣，猴不知所措，但瞠目叫跳而已。家人持鋤欲殺之。猴躍瓦上，翹前足人立，作主婦抱兒戲弄狀，又如瘖者爲手式態，意謂主婦平日曾言之，猶教之也。蓋猴能聆人語、供人力，而不能心人之心，故殘忍至此！録之以爲玩物者，覬小利而忘大害者戒。

八哥唸相公

本草鸜鵒，一名八哥。五月五日午時，取卵哺雛，剪舌端，久能作人語。鄰某有飼之者甚馴善，解人意。一日，鄰嫗出盥衣，兒卧榻，屬其省視，曰："相公覺，即招我，防其跌也。"八哥點首，伺兒翻身，雙眸展矣，即飛去招嫗。適爲鷹掠至空中，猶唤嫗曰："婆婆！相公醒了！相公醒了！"嫗向空中哭之歸，兒幾墮地。

布衣曰："八哥，微物也，至死猶知唸相公，彼受人付託而反欺其孤寡，食人俸廉而陰棄其城池，其與八哥相去爲何如哉！"

癆蟲聞香出

鄰右胡思泰妻劉氏，年三十餘，吐血將成癆疾。日夜咳嗽，形骸漸脱，飲食不思，閲半年自分必死。某婦來省，問詢其嗜好，病者曰："吾百不嗜，但覺香味物頗可口。"翌日，饋以香油炒米，新鮮桂花，各一包。時方日中，病者倦卧，家人戒勿驚，置二物於枕畔，左右各一，遂熟睡。約三刻乃醒，轉身外向，聞某婦聲坐起。見胸前一蟲，皂紅色，長三寸許，大如箸，擲地踏之，渾然血塊。旋治衾枕，又見一蟲，狀如前時。方洗面，投水盤中，蟲首向上，沿盤旋轉，其行甚速。取而刺之，瀝血如豬肝色，血盡，皮如薄紙，内無腸骨，咳嗽遂稀，精神頓爽。閲數月，而病瘳矣。後生數子。愚按癆俗名痰火，爲不治之證。觀此婦，其咳嗽吐血者，實蟲爲祟也。由此推之，引出此蟲，可補歧黄之不逮。予見聞所及，蟲出病瘉者，指不勝屈，凡久病皆有蟲，非疾痛害事，亦可聽之。若病人酷嗜之品，可以引蟲，即可醫病。所謂同氣相求，思食當補，良醫其知之。

飛蝗見雨糜

道光十五年乙未五月，瀕水草埠有物叢生，如種出土，纍纍貫珠，初如蓽茇，繼如粟穗，附草上蠕蠕動，狀如蟻虱，鋪地若氈。論者謂上年大水泛濫，蝦魚所遺子也。水退子化爲蝗，經冬見雪一寸，即墜土一尺。是冬無雪，兼春夏旱所致。鄉民白邑侯，諭各處設局收買，惜先時習焉不察，設備稍遲，雖日進百十石，不能減其萬一。猶寇已蔓延，無可驟滅也。蠢動時，厚寸許，數日盈尺，向東北走，漸進愈速，日行三五里不等。農人掘深溝，灌水阻之，夜熾火於溝，掃以焚之，皆不濟。又數日，便跳躍動地來，又數日，展翅飛，望如雨雪，蔽日如晦，大如拇指，長三寸許，腦文有王字，剖其腹，青屑填滿，無甚腸胃。喙利若剪，隨齧隨溺，軋軋有聲，夜遺卵如編珠，即《本草》引《詩》云“草蟲阜螽”之類，一生百子者也。有青黑黄斑數種，所過田禾如刈，林木皆赤，尤嗜竹，竹葉林皆空，惟圓葉草木不食。日出，兩翅露乾，即飛糞如雨下，畏金聲，及赤幟。予山居，土人聞蝗至山下，比户聚山巔狹隘處防堵，金鼓旗幟，銃爆備具，若禦敵然。始猶旋撲旋靡，有畏伏狀，繼乃大張氣焰，飛集如屏風壁立，有相持不下勢。衆自辰至申，腹枵力竭，而口潰矣。如飄風疾雨驟至，彌天蔽日而來，直飛挪步園、火焰尖，及蘄黄接壤等處，約三四尺厚，澗谷幾滿。時秋七月八日也。邑侯王公錫田已祈雨月餘，適大雨淋漓，三晝夜，暑退凉生。予偕土人往觀，蝗皆腐爛，間有虚殼如蟬退然。澗水赤臭逼人。是歲大旱，平原成災，山中約獲半收。

又咸豐六七年時，粤捻正熾，大江南北，及皖洛地界，數千里皆有蝗。八年春夏間，延及蘄黄。初生較道光十五年更甚，雖未及飛，已走逼山下矣。值兵燹後，人情洶洶，有朝不及夕憂。邑侯某設局收買，如精衛填海，無濟毫釐。咸相謂曰：“如此奇災，非天誅不能。”蝗將展翅時，天天雷電，疾風暴雨驟至，名曰西風暴。閲一夕，即化爲烏有，竟求一毫渣滓不可得，並不知攝往何處。西風暴之力，其神速有如是者！是年三月初七，李忠烈公續賓，克復九江城，殪悍賊數萬，論者謂逆氛掃除，蝗亦隨之而化。按《本草綱目》載阜螽即蝗類，夷部人多生食，北人亦炒食之，乃蝦魚所變。將飛時，調和麵中，以香油炸魚，味美如蝦。昔唐太宗食生蝗而蝗自滅，雖明君罪己卹民之舉，亦物之可食者也。道光十五年，予應鄉試，見鄂城大東門外及陽邏、漢口諸熟食館，以指頭大蝗浮水中，使去其青氣，灼爲麵粑，人多買食，津津有味。見害人者亦可養人也。又蝗未飛時，飼鴨最肥，且多卵。招湖濱畜鴨群者放之，多數十棚，至少十餘棚，不數日可啖盡矣。除其害亦可資其利也。附録之，以備捕蝗之一法焉。

白蟻熬骨除濕氣

邑於某，幼無賴，與丐爲伍。少長，得草藥術，去之陝，在長安市上鬻膏藥。膏白如銀，攤布上，藥向下，布面薰以火，膏下垂如絲，裊裊不墜，釋火即仍縮還布上。貼拘攣瘻瘤奇效。一日，至某豪族門前，署一報單曰：專挖白蟻，謂豪宅不三年墟矣。門者麾之，以爲江湖掣騙者流。閲半年，豪室中息息有聲，始如蠶食，繼如踞齧，終如錐鑿，屋瓦不時墜，桷腐矣。中若蔥空，啓笥篋視之，則白蟻貯滿，宅亦蠢蠢動。至秋末，乃已。始知其人言驗也。遍索之，不勝焦灼。是冬，於某至，豪奉若神，求解免法。於曰：”今難爲力，然及時尚可救止。”豪固求，於曰：“君宅不值一萬，亦數千，授我若干金？”豪許百，不應；益而倍之，不應；至三百，應之。於笑曰：“今人過橋撤板，設轉而負我，異鄉人奈若何？竊以小人腹度君子心。”豪延鄉里正人書券，授之，於曰：“授我金，依我備器械。”豪從之，乃具釜甑、薪炭、鋤鍤、箕桶、健夫若干，霜晨早起，人皆寒顫，命掘宅旁古木，大數圍，經數百年而未剪伐者也。木顛中空，其半及根，底下得白蟻百餘石，地中穴孔，支分派别與宅通，皆蟻道也。於某以釜甑、薪炭，熬白脂數桶，盡載而去。即前長安市所鬻白膏也。仍還陝，後不知所終。豪宅遂無恙，此吾師於傅嚴先生親爲余言者。

烏豬透骨補虛羸

聞邑諸生毛君云："素相知某家畜一豬，豢至一年，不甚肥壯，薄值售人。又至一年，亦然。遂惡而宰之，剖視肉，無甚異，骨黑如炭，舌及腸胃亦然。主人訝爲不祥，欲棄之。衆無賴瓜分，尚存什之三。有客見而奇之曰：'此烏骨豬，與烏骨雞同性，萬萬中不得其一，希世之寶也。'或問此寶何用？曰：'自有用處。'授以全豬值售之。治癆沉痼，皆立愈。若取其全骨熬膏，百倍參茸。後聞瓜分者食之，數日不餓，真物產之精也。"

布衣曰："物之見用於人，猶士之見知於世，有過有不過也。由牛瘤烏骨豬推之，世之詫爲不祥者，豈少也哉？千里馬常有，伯樂不常有，可慨也夫！"

酒蛇可配酒鼈

邑西鄉某姓有酒癖客，燕飲不醉無歸。予獨矯之。其父老子弟，以酒成痼疾，殞其命者三世矣。一人病劇時，吐酒蟲，猩紅色，大如指，長尺餘，狀如蛇，兩端有首，酒氣溢門外，人不能近，投諸厠。客有嗜酒者聞之，曰："可惜可惜！曾記《聊齋》載長山劉姓吐洒蟲如鼈，甕中注水，入蟲攪之，即成佳釀。此必酒之精也。可惜可惜！"其族習尚相沿也。客有善謔者，仿《檀弓》筆意，爲文以嘲之曰："某子過太白湖側，有婦人哭於室者而哀，某子立而聽之，使僕夫問之曰：'子之哭也壹似重有憂者。'而曰：'然昔者吾舅死於酒，吾夫又死焉，今吾子又死焉。'某子曰：'何爲不戒也？'曰：'無家教。'某子曰：'人子聽之，家教壞於酒也。'”此以嬉戲爲怒罵，亦主文譎諫意也。故録之。

煙猴亦生煙蟲

祁方伯雋藻，道光丙午守吾黄，時洋煙禁嚴，公署内無一吸者。惟刑席素有煙癮，未便禁。刑席飼一猴，冬能温衾，夏能揮扇，酷愛之。吸煙時，猴蹲榻畔，而嗅其氣味。後刑席以公事，急往省，猴缺煙，疲憊僵卧，五日而斃。口鼻中有物游出，如蛇狀。公曰："此煙蟲也。”刑席歸，剖猴腹，則尺許數十條已齧穿胃脘矣。鼻口中乃其旁溢上行者也。刑席猛省戒煙，疲憊如猴狀。公命僕以猴腹煙蟲數條，焙焦陰置藥中，飲之。不數日，而煙癮遂斷。

蛇肉治蠱脹

鄭某得三消疾，食倍數人，轉瞬即饑。腹中若物接食然，家中産亦因食而消。一日鄉村醵金爲酒食，即南俗所爲土地關公中元等平夥會也。盃盤羅列，水陸雜陳，有喫一席看一席之説。延某往，始得充量。次年相知者復待之，鄭欣然往，至途中忽饑，有迫不及待勢，聞香氣撲鼻，不知何家治饌，跡之，見橋下有丐一群，以大缶煮食。前曰："缶中饌可波及否?”丐笑曰："君竟不嫌我等乎?”啓缶，隨其量而啖之，即謝去。至待者家，食量了不異人，薄暮歸，腹皤皤動矣。入厠中，大瀉，傾囊倒篋而出，視之則蝦蟆斗許。自是亦不復饑。翌日，訪丐缶中所烹何物，乃蛇肉也。此人自幼嗜蝦蟆，積久成蠱。蟆求食，故易饑。蛇制蟆，故攻出也。後數年，復發，蛇治不應，竟以此斃。

又胡姓人，山中伐木，數十人共一棚。一日酬神受胙，有一人未到，存一分待之。置棚中，忽不見。有遺跡，搜棚下，得巨蛇。擊斃，剖蛇腹，原肉尚未化，取出不言，仍與其人食之。甫入胃，兩足腕下，癢如蟲齧，不可忍。自刺以刀，出蟣蠓數升。癢始罷。此人素患疥癩，經久未愈，皆蟲濕所成。蛇能去濕殺蟲，注足腕出，即毒能攻毒之説。君子不以養人者害人，此竟以害人者養人，亦天假之緣，而人莫之主也。

牛瘤勝參茸

朱某畜一牡牛，臍下生一瘤，大如西瓜，約三斤許。牛漸瘠，毛稀骨竦，不堪使用，無人收買。朱以曾得牛力，不忍聽其自斃。聞人瘤間有以鬚束而墮之者，如法治之，而瘤根漸斂。或勸以蛛絲爲線束之，不數日，瘤脱然矣。牛亦漸肥。朱素有痼疾，坐卧不安，自分無生理。調以肥甘，稍瘥。其子取牛瘤剖分爲四，見肉色鮮明，與一瓣食之。比夕熟睡，次日善飯，精神不減常人。又有患久瘧且痢者，朱戚也。聞其病癒，乞少許食之，亦愈。又某年老痰咳嗽，夜常遺溺，食少許，越數日，痰化嗽止，而溺亦有時。似此功在參茸之上。大約瘤雖牛病，乃渾身精氣所凝，猶牛黄、狗寶、麞麝物之病，可濟人之病也。

浴湖蟒

邑西太白湖濱，有巨蟒大如楹柱，長十餘丈。每逢天氣下降，地氣上騰時，出浴於湖，則有暴風急雨，間亦憩湖邊山畔，盤旋如碾，蜿蜒若龍，不害牲畜蟲魚，亦修煉物也。相傳歷百餘年，道光末造，大水漲湖，乘風浪去。

追風騧

咸豐四年，塔忠武公齊布自湖南湘潭至九江，水陸殲賊，不下數十萬。中殪一酋，黄衣而騎，獰髯深目，立碎其屍，後知爲悍賊曾天養，驍狡多智，賊中自楊秀清、蕭朝貴外，皆爲之下。其坐馬名黑老虎，後改名追風騧者，見公，摇尾踐賊屍，而昵就公。諸將士莫能馴，公馭之，控縱善如意。臨陣士卒有不前者，騧必回顧，公或瀕於險，騧必反馳。一日，公單騎度地勢於九江小池口，悍賊五騎，昂然立馬上尾追公，公取套馬桿，圈一囚頸，曳之顛，抽佩刀腰斬之，餘落膽皆反走。時薄暮，公策騧，一刻數十里，夜深小艇渡江，不能以騧俱。公登舟，騧嘶鳴，齧舟子首。公戒勿嘶，俟轉而渡爾，毋爲賊覺。土人匿騧於坎，覆以茅，竟夕如凜戒嚴狀。後公以疾薨於軍，騧悲鳴，三日不止，亦不食。將士慰之曰："騧勿太苦，准送汝隨公櫬旋里。"由江西、湖南入都門治喪，長塗七八千里中，如孝子依戀親喪而不忍頃刻違。論者謂良馬比君子，即士爲知己者用也。若俗傳赤兔馬惟服關公，與此略同，皆見物各有主云。

義禽能共死

禽鳥惟鷹最烈，失偶不再配合，從一而終之義。直隸固安縣孔家莊，某年秋，鴻鷹來賓，獵者銃傷一雄鷹，墮地未斃，孔人憐而養之，得以生，但飲啄而不奮飛。及春，鷹北向過此，雌鷹審視良久，見雄鷹尚存，即下相依，如夫妻重會，不忍相離狀。哀鳴數日，雌雄比翼不能同飛，兩頸互交而死。孔人義之，共埋一處曰"義鷹塚"。

妒鳥自投羅

鳥戴冠而修尾者曰雉，無冠而尾尤修者曰翟，雉味佳而翟味劣，二物皆擅文采，而秉性最妒。每值春秋二分時，各分山處，界限甚嚴，有雜亂者輒鬥而啄之，至死乃已。妒其炫文采而亂群也。近有蓄雞媒者，春夏間取雉翟卵數枚，先與家雞抱之，俟其成雛將出時，置人身帖膚处，偎撫數日，得人氣，雛出便肯依人，以氣感也。飼以稻粱。稍長，棄雌取雄，五更時露宿於外，則毛易長。日處以籠，布罩使晦其光。放出則展翅長鳴，而媒成矣。俟其分山時，擇僻静處，人藏葦箔下，四圍設機械，放媒於中，羈其足，展翅長鳴；聞其聲者，妒性勃發，群趨啄鬥，迅速莫可名狀，一觸而機械發矣，垂翼就縛，無一脱者。予嘗與蓄媒者游，一見而歎曰："物猶如此，人何以堪？雖有齒焚身，亦忌才妒能者之自投羅網也。擅文采者，慎勿爲其所媒可。"

犬稱真義僕

咸豐七年五月，蘄州陳某避亂，橐金行，家一犬隨之。犬每先數里前，有警，犬即回頭，向主身繞三匝，便退走，若挽而去然。無警，犬即立道旁，摇尾行，若招而來然。一日，與主隱長林豐草中，搜山賊至，主急行，而忘其橐。犬即卧於橐上，賊見無人，即去。主因道梗，不克來尋。閲月餘，往跡之，犬斃矣，僅存毛骨一具，臭不可聞。主憐犬隨行多時，屢導前路，將掩埋。移其骨，則橐金在焉。以數金勒碑，叙其顛末以弔之，名曰"義犬墓"。

牛號老先生

某諸生兄弟皆游泮，父明經，素武斷鄉曲，貸佃某三十金，始猶償息，繼則直吞其本。佃不敢誰何，即焚其券於牛欄，祝曰："豢爾旺相，吾舍是也。"後明經殁，佃購一牛，極肥大，百鞭之，不服使用，轉售於屠門，將宰之。一夕，有峨冠博帶人語曰："吾某老先生，貸爾若干金，今來償爾。因爾不知稱呼，故不服使用。然衹貸爾金，未傷爾命，何故借刀殺人？"覺後，翌日，贖牛歸，牽而呼之曰："老先生請！"果行走如飛，耕田倍勝常牛。後某諸生兄弟二人，來佃收租，過隴中，適遇佃耕，見牛快如不羈馬，欲借一用，佃與牽去，逢人便觸，招佃至。佃曰："牛有號，但呼爲老先生，即馴也。"諸生初不信，呼而試之，果行走如飛。因問其故，佃曰："僕不便言。"再三詰之，佃曰："不惟不便，亦不敢。果欲僕言，伏乞恕罪。"諸生允之，遂道其顛末。諸生泣曰："竟吾父耶!”亟償佃金，留牛養之。陰稱爲父，冬覆以衾，夏圍以帳，豢以稻粱，不再稔而牛斃矣，厚葬之。

豬拖虎

老祖寺僧飼一豬於圈内，百餘斤，圈牆八九尺。虎聞豬聲，夜踰牆入啣豬，仍踰牆出，力不能支，足未及踏牆而墜。豬項挂於虎牙，豬懸牆外，虎懸牆内，狀如搭連袋。及天明，僧飼豬，望之不勝駭然。即而視之，則豬與虎俱矣。衆笑曰：“本是虎啣豬，偏成豬拖虎矣。”

兔拐牛

佃人某，屬瞽者演命，言其近日有大小耗星過宫，防退財。問何説？瞽曰：“年克屬丑，大耗也。月克屬卯，小耗也。丑屬牛，須防牛災。”佃曰：“售牛若何?”瞽笑曰：“是或一道也，恐不能免耳。”遂售牛，計錢十五貫，嫌重難持。時盛行櫃票，易之，繫腰巾内歸。過麥地，有兔酣睡，疑獵傷，踏之微動，急解腰巾縛之，甫釋手而兔脱矣。票與腰巾俱隨而去，逐之不得，恚甚，始悟大耗之説爲不誣也。復以小耗謀之瞽，瞽曰：“小耗驗矣。”卯屬兔，腰巾去，不已驗乎？衆譁然，謂兔拐牛。

牝雞啼旺宅

《書》言“牝雞之晨，惟家之索”，亦有不盡然者。棗陽教官覃君長有選實缺，堂叔鏡堂公連舉二子皆賢。趙君磊中解元，梅古芳成進士，兼一弟二子，同時入泮，皆家有牝雞之晨。大約興旺之家，邪不勝正，禍不敵福也。尤視家主之惠迪吉，從逆凶耳。

同治元年停前鎮周某家，抱出雞雛三足，前足生脰下，後足如常。某巡檢出錢四百，購而玩之。

群雁集深山

咸豐初服，二月既望，邑東山鎮深山中，蔡家田何宅，夜將半，空中忽有聲來，月光盡掩，如狂風暴雨之驟至，又如千軍萬馬之猝臨，奔騰嘈雜，屋瓦皆震，漸落階前簷下。家人燈前紡織，尚未就寢，大爲惶恐。時粵匪方熾，疑爲賊至。男丁啓視，則雁群比翼而棲，無寸隙空。啓户視之，一片羽光，若層雲疊霧，奚啻億萬。天方曉，群起而飛，猶零落數隻，爲居人所得。論者謂棲非其地，一哀鴻失所象也。不一年而避亂之人充滿山中，流離之狀，實兆於此。

鬼神類

文昌送契

邑西孔壟鎮向有文昌宫，公置香火田地，年久大水傾圮。道光初，倡議重修，董其事者爲邑明經黄君經塾①。舊址模糊，半爲居民侵佔，因無契據，互相争論，幾至興訟。遂訪當年創修後裔，尋其源委，苦索不得，事漸寢。次年元旦黎明時，有一白面書生叩門入，手持故紙一幅，置几上，謂門者曰："此物交爾主收取。"時黄將興，門者持入，黄諦視之，乃國初年月印信，詳載基址，昭然若揭，驚喜曰："此文昌宫契也。"問何來？門者曰："門外一先生送來也。"黄亟趨出，欲詢根由，忽不見。後遍訪其人而不得，衆驚異曰："公一誠有感，此必文昌遣使而來。今歲大比，公元旦會文昌，即掄元兆也。竊爲公賀！"是年果擢解，即道光二年壬午科也。

乩仙判題

乩仙判事，多術家設法愚人，予素不爲動，亦有不可解者。如吾邑所傳雍正戊申科判鄉試中式人云："前有園，後有園，騎駿馬，樂堯天。"揭曉後，則一正榜袁省②，一副榜袁申③，及黄之騏④、吴樂⑤四人而

---

① 黄經塾，字焕書，號滌泉，湖北黄梅人。清嘉慶二十三年歲貢，道光二年解元。著有《日知録》、《四書便解》、《地理質疑》。

② 袁省，湖北黄梅人。清雍正七年舉人，任東湖教諭。

③ 袁申，湖北黄梅人。清雍正七年舉人副榜，任直隸趙州州判。

④ 黄之騏，字孟閑，湖北黄梅人，黄利通之侄。清雍正七年舉人副榜，時年六十，乾隆元年賜中書舍人。有文名，與喻化鵠、熊恢、蔡洲、李枚合稱"黄梅五子"。

⑤ 吴樂，字聲遠，湖北黄梅人。清雍正七年舉人，以孝著稱於邑。

已。乾隆丙子判題云："八口之家。"判中人名云："古之人，古之人。"衆不解，請申明，又判云："古人不見今時月，今月曾經照古人。"仍不可解，後題則"女器也，曰：何器也?"中式人，則胡芬①、胡可郁②，始悟八口分明是兩器字；兩古字，兩月字，分明是兩胡字。乾隆丙午判云："草頭人中一元。"又判題云："我本鄉里人，不敢輕易行，春祈秋報我爲功。"衆不解，請申明。又判云："爾真是個蠻人，如何又學聖人。"揭曉後，中一人。是録遺草案頭，姓石名然③，余太岳也。草案頭，即草頭人，頭題"鄉人飲酒一節"，二題"禘嘗之義"，三題"陳良楚産也，悦周公仲尼之道"。嘉慶戊寅判題云："自行束脩以上一章。"衆疑其説太直，後"爲志於道"四句，恰合"以上一章"四字，皆爲奇驗。

城隍點首

明末，邑蔣姓居縣治右，與舊城隍廟爲隣，即今蔣氏祠故址。家素封，主婦失一金環，疑婢與所私者，將撻之。婢懼，逃匿城隍神座内。是夕，聞諸神奏事甚急，語多倉皇，字句甚不分明。惟聞除夕大劫數到，惟西南方可免。奏畢，一神環顧而驚曰："此間有生人氣，恐洩天機。"一神曰："蔣氏婢也。其主母遺耳環於盥盆，婢傾水，一雄雞啄環而吞。婢見逼，故匿此。蔣氏世有隱德，或者因婢解免，亦天理也。"城隍點首。及天明，婢歸述其事。不信，剖雞視，果然。蔣氏盡室行，徙居黄連鎮。越五日，張獻忠陷梅城，屠戮殆盡，惟蔣氏無恙。時崇禎十五年十二月除夕也。今黄連鎮蔣家大小墩即此地。

---

① 胡芬，湖北黄梅人。清乾隆二十一年舉人，任興國州學正。

② 胡可郁，湖北黄梅人。清乾隆二十一年舉人，任安陸府教授。

③ 石然，字崇觀，號鏡湖，湖北黄梅人。清乾隆五十一年舉人，以大挑知縣揀發河南署中牟、泌陽，補鎮平，擢知鄧州。

觀音洗心

鄉先輩李天培，字佑李，居澤畔，家赤貧。其尊人業漁，送公讀，極尊師。每結網，必擇尤者供之。公姿鈍，又善忘。師課之嚴，終無濟。一日責之曰："爾家寠且貧，爾父待我忠且敬，而爾心竅如水投石，是誤爾生計，負爾父期望而貽我素餐也。不如仍就父業。"麾之去。父以爲不受教，撻之，抑鬱無聊，思自盡。及夜，將投繯門前巨李，緣至樹半，憊甚。憩枝間，心忽迷，有婦破其胸脰，引臟腑滌盪之，淅淅有聲，旋納入。驚覺，墮樹下，若釋重負。天明，入塾中，師聞誦聲琅琅，詫其爽朗異前。屬其背誦前習者，不遺一字，授以書理，如響斯應。時傳爲觀音洗心，後登賢書，爲楚黄名宿。其古之賢人也題文，尤膾炙人口。先生困極始通，疑有神助，名李天培，字曰佑李，知必有取爾也。

兩　槳

明季，邑蔣氏胞兄弟，長文①，字素公，次袓②，字昇公，皆名諸生，居下新鎮，鋭意科名。除夕禱於竈神，以水注釜，令滿，急攪之，浮木瓢於水面，候水定，視瓢柄指何方，夜半，往聽人語，以爲試驗，名曰聽響報。諸生如瓢所指，至湖邊止，静候良久，有二人乘小艇來，莫辨泊所。一問曰："去岸幾遠？"一應曰："兩槳。"文、袓大喜，以兩槳同音，是年果兄弟同榜。按此科爲崇禎十五年壬午，明朝鄉試終於此。時獻賊擾楚，赴試者寥寥，得二君始足其額，其亦有若或使之者耶？益信天下無場外舉子也。滄桑後，素公歸隱，昇公筮仕。後素公七

---

① 蔣文，字素公，湖北黄梅人。明崇禎十五年舉人。

② 蔣袓，字昇公，號瞿舫，湖北黄梅人。明崇禎十五年舉人。入清後，授安徽含山令，調補直隸邢臺。著有《月燈文稿》。

世孫星樓①、奎樓②，道光庚子鄉試前，夢見二公，是科亦胞兄弟同榜，奎樓成進士。

三　旗

邑南鄉邱姓巫者，諸事誠恪，頗有道行，時稱爲邱道士。一日，爲人修佛事，進表章，昏迷神往，鼻微有息，若酣睡狀，丑寅卯辰四時乃醒。人問其故，邱曰："我至三天門下，聞鼓樂聲，有四人舁一黄亭出，亭内設一盌，插三旗。亭柱前懸一聯云：'紅羅帳中，好對嫂嫂；黄泉路上，難見哥哥。'觀者如堵，問何爲？衆曰：'此天榜也。即爾縣今科新進士矣。'俟其畢，始齎章奏，故遲延數刻。"閱數日，報進士黄梅一名則宛三奇③，字音與此恰應，時明崇禎七年甲戌科會試也。相傳宛公素有隱德，克動天監，造物特爲表彰之，亦未可知。後仕知縣，致仕未回籍，不知所終。豈地老天眼前，如神龍作用，見首不見尾耶？

牛刀説話

某廩生忘其姓字，江西德化人，居豐一鄉，優時藝，舌耕爲業，有書癖，艱於遇。晚成瘋癲，闖入人塾，譫語剌剌不休，塾師咸避之。遺以酒肉，輒喜改文，瑕亦不掩其瑜也。梅邑縣試題肝然至十目，衆塾生呈應試文，日亭午，改十餘藝，多警闢出人意表。忽聞牆外牛鳴，曰："此牛説語云明日凌遲。"旋見人用菜刀，曰："此刀説話云明日凌遲。"

① 應爲蔣夢樓，字岑南，湖北黄梅人。年二十，補諸生，肄業江漢書院。清道光二十年庚子科舉人。

② 蔣奎樓，原名儆江，字海臣，湖北黄梅人。清道光二十年與兄夢樓同榜舉人，咸豐二年進士，授户部山西司主事。卒於京師，年五十七。

③ 宛三奇，字士常，湖北黄梅人。明崇禎元年舉人，崇禎七年進士，授江南建德令。

時粤逆犯楚，賊目宋觀佑，廣濟人，率黨與由小池口擾孔壟，翌午，途中相遇，半識其人瘋癲，不爲害。伊見長髪黄冠，赭衣赤脚遍野，便持梃擊曰：“焉有光天化日之中，而出此妖魔鬼怪？吾奉咸豐天子命討賊，此梃不擊汝頭耶?”一賊猝不及支，血涔涔下。衆賊舉矛亂刺，戕之。剖其心腹，前所云，皆讖語也。

狐精贈詩

同治八年春，古角山王輔香，小字丙火，痘斑纍纍，貌甚不颺，年三十餘，學未成，訓蒙爲業。書齋去居室不數武。一夕，獨坐披書，燈忽黯。少頃，光如皎月，見一美人，蹁躚而來，與王並坐，釵釧服飾，渾似宫裝，綽約丰神，儼然仙子。王初見，甚疑懼。女含笑從容曰：“妾非鬼非妖，與君有夙緣耳！君勿駭。”王詢所由來，自云居陝西長安，姓李名九香，避亂於太湖深溝海子山，道經此，聞君朗誦聲，因憶前緣，特來相訪。遂口占七律、絶各一首，情致纏綿，詞旨婉豔，頗無俗韻。夜深知王將就寢，爲治衾枕，王拒之，以有室對。女曰：“使君雖有婦，奈他前身一腯肥何？竊爲君不取也。”王遂昏迷，竟夕雲雨歡，迥異尋常。天明，即不見。王悉語人，知爲狐也。家人爲辟禳法，劍戟鎗矛，森列塾内。翌晚復來，全易淡裝，鬢間花，即階前玉簪也。顧王曰：“君家以妾爲妖耶？玩弄乎？抑壓彈乎?”微以袖拂之，擲地作錚錚聲。旋舞劍，指揮如意，發鎗再三燃火，聲息寂然，攜門外發之，累如貫珠，數斤火藥，頃刻盡矣。其技能如此。王移宿家中，與婦共枕。婦身如山，弗能支。女與王爲歡及曉。王與婦則各宿一枕，一榻之中，邈若山河。如是者數夕，婦被壓不堪，王仍留塾中。次第贈王花月詞六十四首，各有意致，不復不竭，豔冶異常。及月餘，一夕謂王曰：“妾欲爲君换俗骨，願訂十年緣，奈君機事不密，致妾聲名不雅！將仲子詩曰：‘仲可懷也，人之多言，亦可畏也。’請與君别!”淚隨聲下。復占留别調六首，屬王手録，以誌不忘。王不甚記憶，女顰笑曰：“諺云：‘同君一夜話，勝讀十年書。’君與妾聚首多時，何猷俗乃爾？”引手撫摩王胸，遂恍然悟，縷縷千言，信筆疾書，不遺一字。女飄然去，附録各詩詞於後。

初　至　七律一首

歷盡山限與水限，情深無那自爲媒。裙沾曉露朝朝濕，袖帶春風夜夜來。覿面早知緣分淺，關心最怕别離催。慇勤衹向郎君囑，細看天邊玉鏡臺。

初　至　七絶一首

幾畜離合淚痕多，碎佩零環渡絳河。愧我風流難自束，悲歡總是爲情魔。

花月詞　六十四首録八

花摇月，月摇花，花間對月鼓琵琶。君有室，妾無家，月中愛看合歡花。

花裹月，月裹花，花情月意美人家。花正濃時花妒月，月當圓處月羞花。

花憐月，月憐花，花月緣深未有涯。仰面貪看天上月，回頭錯認瑶臺花。

花融月，月融花，花爲四壁月爲家。夢返深山深夜月，情留春山春夜花。

花照月，月照花，君是骨鯁一儒家。趣領清輝頭上月，心空富貴眼前花。

花友月，月友花，妾本風流一仙家。清光撲來簾外月，暗香浮動鬢邊花。

花近月，月近花，郎真有福女無嗟。憶我前身是明月，料君近性總憐花。

花戀月，月戀花，君心莫笑妾情差。夜夜牀頭同卧月，朝朝欄外共看花。

留别調　六首

去去去，夢正濃時天要曙。爲多情思話宵宵，惹得人言傳處處。

歸歸歸，翩翩鳥向故園飛。曲唱驪歌魂欲斷，情留鴛枕淚頻揮。

春春春，愁煞别離人。千里關山千里月，一番楊柳一番新。春春春，愁煞别離人。

夏夏夏，妾是多情者。妾愛君兮君不知，君忘妾兮妾難舍。夏夏夏，妾是多情者。

秋秋秋，愁上更添愁。水流不斷情千種，簾捲空懸月一鉤。秋秋秋，愁上更添愁。

冬冬冬，何日再相逢？説起新愁愁疊疊，寫來舊恨恨重重。冬冬冬，何日再相逢？

邀伴來相鬥

茶兒鎮商家河人煙稠密素信佛，遇災疾，輒自誦梵語，口角亦學梵腔。近年業儒者，多染濡焉。若藉此辟祟柄，兼以就口食。咸豐十一年冬，逆氛蹂躪後，有諸生商書子婦鄧氏，監生商鳳池子婦蔡氏，忽爲鬼厲，前後歷三年，見鬼操椎，擊其身，若逆賊入室拷掠資財者然。甚以繩縊其項，氣幾絶。鬼中有女鬼，婦乞哀拜爲乾娘，害稍緩。因致嘉品啖婦，皆非中產家物。來時旁人妄言，輒遭侮。二婦述鬼語，凡同墩人，幹某事，説某話，來某客，食某物，婦預言之，並能攻人陰私，其怪誕多類此。族中信佛者，設壇誦梵語禳之，轉被穢物污口。又招巫鎮壓，納鬼入罐中封固，煉以烈火，罐口蠢蠢動，似聞咆哮聲。罐忽裂，巫頭幾擊碎矣。翌日，二婦見數鬼，擢其焦枯短髮曰："巫煉吾於罐，衹傷吾毛髮耳，何損焉？"衆尤巫，巫請復治之。仍納鬼於罐，錮以漆器，鑿深坑埋之。甫動手，冷風一驚，如人奪去，罐口開矣。嗣後愈治愈凶，鬼聚黨千百，有出目吐舌者，有抱頭淋血者，有開胸破肚者，有箭傷礮擊、肢體不全者，怪狀奇形，無所不有；挾各色軍裝，在宅前後左右，如擺隊交鋒狀。衆以金鼓鎗銃禦之，反被傷。其頭目咸稱楓大人、柳大人，並石、曽、方等姓，楓、柳衣緑袍，大脰髡首，石穿白甲，面圓而後方，僉謂此木石妖。楓柳形色，與宅旁楓柳二古樹頗肖，斫焚之，有青蛙約數斤，蹲其上。二婦各處密室中，異口同聲，曰："楓柳二大人跌馬下，被火藥燒壞矣。"衆大快，惟石、曽、方等，莫得其似。遍跡之，見公詞①龕下半規古礎，恰符素所足踏點燈石也，轉動試之，婦笑曰："石大人輾轉於地下矣。"擊以斧，婦歎曰："石大人頭痛如裂矣。"旋擊成粉碎，婦更悲曰："石大人腦血涔涔下矣。"視之礎裂縫中，汁出如赭漬醋，焚之。繼疑曽、方爲一甑一桌，亦焚之，果絶跡。鬼黨隨紛紛散，二婦旋瘳。或曰："近數年，兵賊交仗，人血黏木石器用，久之成精，挾游魂爲厲，亦事理之可信也。其畢聚於斯者，殆彼俗佞佛所招，妖由人興耶?"備録之，以爲自納於邪者戒。

怕打永無蹤

汪七，予表弟也。其佃人胡大維居明水山。咸豐初，家有鬼，自云婦人，暗致瓜果、餅餌、米穀、衣物等件，家有起色，胡居爲奇貨，厚禮之，秘不語人。踰年，禮稍殺，鬼怒，漸以移去。凡物盛槖櫃中，扃極固，無有也。胡日益窘，始德之而終嫌之。鬼縱火，焚其柴草衣被屋角以示怒。胡畏懼，温語賠服，呼爲老太。室設几筵，供奉之。每食必獻，獻時但見盃盤自動，物漸罄矣。一日，汪至胡處取租，詰設几筵爲何，胡告之故，屬勿多言。汪笑曰："人無釁焉，妖不自作，宜屏之。"俄，室中砂土磚石，從空下，又釜蓋刀樽鍋鏇紛至，移時，擲糞桶、溺壺諸穢物直逼汪，胡懼乞哀曰："老太吾母，汪亦吾衣食父母，均母也，兩母豈相阨哉？看兒面，幸勿害!"時釜中蒸粑壽汪，仍奪去。席上設豚飼汪，忽墜香爐於几，撲以灰，並擲石塊瓦礫，循汪肩而下。汪呼胡曰：

① "詞"疑爲"祠"之誤。

“有酒乎？”曰：“有。”“酒多乎？”曰：“多。”“速飲我！”即抱甕陳觥至，汪痛飲，酒酣半，醉解衣，磅礴拍案，厲聲唾駡曰：“爾或冤魂爲厲耶？宜報所怨，何故作此醜態？或狐魅爲祟耶？吾訴爾於城隍，將正以冥法，何敢爲此妖術？又或輕薄下流鬼爲戲耶？吾即打鬼，擊爾爲粉碎。”遂操巨斧，滿室一揮，几筵碎矣，卧榻傾矣，牆壁洞矣。汪亦疲憊鼾睡。胡股栗，以汪今夕必遭烈禍。挑燈達旦，毫無影響，鬼竟絶。

周敬宗過陰述事

道光二十七年，邑小疫，停前鎮武生周敬宗病且死，復生言：“冥差誤喚。”屬其家人邀公正親鄰，同具保狀。言畢，氣又絶，而身猶温。家人信巫者言，以重喪，日未殮，閲二晝夜，長歎一聲，翻身起，如行遠路而釋重負，覓飲食如不及然。述其在冥中事，由本邑城隍，至閻羅殿，所歷朝市官廨，悉數難終，未有如閻殿之尊嚴也。閻殿有十，祇詣其一，餘皆路過，瞻仰而已。所詣者五閻羅殿，殿外門高丈餘，廣稱之，有數重門者，皆牛首馬面，殿前有階，階下平地迴廊，周數十丈。二人引至，叱俯伏，廊外地面皆金磚鑲成，跪者纍纍，寂無人聲。但見旗一招，二人蹴之起，引至殿角公案前跪，報名查册，唤周某跪近，一吏問爾祖父何名，周稱某某。一吏閲册曰：“爾祖在陝，多行正道，不應無後。爾某年習武，與房東女有心，雖未成姦，罪不能免。爾爲武生時，技藝品格，不在人下，可掇魁。某年嬉戲某戚女，母責之，反生氣；兼某人訟事，未能勸解，反唆聳，致人受屈破財，遂削科名。近年放債索重利，鬻米發潮，拾人遺金不報，均宜減壽。因爾祖父不應絶後，爾尚無嗣，俟生子再定。”復閲一册，問曰：“某歲歉，鄰有鬻婦者，爾貸五金，遂不果鬻。以功除過外，尚有餘功，宜增壽。”問官點首給籤，至殿中跪而俯伏。判官上稟，語言縷縷，不甚分明，大約奏查功過格，請開釋，仍引還殿角案下。二人執旗，引出如初。見一大門欲行，一緑衣吏叱止曰：“此爾縣帥大人所出入也。”遂由小門出，分列東西兩階，室如蜂房。從東階上，見有搢笏垂紳者，有峨冠博帶者，有紫袍藍衫者，有黄冠草服者，有持籌握算、御車策馬、執技製器雜色不等者。東階畢，復見有油煎鋸解者，有開胸破肚者，有碓舂磨挨者，有剥皮鉤舌者，有上尖刀山，過奈河橋，血坑水窖，狗咬蛇囓。此東西階中，男女不一，間有素相認識，可記姓名，其人現存，若本鎮廩生周鴻章同具保狀。是視畢，復引至一處，上懸額曰：“輪臺旋轉。”如輪分上下兩層，上屬皆人，不外貴賤勞逸；下層皆物，不外鳥獸蟲魚。楹柱聯云：“胎生，卵生，濕生，化生，生生不已；天道，地道，人道，鬼道，道道無窮。”又出一門，引者屬曰：“可逞路徐行，但勿飲飲。”遇賣瓜果湯茶等物，不計其數。有喚喫茶酒者，引者摇手。最後引至一臺，約高丈餘，引者示曰：“此處可望家鄉。”亟登之，遥見田園井里，宛在目前。諦視之，即卧榻中所挂荷包扇套，亦復瞭若指掌。轉瞬間，引者不知何往，見有階級可尋，一舉足，不覺豁然醒矣。周人述其事如此。

楊正發借屍回魂

駱致恭，蘄州分路街人，父尚型，母周氏，妻黄氏，世業農，目不識丁，傭工度日，年二十一歲，同治二年九月病故。一日夜，身未寒，忽蘇，舉家大喜。母呼曰：“兒蘇耶?”彼躍然起曰：“爾何人，竟兒我?”四顧室中，錯愕曰：“此非吾宅，何至此?”復引鏡自照曰：“此非吾貌，何變是?”不識其父與妻，語言亦非蘄州口音。或以爲狂，將招醫治；或以爲祟，將延巫禳。踰時，如夢初覺，恍然曰：“我乃蘄水馬腳寺楊正發也。父登榜存，母涂氏故，兄弟若干，妻某氏，生子女若干，現年踰四十，家有田百十畝，雖未成名，亦捐監。如不信，取筆硯作字。”真草皆可觀。微覺手腕强倔，不甚調和。舉家大駭，其飲食起居，有鬱鬱不樂色。閱數日，往楊宅跪父前而泣曰：“父親别來無恙乎? 兒正發前死，今已回魂於某處矣。”識口音不識其面貌，舉家驚爲鬼怪，咸逐之。因述其本年二伏時病故，見閻王册查功罪録，謂我有善行，宜增壽。我云素無善狀，旁有一官問曰：“某年月日，路遇項姓人，售幼婦償債，爾囊出銀十兩五錢，爲救贖之，有此事否?”我云：“此小事，何足爲善?”閻王曰：“完人夫妻，是一善；項某單傳三代，延其宗祐，是二善；且善不自善，用爲真善；一舉而三善備，宜增壽命。”童子揭幡引導，戒勿飲。所見宫殿輝煌，獄囚駭慄，如世畫工所繪豐都廟所塑情狀，不可悉數。周歷各處，已踰數日，發我回陽。至城隍處，一老叟奏曰：“楊某屍骸已朽，且葬埋矣。”叟即本地土地神也。復轉閻王殿，閲數月，查有蘄州駱某壽數已盡，屍猶未寒。着令借此回魂云云。凡道家常事，如作客歸，無不熟悉，謂其妻曰：“曾憶某年月日涼棚下，與爾共食雞子事乎?”蓋夜半無人私語時也。妻瞠目而悟，且笑且慚。然惡其形太不類，而終拒之。《大過》之九五，曰：老婦士夫，亦可醜也。妻意亦可原焉。父嘴唇躊躇欲納之。不數日，而駱氏父母妻室來尋矣。各理論相持，幾不下。鄰右處釋，謂楊有次子，且生子。駱獨子無出，勸歸駱。其人至今猶無恙。予近年聞邑諸生張君渾述其事而未得其詳，適家有業竹工，蘄州陳姓人，距此地二十里，屬其訪明，親爲予言云。

死期豫定

邑諸生於翁文治，爲人樸誠，自謂名教中有樂地。年甫壯，無意進取，手一卷自娱，倦則與野老話桑麻，有佳興同人之致。素無疾病，老益康强。子一，名振鵬，邑廩生。元旦侍坐，翁屬曰：“爾勿遠館，吾緣盡於今秋某月日時也。”及期前一月，合戚友族素相善者，皆游歷之。别時屬曰：“老夫此來，與諸君永决耳！愛我者，即於某日造余家送終，勿以爲妄!”衆驚異，皆從之。是日晨起，命啓殯殮諸物於堂，猶談笑自若。其子館同室塾中，見翁無恙，言必不驗，尚未歸。至午後，召而讓之曰：“爾以若翁言爲戲耶？吾父子分手在此刻也。”子泣曰：“公少安。”曰：“吾固安矣，但從吾命。”授以簿，皆身後事。父子攜手至堂。翁上坐，子侍側，命沃盥更衣，從之。命焚楮設奠，從之。翁端坐不語，頽有微泚，其子撫視，氣奄奄絶矣。家人先笑而後號咷，啓櫝則木主已豫備焉，凡殯殮、訃文、裔紙，無不繕完。向例，衣衿必報故丁艱，其子屬人往。學胥曰："某老先生前半月已署名示期矣，但存而未舉耳。"示以一紙，果相符。論者謂翁有道氣。

屍葬自還

來鳳縣某婦攘鄰雞，烹於釜，旋出盥衣。亡雞婦跡其家，攜雞去，易其兒於釜。攘雞婦歸，方啓釜嘗雞湯，一見大驚，愕不能言，又不能秘，無法，自盡。夫歸，見妻縊於梁，兒烹於釜，大叫奇冤，情急亦欲自盡。同室人寬解，招其妻母家人至，目以瘋魔，與小兒合棺葬宅後。是夕，天大雷電以風。家人方就寢，忽叩門，問之，覺某婦聲，咸以爲鬼，不納。婦呼曰："是吾也，非鬼也。"啓户視之，果然。問既死且葬，何以歸？曰："不知也。"衆視葬所，見棺已擂開，前跪一婦人，已雷劈而死，即置嬰兒於釜者也。其家人，亦不知其何以出。

剥衣服

咸豐八年，蘄州虎扒嶺吴某，白日在家，身上衣服，忽被鬼脱去，寒天尤甚，並有脱之而不留寸縷者。脱時如有人箝其手足，而不見其形。後遂搬運家財，皆飛行絶跡以去。聞梅邑火焰洞有田道人能知近年過去未來事，且能見鬼神。請至家坐夜，向晨，田問曰："爾家有兄弟面貌何狀名某者乎？"曰："有。""渠平日有人傭工，曾置錢歸家乎？"曰："有。""渠死曾脱其衣服以埋乎？"曰："有。"先是吴某同懷二人，弟某爲人傭工二十年，得值盡付兄手，陽許娶妻，而陰靳之，抱病不爲調理，死不與棺，身衣絮襖。埋時，其兄曰："襖爛可惜，不如脱之。"田勸其超度，鬼曰："超度不足償。"後糾集衆鬼，搬運家資，一舉而罄，兄亦餓斃。

分貲財

咸豐五年，蘄州童子河艾某，家中産，同胞三人。艾二，不務生理，兄弟逐之，流落死於外。後家貲豐盈。一日，衣褂於柱，空中擢去，如風飄迅速。嗣後家中財物，即藏密室櫝櫃中亦然。有衆人屬目時，見什物等項，自相扛擡，綑載而去，不知其何所往也。僉謂狐妖及七郎神爲害。招術士禳之，驅之，禁錮之，皆術窮，反遭其侮。有無賴子陳光壽者，恃其勇，飽酒大言曰："爾是何怪？敢與老子鬥乎？"言未已，一石擊其額，血流被面。又有木匠姓陳名信友者，曰："吾有五尺，是魯班所製，挾之必不敢來。"斷其尺，並割其髮辮以去。後家中有十二岁女子，見其形曰："此二叔邀人搬去耳。"每來，女子手指曰："二叔又統衆來矣，立在何處。"艾一、艾三始知其祟，求與艾二分産，析其三，以一股超度，罄其有，乃已。

五碌碡成柱

咸豐三年秋，邑西鄉陳家坂納穀時，農人方打稻，場中碌碡二，忽添三，一夜纍然，積纍爲五，望如石柱，衆莫敢下。又近深塘，顛撲之，恐入水，愈難爲力。其一則河東某場中物也，隔深溝，無橋樑，衆異之，禱於社。夜夢社神曰："吾不能治，亦不必治。禳之，當還原矣。"衆從之，一夜忽然下，各還其地。河東人陰伺之，碌碡不知何時而至，真絶跡飛行者。碌碡俗名石滚也。

四骷髏拭牌

徽州自賊踞七次後，人煙幾絶，存者百中一二。佃某收荒器於其地，見大厦進五重，門口坐一老嫗，向嫗乞茶。嫗曰："若自尋之。"入頭重，見四人拭牌，仍乞茶，答如媪語。入二重寂然。入三重，尤寂然。遍尋左右房厨，見屍骸枕藉及白骨棱棱，懼而出。復至拭牌所，杳無人影，近之，几上僅存人頭四顆。出門視老媪坐處，一堆白骨焉。始悟前所遇者，皆鬼也。

貓攫贏餘肉

程步升業屠，晨起屠豬，槖血完，入厨取水，將去毛，轉身忽見其已死族人某坐肉墩上，俄復爲豬，若公子彭生故事。程訝之，因憶某曾有貸未償，尋券視之，權子母，計豬值符其數，尚有贏餘。及晚，肉盡售，遺少許，挂於柱。適鄰貓掠去，家人方逐之。程戒曰："勿逐勿逐！彼償足矣。贏餘應非吾有也。"後聞某，屢偷人貓剥食，尤爲奇報。

豬作歌哭聲

有向某者，租予城中宅，世爲斗紀官，倉量穀役也。邑治中素有常平、惠民二倉，儲穀數萬石，備不虞也。國帑售之，縣令典之，舊令卸任，量交新令，必經風扇而始收。凡刷去廒頭、倉脚、鼠耗、蟲蝕等穀，斗紀有餘利也。向某與其黨等賄舊令僕丁，朦蔽舞弊，藉耗餘偷分净穀三百餘石。時肉值極昂，向某以穀飼豬十餘口，利可倍蓰。已肥壯矣，將售之，豬忽瘟斃，皆腹先壞，肉不堪食。家人强食之，亦病瘟，僅一老無恙。人頗質直，余憫問之，老人吐其事，且曰："朝廷福命大，天道報應，神也。小人業是役三世矣，未有如今日者。前半月時飼豬，見豬哄哄然對我且哭且歌曰：'喫倉穀，没消福，肥我口，壞我腹。莫喫肉，肉有毒。喫我肉，君不禄。'覺來竟是一夢，及豬斃，戒予婦勿食，亦弗聽，惟予得無病耳。"彼垂危者，求賜一方，解之，余令以皂莢、萊菔子煎飲，皆蘇，越五年，卒無一存者。

青腰袋

邑新開鎮某佃高山寺僧田，向係平分納租，該處佃風日壞，十僅與一。尤藐僧爲弱，隨意與之。甚或展至來年，歲久漸成積逋。稍有水旱及青黄未接時，猶稱貸焉。不遂欲，輒肆争嚷。僧視爲目中釘。一日，午後，僧立寺外，見一人身衣白單衣，腰纏青布袋，蹌踉至，即某也。顰蹙曰："無賴又來稱貸耳！"忽不見，俄闻欄中牛鳴叫叫然，産犢矣。白身青腰，恰符其狀，後聞某即於是日死。

白頸圈

某長子好博，負時輒私貸以償，中年隕。疾篤時，謂其父曰："兒不肖，雖貸值償博，其人均未與兒同博，應償之。至貸某童養婦錢二貫，乃苦錢也，更宜償。兒死，媳無志，聽其他適。受值償兒債，有盈無絀。"父盡背所言，其子柩厝某處。閱年餘，某童養婦翁適樵於此，夜夢人屬曰："某家母彘，當於某月日生子，中有白頸圈者我也。購飼之，定倍利，即償君債。"詰，朝至豢彘家，述其事。時母彘方受胎三日也。及期，盡如其言。衆譁然，驚異。其母往觀，呼白頸圈即豬曰："爾果吾兒，即至吾前。"遂摇尾，嗅其足，作依戀狀，若素所豢馴彘然。或勸其贖歸，不果，後售於某家，成大碩肥，轉售某屠者。夜夢有人乞饒命，不信，竟宰之，越數日，屠者得暴疾亡。

白日見鬼

茶兒鎮商某中年購一婦，徽州人，兩目瞳人皆倒，足上而首下，能白日見鬼。人有病，疑爲祟，招彼視之，則言其家或前數十年，或數年前，有死非正命者爲厲，其始末緣由，並死者生平言語形狀，及祖墓山向有不吉處，宅中有外來男女鬼，土木金石牲畜等怪，無不畢中。凡過人門前，人未曾問，有所見，輒預言之。除勸人超度、遷移、禮拜外，另無治法，亦有驗，有不驗。招者應接不暇，閱數日，滿載而歸。商某素赤貧，得婦後，家遂有起色云。

黄昏捉魂

道光二十八年夏，停前鎮佃人向時貴年五十，黄昏時，牽牛過河，見河干船泊兩岸，叢比如櫛，船中拭牌飲酒，吹歌彈唱諸色，不計其數。有船户謂牛踏破其船尾而逐之，向懼，鞭牛急趨，反顧，路隔丈餘，雖不能及，追之不止。地五里，片刻到，甫至家，倒地死矣。夜半方甦，述其事。自是終日昏迷，如醉如癡，家人招術士卜之，謂鬼捉魂去，禳解可免，作佛事一日立愈。此處河中過舟鮮泊船，時方大旱，農望雨甚急。閲一月，天雨連綿，下鄉遂成澤國。船雖未泊，避水災者，絡繹不絕。及秋又疫，皆先機也。不三年而向亦登鬼録矣。

揑誣冥釘舌

某宦族子弟素儇狡，病卧床褥，顛連多時，忽俯伏，兩腿彈掣，如受刑狀。少頃，頸偏歪，如披頬狀。有間，又脛骨盤屈，如踬槓狀。不呻吟，不寢食，三日而蘇，但長歎一聲曰："苦矣！憊矣！吾五刑受盡矣!"家人問之，謂在冥中見閻王，數其罪而責之，故作此狀。並見其族叔某諸生，已釘舌於柱。使人視之，某果在病中，正爛舌矣。諸生素揑誣，顛倒是非，並爲人捉刀筆者也。

吃飯鬼扼喉

邑小溪鎮將軍山下有石砌故址，縱横寛數丈，高稱之，土人呼曰箭樓。有偷其甓而别用者，輒爲厲，故屹然存。相傳爲明季汪某避亂屯糧所。汪某夫婦，年老無子，家甚富，積穀以千數，而自奉薄。終年食粥，至除夕亦然。一日頓悟，夫謂婦曰：“吾箭樓已積若干穀矣，猶䤈飯度日，人壽幾何，竟自苦乃爾！即天天改粥爲飯，難道便餓死我老來夫婦不成?”議自後炊飯，從今日起（時崇禎十三年正月朔也）。日晡方食，甫入口，夫婦瞠目哽咽不能語，碗齊墮，互相扶掖而卧。人問之，惟摇頭擺手而已。越翌日，五更時，夫忽長歎一聲，唤其婦曰：“吾喉中飯已下嚥矣，爾何如?”婦亦呻吟曰：“然。”夫曰：“有人與爾絮語乎?”婦亦曰：“然。”蓋夫婦哽咽時，鬼扼其喉，越三晝夜，乃釋手。訊之曰：“爾積穀箭樓，爲三年後備兵糧也。尚宜典守之不暇，今改粥食飯，吾故扼之。嗣後但食粥，許爾無恙，不然，定爲餓鬼矣。”夫婦皆允諾，至是始能語，是同牀共一夢也。後崇禎十五年流寇破梅城，缺糧，取箭樓穀而去。按近年守財奴有積銖累黍至百千萬億，一旦借齎盜糧，其亦有使之者耶?

投胎來討債

同治三年正月初二，鄰人商迎福初生一子，戚族皆來賀。其胞叔某，老而無子，若有不豫色然。衆以爲忌，曉之曰：“侄猶子也，猶子生子，猶孫也。將來可爲君後，何不豫?”答曰：“是討債兒也，轉瞬不爲侄有，何况老夫?”不言其故。未閲月，而兒殤矣。衆問之，老者曰：“元旦薄暮時，吾見近地某人肩搭一囊，立宅青龍前，吾以爲乞兒也，唤其至門首與之。彼曰：‘我非乞門首飯，是討零頭錢耳。’吾笑曰：‘新年令節，尚未過完，遽討債耶?’彼曰：‘他積欠有年，還多不還少，將踞其家而耗之耳！’此時望其旁門進，後門出，從竹林去矣。覺來竟是一夢，而此子呱呱啼，即降生焉。”其侄因其言，憶之，當年果有此事，求還本讓利，而彼未諾。合計兒生時製襁褓，設筵讌，權子母，適符其數。將瘞兒，同室人以新年不祥事，未便由大門出，越後牆厝竹林下，適符其地。

囈語即真供

咸豐九年，多將軍隆阿駐營松、太間，某哨勇丁，夜半囈語云："無强相逼，爾銀若干兩，固仍在也。"少頃復然，如是者再三。同宿者共聞之，知其有因。白營官王峯臣游戎，怵以威，遂吐實。先是凉河之役，甫交鋒，某勇受傷，哨官派該勇負歸，後大捷旋營，該勇稟報傷者在中途死，亦姑置之。孰知傷未致命，因該勇見其腰纏纍纍，乘勢扼其喉，取銀而私爲己有，合營無一知者，喜爲得計。甫閲月，死者夢中相索，不禁自其口出。搜其槖得銀，銖兩悉符，因正以軍法，而以原銀爲死者作佛事云。

佛爺誤我

同治七年秋，蘄黄地界齋匪，陰謀滋亂，聯絡數邑匪徒，同日起事，在黄岡舊街鎮市放火搶奪。爲鄉勇驅逐涣散，不能齊心，逃至附近寨内株守。閲三日，杳無聲援，鄉勇入寨，擒頭目三人：一穿黄龍蟒袍，稱真命天子；一穿黄馬褂，稱大元帥；一穿八卦緑道袍，稱正軍師；餘皆逃匿。囚解鄂城研訊，供稱喫齋三代，徒黨三萬餘人，毫無隱諱。正法時以凌遲處死，但泣曰："佛爺誤我。"

乩仙殺人

某諸生，貴顯子也。筮仕畿輔，因候銓無期歸，寄居某戚家。戚素佞佛，招食客諷誦梵語，兼有乩癖，吉凶趨避，待决於乩。某亦染此習。同治癸亥春，粤捻兩逆合股竄梅，諸生同眷屬已徙湖濱，忽聞乩仙判云："日下無事。"翻然返，攜僕探信，僕報曰："賊來矣，宜速去！"某恃乩仙語，不信，時正烹肉，擬食後方行。賊奄至，見其狀貌魁梧，衣服都麗，索金銀不得，繫首馬後，曳而斬之。不知者以爲爲肉，實乩仙殺之也。

變豬語妻皮猶剥

捕役某，市井無賴人，幼工騙竊，常以敝器易人美器，口辯捷給，稱神騙焉。得貲充補，貲厚晋捕首。一盗案，贓已吞矣，估賠而薄其值，兼嗾噬無辜，羅織斃命。一命案獄已成矣，顯神通，上下其手，遂顛倒之。置宅田，畜姬艾，窮奢極欲，幾莫量其貲産。改充册書司版圖。子某詭名應試，圖泯皂隸跡，破朝廷資格也。入場，群童交責。予堂兄在郡，謔以聯云："欲進學，今生休想；不怕打，明歲再來。"有俠漢陳某詣部，發其奸，財亦竭，怏怏而斃。一夕，語其妻曰："吾變豬某家，明日牽進屠門矣。爾急贖之！"妻輾轉仍睡，復推其手曰："起起！少緩無及！"妻皇然覺，造養牲家，繩果繫焉。計值與之，豬自隨其妻歸，送某寺豢養。逾數年，復語妻曰："命盗兩冤家至矣，不可追也。"適髮逆竄梅，有兩少年賊，見肥腯大喜，豢久，皮厚寸許，活剥皮噬之。或謂兩少年想即冤家後身，其説近是。

呼彘爲母腹已春

廣濟車門鋪某兄弟二人，一名十四，一名十六，皆無賴。一日，十六至蘄州富翁黄姓門首，訪問翁豢有母豬否？已産兒豚若干否？翁問何故，十六曰："小人有母，已歿數年，今小人廬墓服滿。前半月夜，小人見母引小孩子一群，在一高大宅中游玩，頂背上搭有白巾一條，如挂孝狀，命我接他回去。言訖，化爲豬，大小十六口，子母哄哄有聲。忽驚醒，竟是一夢，不能恝置，遍訪至此。遥望翁門首，恍惚夢中景象，特來煩擾。"翁聞而異之，自言廬墓亦是孝子，因詰曰："爾憶夢中景能自尋否？"曰："然。"連度數門，直至豬圈，果見母豬腦後至背，白毛一片，與豚兒十五同卧乳。跪泣曰："老娘老娘今在此，兒已尋半月矣。"

情甚慘切，哭倒於地。見者傷心，翁命扶至堂前，仍淚如泉湧，不勝惻然。温言慰解，與酒肉不食，與湯水不飲，留宿涕泣達旦。翁愈惻然，貺以錢米，命其領歸放生。泣曰："小人領母歸，不更還來生債乎?"翁仍慰之，十六始跪而遷，己則尾後徐行。翁遥望送之，中懷耿耿，逾旬，肩輿至其家，攜數金以示獎恤，遍訪未得其人，但聞近處人曰："某無賴前數日，牽大小豬子母十餘口，已分償博債矣。"翁慚歎而去。蓋無賴素善騙竊，偵知翁畜豬，從而詐騙，亦欺以其方也。後一年四月初，十六與三人同牀寢，夜半聞人唤起插田，天明則在宅旁碓臼中，被鬼舂出心肝肺腸矣。想素行有甚於竊騙者。

局員黑夜踰城溺

同治四年，城内釐局委員周姓，刑科胥吏出身，由保舉來梅，倚上聲勢，削民膏脂。南鄉貿者擔鹽度日，誣以漏税，奪而枷之。其人財盡受辱，憂憤自盡，事多類此。是年八月初八日，薄暮，有人向局役曰："明日挑鎖來税者，其人最狡猾，屬貴上人嚴驗。"役見其語涉支離，叱之，須臾不見。局員聞而出，令役遍索之，未得。役返，員忽焦譟曰："明日大難至矣，此處不可久留。"時已二更，月將沈，直出局前行，非由正路。一僕籠燭隨之，力追始及，員聲色俱厲，駡僕之隨其後也。奪燭籠而踏之，即前往，不知所之。僕驚疑以爲癲狂，白邑侯史公。時城門皆閉，侯諭門者伺局員出，阻之。厥明，城中杳無蹤跡，亦未出城。越翌日，城西二十里外，某處塘中浮一屍出，保甲鳴官驗之，即局員周某也。尤奇是歲大水，中隔大渡，不知何時經過，訊渡子供云："昨夜過渡時，一人上船，三人下船。詫問之，不答而去。"真有不可解者。

小姐赤身訴冤伸

某旗人，由捐佐貳保舉縣令，蒞任，聲名狼藉。同治五年署梅，署中雜役若徵比、會計、簽押、門丁等項，皆會友朋貲輸流捐官而未得缺者，不使他人染指。相助爲理，實朋比爲奸取，諺云“牛欄架在田岸上，肥水不落别人田”也。甫接篆，添設櫃書催科，分列四鄉，如停前、獨山、孔壟、大河鋪各處，設局監收，另索工食，皆作俑也。士民咸側目。令年逾五十，乏嗣，以兩甥女爲己女。又妾生一女，名三小姐，視如掌珠，許某貴顯子爲婦，挾其聲勢爲護符，故肆行無忌。甫及笄，於六月某日忽裸衣跪訴令前，求伸冤。令曰：“兒有何冤?”女變色切齒曰：“我非爾女，乃某姓民人，當日冤屈，特來索命。”又於室中隨指曰：“某在是，某在是。”所見皆鬼也。令曰：“前有法堂，爾何敢來?”女曰：“從劉師爺出處來。”前一月，有刑幕劉姓者，以暴疾死署中，拆後牆出，即是處也。令以鬼避法堂，必畏官印，鈐女身，幾滿無益。遂招某僧及徽州婦驗之，二人素能白日見鬼者也。所言與女皆符，令使禳解，謝曰：“小姐案已深，不可治也。”女果吐血而斃。令遷怒二人，治妖術惑人罪，械烈日中暴之。其妻嚷之曰：“是君教他犯法也。妾聞陽可勝陰，邪不敵正，與他何干？業已作孽，猶欲斃人，不加甚耶?”乃釋之，時酷暑，女屍腐無棺，令遍索無一應者。因劉幕售棺，先定值而後短價，故鬻棺者多諱之。其貪鄙可知。嗣後鬼常爲厲，令超度修佛事禳解無益，朋貲捐官者，爲鬼逐，皆逸去。令妻妾畏鬼，欲租民房居，衆防其騙棺故智，靳弗與。令大慚，在任二年，怨聲載道。去時猶投刺向相知者留别，餂人送行，無一答者，令閱數月而亡。

計招替代

同治四年端午前數日，張林鎮周某年近三旬。一日，甫過午，擔糞往田，離宅不數武，有塘小而深，鄰居潘某抱兒嬉游，忽投入塘，濡其首矣。周與潘爲兒女姻，見而怪之，爲從井救計，並没不見。鄰衆設法齊撈，僅得潘，旋甦，而周苦索方得，則已斃矣，救之無益。衆詢潘何故舍兒投水？答云：“是一少婦，拉令飄海，則已昏迷無覺，足隨而往。”

群謂鬼欲致周於死爲替身，非先祟潘則周無由入云。

打退神仙

邑小溪鎮，嘉慶年間，有柳瞎子者，自稱某處觀音附體，早晚遣青衣童子作報耳神，能知未來事。無論遠近，有疾病失物等情，先期焚香，默稟祖宗，及某處觀音，造柳問病是何鬼作祟，物是何處人偷匿，來蹤去跡，無不畢中。並問者攜帶多少謝儀，置身邊何處，不爽毫釐。即諱本事而詐他事以試之，則曰："爾爲某事來耳，何諱焉?"或雜稠人中，故遲默以俟之，則曰："某人此時應來矣，何遲焉?"群呼爲神仙。每日户外屨滿，應接不暇。家資遂小康焉。鄰右及同居者，親友往來如織，如魯國大王故事。遂成飯災，皆苦之，首其妖術聚衆。時邑侯劉觀亭廷模最嚴厲，拘繫跪法堂前，笑問曰："爾是神仙，果能知本縣今日欲責爾多少，方恕爾。"某不能對，大加懲創，遂不復言，亦不靈。衆謂其打退了神。

青棘獅子

縣治東關外潘家坦，鄉賢諱文浩窀穸處也。道旁荊棘叢生，上纏藤蔓，彷彿衙屏所繪貪婪獸狀，群呼爲獅子娘娘，又呼爲麒麟大王。喧傳求嗣無不應驗，皆象形命名，取俗語獅子滚毬，麒麟送子意也。酬願者，置旗竿如林。邑某進士爲孝廉時，曾獻石香爐於此，上署其科名。有某處人拈香，適大雨驟至，避之不及，箕踞獅子項下，雷轟電閃，直逼其頂，懼逸出，身甫動，霹靂從空下，雨驟止。衆視之，則獅子腹間，盤踞巨蟒，大如車輪，方垂涎此人，故雷擊也。土人斬荊棘藤蔓，一舉而焚之。進士聞而恥甚，碎香爐而去其名。

黄荆祖師

劉塘鎮騎龍菴，吴元八户香火祠也。祠後一黄荆樹，高數丈，下半空心，有未空完者，狀如陰挺。匠代樹，樹顛陰挺露，上鋭而下寬，微似泥塑坐佛像。匠笑曰："若雕耳目口鼻，便成一座菩薩矣。"祠中狡儈，立從之，遂神其説，以爲生成佛像，復颺言於外曰："達摩祖師下凡矣。"居爲奇貨。時朝謁有不遠數百里而來者，許願修廟者，不知凡幾。人多自間有應驗也。達者輒心鄙，而目笑存之。其庸陋者，神移氣奪，每於人前誇靈異。衆僅希冀獲福，儈尤招摇射利，蓋欲借公項而私祠，尤幻謂此樹可以療病，雜他木屑於黄荆腹内，括取貴如蓍术。不半載而根株用盡矣。又植枯藤朽木，以爲忽生龜蛇二將，是達摩祖師更變成萬法祖師矣。種種幻術，令人齒冷。傳曰："將與，聽於民，將亡，聽於神。"木妖之造，可卜此地興亡矣。

樟樹神異

宿松界嶺，邑南鄉接壤地也。有古樟，大數圍，頂因風折，心遂空，腹臃腫如箕，有孔若斗口然。相傳此樹斫之見血，觸之爲災，人不敢動，驚爲異神。人多祀之，牲畜得病，咒祝尤驗。宰割時，即以此殽薦之，信服者並投其殽於口中，遂沿爲例。有某氏牛忽不食，祝之即痊，某酬願時，不便宰牛，操雞豚，設釜於樹旁烹之。祭畢，連釜中沸湯，並雞豚俱投口中。樹腹内震動有聲，某曰："仗將畢威靈，牛若倍加壯長，小人定煨豬頭來拜謁也。"後數日，口中臭聞於外，酬願者不可嚮邇。有好事者，掩鼻而探之，則蟣蟲滿腹，於根旁鑿一穴，見數拱大蛇已朽腐矣。因人投殽饌於樹腹，蛇聞氣味，盤踞以就口食。是日聞雞豚氣味，方張口以持，不料沸湯灌入，一舉而盪斃矣。自此亦不復靈，土人並此樹焚之。

楓木大王

同治三年夏間，有患瘧者，行至停前鎮楓樹坳，中途瘧作，休於樹下，聞樹似作呻吟聲，因默驚曰："樹如有神，令我瘧即已，當厚酬之。"歸果愈，攜香帛酬願。聞其異者，紛至沓來，香煙不絶，呼爲楓樹大王。有因以爲利者，盛稱神異，其應如響，並詭云"神附近地某姓幼童，自稱某姓某名"等語。先是其地賊壘爲官軍攻破，粵逆游勇死者無算，魂魄爲厲，亦事之常，人益信之，旗匾林立。近聞其香火不及前時之盛云。

石礎菩薩

廣濟石龍坡道旁有石，狀如碌碡，又如礎。好事者鐫一佛像，呼爲石礎菩薩，朝謁甚衆。每日香楮灰堆若邱塚，買食物者摩肩。一朝謁者，正恪恭稽拜，見有犬翹其後腳撒尿於石礎上，拜未完，即叱爲不靈，一鬨而散。

柳樹將軍

邑東鄉張林、項橋兩鎮接壤，地名杉木橋，河岸有柳樹一株，圍可合抱。咸豐八年春，居人望白氣一縷，出樹間，驚以爲異。焚香叩禱，稱爲將軍。遂遠近喧傳，朝謁者不絶於道。問其因何稽拜，所拜何神，亦不自知。時石軍門爲副將，駐軍蔡家橋，兵勇逐日往來，與婦女相雜沓。近地端正人士，恐滋事端，白邑令禁止，積薪草環樹燒之，派役巡視。諭拏焚香者，以妖言惑衆論。隨即寂然，後亦無他異。

仙姑塚

張林鎮某荒寺素爲女僧棲息，有少尼面皙而豐，惡少争豔之，相與爲歡，成孕，至王家寨村落欲産。居人逐之，不使停留。尼捧腹傴僂，且止且行，以産難亡，行人埋之道旁。適逐者經過，足蹴石而跛，人戲謂此尼爲祟。禱之，足適瘳。好事者群相拜祝，因名仙姑塚。近地無賴，因以爲利，揚言有求必應。不數日楮灰如阜，旗匾若林，塚厝予堂叔衷懷山上，謂淫祀久干厲禁，焚其旗匾，以穢物污其塚。而扶老攜幼焚香拜謁者，仍不絶如織，並皆與語曰："前日毁旗污塚人，已被仙姑殛死。"公笑曰："毁旗污塚者，我也。爾欲拜仙姑，盍拜我?"復正言開導曰："正直爲神，婦人産私兒，正直何在? 況尼姑乎!"衆聞而義之，後遂絶。

家婆墳

邑治化龍門城根有古塚一，相傳爲明末流賊屠城，積屍其中。嘉慶初有人過此，抱病乞靈，適愈。拜謁拈香者，不絶於道。且搆亭立幟，匾聯無數，名曰家婆墳。今基址雖存，無過而問者。

巫爲鬼祟

廣濟車門鋪有巫某名十四，善掣騙，爲其本家乏嗣者，包作佛事，七日，得百金。所糊簀面，皆書自己祖父名。乏嗣者托夢於胞兄云："弟在齋壇前伺候多日，祇得楮錢四百，所焚金銀箱簀，盡被巫某先人佔去，簀面上無弟名，故不能冒領。"其兄易巫，再補佛事數日。越半月，前人巫與同行被鬼扯至高山，將爲祟，巫揑訣念咒，鬼不敢近。乘巫倦卧，掀播落崖死，骨節皆碎。

陰倩陰差

堂叔祖絅亭公司鐸棗陽，其西齋秦君，攜有健僕，忽善睡，閲一晝二夜始覺，如遠行歸，不勝疲憊。述其魂爲陰司捉人，陰亦有差，畏人門神，不敢直入，雇伊至病者門前伺候，隨往來視病人脅下混入，見病者垂危，以鐵索繫其項，氣即絶矣。舉家大哭，即曳之趨，哭愈甚，趨愈速。出門交陰差，一轉手，見死人魂變爲極小物，狀如蠅蜂，索亦細如髮，俱乘風去。每月一次，已期年矣。秦謀於公，公屬其書狀於城隍廟前焚之，遂止。

鬼因人壯膽

锺祥縣有地名藕塘，多停柩，荒塚纍纍，每出鬼怪，莫敢夜行。有氣豪者，夜過其處，遥望一人尾其後，問之不答，蹲俟之。其人亦停足不前，起行則又尾之。因思此必鬼非人，得毋欲隨我入室耶？不如擊之，寧我薄鬼，無鬼薄我。遂反追之，其鬼亦反走而遁。追愈急，遁愈忙，遂避入空朽柩中。追者直曳其衣，鬼自柩中起坐，追者驚倒。既而思此必人，非鬼也。熟視之，果一私奔女子，獨行膽怯，欲因人壯膽，故遥尾焉。欲似鬼以疑人耳。

男變女伸冤

楚北襄陽伍某婦，早寡。一日，同家人聚宅前場中揀理棉花，忽昏迷倒地，人譁然不解何故。其鄰右遥見一黄袍高冠老人至，争來問曰：“君家所至何客？”皆曰：“未也。”少頃，寡婦醒曰：“吾見黄袍老人云：‘我前生是男身，西安人，姓嚴名繼高，家小康，一妾有殊色。我兄名繼升，已分居，覬我財及妾，陰謀我墜井死，强納我妾，妾不從，亦吞金死。我今化作女身爲伍某婦，早寡。妾今化作男身，即襄陽縣主吴太爺。兄今化作女身，即襄陽富户王建昭繼妻。’皆目前現在人也。”翌日，直往府城隍處面訴冤。少頃，復倒於地，忽醒言，府神不理，黄袍老人教曰：“盍往縣?”再至縣城隍處面訴，黄袍老人又教曰：“城隍着往襄陽縣主呈訴。”遂自往，家人阻之不能，尾其後，生平未行，若熟路然。詣代書屬作呈，不耳往縣治聲冤，門者不納，互相争論，喧噪之聲，聞於内庭。吴公素留心民瘼者，招人問之，面陳源委，求追王建昭繼妻身前踞佔贓款，及謀害罪狀。吴公以事屬荒唐，未便追究，陽諾之，而隱紿之使歸，婦在輿中，黄袍老人又教曰：“吴太爺紿汝也。”復返而求曰：“公不理，妾不休矣。”時來催訴，吴不得已，諜入城隍神，並傳王婦到案。王建昭子亦諸生，力辯其荒唐。至夜，果見皂衣數人，執票追索。知是城隍陰差，遂作佛事數天，焚金銀楮筫無算。吴公亦給資財爲寡婦子讀書費，並許代爲請旌，以彰其節。一日，吴公涖事於堂上，見一黄袍高冠老人拱手謝曰：“生順死安，事白冤伸矣。”婦亦如夢初覺。録此見錢能通神，亦能治鬼也。事在同治十一年秋，余仲弟堯衢①爲襄陽教諭，與吴朗心邑侯同寅，親見此舉。朗心，江右瑞昌人，名耀斗，乙丑進士也。

三夢玉

士人應試之名，多由前定。吾友程崐山孝廉世有陰德，其母李孺人方娠時，夢一神人，方袍道冠，授以玉環，命之曰：“汝佩此，當兆宜男。”及孝廉生，小字玉兒。髫年即愛以玉爲佩，居城闕内，無佻達風，早知，能比德如玉者。稍長，原名某，屢試不利。年二十，元日夕夢書胥持名條數紙，皆有玉字，嗚鑼道賀於其家曰：“此君名報捷音矣。”是

① 鄧文焕，湖北黄梅人。清同治元年壬戌恩科並補行辛酉正科舉人，曾任襄陽教諭。

年秋，邑侯趙下車觀風，孝廉應課，更名應玉。交卷後，有相知張姓者，閱其本族人卷，亦名應玉。詫然曰："吾友程君卷現填此名，爾同之何也?"答曰："吾前夢此名考起，得獎金若干，故用之，非貿然也。"案出，張未取而孝廉之獎金數適符，遂以應試游庠，食餼皆利；稍後，欲更原名，已給書胥筆資矣。彼得貲而名不果更，遂以此貢成均，領鄉薦。合計一名，孺人夢於未生之前，孝廉夢於未試之日，旁人夢於將驗之時，更之不能，同之不得，殆造化將欲玉汝於成，而豫錫以嘉名耶？我友敬矣，常存執玉奉盈之意，無忘顧名思義之心，與世德無忝也夫！

再言金

咸豐七年，邑某人甥舅皆被賊擄，雖同館，不敢認識。甥犯令被害，一賊舁屍埋，舅亦偕往，欲陰記其屍所也。舅旋逃歸，過甥宅，語之，甥婦常痛哭。一夕聞夫扣門聲，家人驚爲鬼，婦念切，啓户忙執其手，甚温，破涕爲笑："兒父歸矣。"家人述舅氏語，答曰："然。"衆詳詰其生還狀，曰："吾在土中，恍見二白髮翁相商，謂我平日待父母好，被擄不姦戮一人，不當死。一翁曰：'今何能爲?'一翁曰：'吾將設法。'遂托夢於埋我之賊曰：'前日所埋兄弟，手有金戒圈，盍取之?'轉身仍睡，再推其背曰：'有金不取，打甚麽江山，難得此救命屁也。'蓋賊身多備手鐲戒圈，敗時擲之，以緩追兵，故云救命屁。猶狼屁能緩逐犬也。賊猛省，躍然起，急發之。執手尚温，果得戒圈去。我得蘇，遂逃回。"此人稍知孝養，不與人忤。素有痧疾，父母憂之，以康熙錢（俗名羅漢錢，内有金）製戒圈以防痧疾，實非金也。神人藉此以紿賊耳。雖因此得生，亦仁孝所感。見人有善行，天必佑之，惜忘其姓名也。

雷神有才

安徽某家女，年及笄，壻家貧，無力親迎。一日，造岳家，女私向壻云："吾有數十金，君勿愁無費。"遂歸家辦事，向叔父談及。迨迎娶日，叔問新婦云："汝金在何箱？鑰匙與我！"新婦與之。次日，壻問金，新婦不能答。自縊死，纔入殮，雷神提死者出，死者甦。叔父亦提至堂，跪死者前。焚其衣，金露出。衆人求赦，叔亦甦。人服雷神有才。

天后畏奏

江西大庾縣某家孩子，出痘甚沈重。同里人，邀作十保。回籍大學士戴公衢亭聞之，即盛服往拜天后，行禮甫畢，某家報孩子死矣。公作色曰："天后何無情若此！吾要奏參。"少頃，某家又報曰："兒有轉機。"越數日，竟痊。

跋

岷山程君約游東禪寺，適先生與座，出所著之《醒睡録》以示。詰其故，曰："僕素有陳摶癖，興酣時，每終日鼻鼾如雷，不一寤，旁若有被牽引者。"予曰："信然，先生亦魔矣哉！"曰："僕雖魔，要不若世人之甚也。世人以萬八千里爲一氈毹，三萬六千日爲一晝夜，未及合眸，輒被宜榼導去，忽而巫峽，忽而高唐，忽而槐安，忽而羅刹，海市馳驟縱横，任烏獲、孟賁打不破黑甜鄉萬重牆壁，此真可爲歎息者耳。"予曰："佛法傳燈，大開覺路。世人皆睡，君以是作獅子吼，爲鼾鼾者下逐魔令乎？"先生曰："嘻！吾不能逐吾魔，又烏能逐人之魔？將欲自辭醉鄉侯，因招管城子石虛中輩，作吾記室，於一切怪耳駭目之事，隨得隨録，録以破睡；幸留一雙醒眼，長觀天地間春花秋色，變换遷流，亦驅魔之一法也。"予曰："善。斯圖成，非獨先生常惺惺然，雲房一出，華胥夢不復在人間矣。"今付梓，囑予識其尾。予不知作摹畫寇萊公睡耶？屈左徒醒耶？張曲江《金監録》耶？均不得而擬之，爰即先生所自言者，附之簡末云。姻愚弟洪钺謹跋。

荆楚文库

集　　外

挽帥逸齋聯

白簡奏彤廷，數千言字挾風霜，今日實踐躬行，所謂不負吾君不負吾學；

縞衣濡碧血，一個臣身騎箕尾，後人讀書論世，如此可以教孝可以教忠。

南山摩崖記

南山之由來舊矣，前代題詠及勒石者不乏人。山之陽，予先疇畎畝在焉。幼時從先君子游，恒念憩息於斯。其地多重巒疊嶂，翠柏蒼松，梵宇恢閎，暮鼓晨鐘與泉石清音相應。長虹卧波山梁跨也，巨蟒出硤石徑旋也。遐邇趨謁者，輿馬冠蓋。前接潯陽，後通皖洛。每出東西二山之右，洵爲闔邑名勝，迨時異勢殊，風流歇絶，衹見樵夫、牧豎歌吟，而上下聞者傷之，然名山静鎮，奚事紛紛者爲？而石徑猶存，山梁無恙，因憶《天保》之卒章曰“如南山之壽”，《斯干》之首章曰“幽幽”。南山惟其幽幽，是以能壽。雖非爲是山詠，亦可斷章取義，爰於石壁鐫大“壽”字一（徑一丈），冠以“幽幽南山”四字（徑二尺），將來字與山並壽，羊存即禮存，山有靈兮定燦然一笑（簡老蒼潔，韓柳集中得意筆也，萬斛泉評）。

《黄梅鄧氏宗譜》序

或有問於予曰："譜何爲而續修也?"予應之曰："古者謂三十年爲一世，世遠年淹，恐久而失其系也。故續之。"《詩》曰："以似以續，續古之人。"殆謂是乎？吾家宗譜源流支派，朱子弁言極詳且悉，尚矣。至鴻圖公諸列祖序，亦發抒盡致，後人何敢多贅？惟從堂叔笏峰明經，及哲嗣嶰書孝廉所釐定而修明者，無體不備，亦無美弗臻。

定例以三十年一續，歲戊子，茂泰公五大房後裔循例再三議續，僉推鳴岡、培園兩叔監修，以董其成。伯均纂修，遥商、崧丞以主其稿，嘉勳、雲章、俊賢、子清、雲漢、雲開、幼鄉編修，以分其任，並派協修、校對、監梓、謄寫分辦諸務，以觀其備。

濱以濫竽其間，囑續以序，辭不獲已，敢蹈續貂之誚？其續維何？一曰生齒日繁，次曰人文蔚起，三曰率由舊章。

其生齒日繁也，如遷祖以下，自咸豐戊午後續四百八十餘丁，珠聯繩貫，俾昭穆不失其倫，而子孫亦以爲序焉。

其人文蔚起也，五大房内入庠序者七十有餘，續三十三人。補廩增者二十有二，續十二人。考授恩、歲、拔貢者九，續五人。入增貢者五，續二人。援例貢成均者八，續三人。入太學者四十四，續二十七人。中鄉試者四，續三人。選授光署正者二，續一人。選授教諭者二，續一人。選授訓導者五，續三人。選授佐貳廳衛丞倅者十二，續八人。保薦武功者十三，續五人。授衍聖爵府職銜者十五，續四人。登進士者一，欽賜翰林者一，任太守者一，中武魁者一，任將軍者一，其續尚有待也。鸞翔鳳翥，俾人人争自濯磨，恒切後來居上之志焉。

其率由舊章也，首封典絅亭公，敕命一軸。宗衡，敕命二軸。續以文焕敕命一軸。文垣敕命、誥命各一軸。鍾祥誥命一軸。宗衡本身誥命暨貤封親屬誥命十軸。鍾祥貤封誥命一軸。俾人人知教孝作忠，不匱錫類之道焉。次崇祀忠義祠，世襲雲騎尉，宗德、廷枟崇祀忠義祠、孝弟祠。裨人人知以死勤事，殁世不忘之意焉。次圖繪東關外舊祖祠基，續以南城内新祖堂祠，獨山鎮鄧家塘老屋宅基圖、張林鎮鄧家老屋宅墓圖。一爲草昧經綸，一爲中興堂構，星羅棋布，此吾鄧氏發祥，不祧之業也。外此若茶兒、山南、元角、停前、東山、龍坪等鎮及毗連宿松地界，或有宅有基，或有墓無宅，或有宅無墓，或已繪未繪，或慾繪而尚待繪者，聽其自繪，自續詳其地，各山向不獨桑梓思敬壚墓思哀，並使人人知某山某水，我先人之所耕釣也。某邱某壑，我先人之所避風雨也。次傳贊，次著述序論，續其鴻章钜製。俾人人知顯揚其先祖之美，而名著於後世者也。其餘若禮儀、家法、祀産、集證等欵，班班可考，有無事續而顧名思義，自數典不忘也。

濱之所續者如是，敬告諸父老昆弟，從此保世滋大，常存尊祖敬宗收族之心，隱寓選賢與能、隨才器使之意，以俟後之君子。

光緒己丑夏五，南屏公長房裔孫布衣老人文濱謹序，時年八十。

記笏峰先生二事

從叔明經諱士紳，晚號笏峰老人。性恬静，品學爲一邑望。道光二十有六年某月，過柘林鋪，遇少年涕泣趨行，情形慘切。公降輿問之，少年自稱袁姓，父子教讀營生，今年父館周宅，離小子館不遠，前赴館時尚無恙，今忽卒於路，地方嘵嘵，宛非其所，乃移屍耳，將赴縣訟。公問："爾父與東家有隙乎?"曰："未知。""爾父身有傷痕乎?"曰："未知。""然而訴何辭?"曰："訴父身死不明耳。"公曰："訟亦請訟師乎?"曰："然。""訴亦經吏胥乎?"曰："然。""訴亦需開銷乎?"曰："然。"公曰："既如是，何緩須臾? 察實而訴未爲晚也。若無冤而訴，重則坐誣，輕則飽訟師、肥吏胥，無益死者，不反累生者耶? 況悠悠之口，敗人者多築室道謀，最足誤事。爾讀書人詎不知耶?"少年稍悟，願聽公教。偕往審視，無故，但下衣有遺溺痕，因時值溽暑，陡發熱證，歸未遠離，陽脱而氣絶耳。少年頓豁。公曰："謹守父屍，吾自有處置。"至周宅，衆論紛紜，問何爲? 曰："聞彼往訴，亦將白冤耳。"公曰："何須白冤?"周曰："樹欲静而風不息，不白不了耳!"公曰："爾塾師死於路，亦願備棺衾乎?"曰："生於我乎? 館死於我乎? 殯朋友且然，何況於師，有何不願?"公招少年及親屬舁屍館舍而殯之，事遂寢。蓋因周豐於財，觸人忌，故爲作蜚語播弄，使之鷸蚌相持耳。先是，邑諸生陳姓，館新開鄧宅，失足淹斃，族人收殮後，惑於蜚語，興大獄，致一再析骸，檢驗無傷，坐誣，遣戍者二，一瘐死。惜無如先生者救止之，仁人之言利溥，其信然哉!

道光十有二年，歲除前一夕，公妹婿太學生周定元，家有明火塗面執刀杖劈門劫奪一案，邑侯楊除日詣驗，行跡確鑿，甚爲憂悶，聞公宅不數里，訪於公曰："某初蒞貴邑，民俗未諳，望先生有以教不佞。"公曰："鄉村荒僻，非同水陸通衢，爲萑苻嘯聚之區，敝戚耕讀之家，亦非官商巨富，啓胠篋者垂涎，不過一家飽暖千家怨，鄉愚無知，索借不遂，迫於饑寒，作亡命狀，以爲卒歲計耳！明公幸勿馳報，爲將來生全地。"侯曰："據令戚原呈贓無多，而情甚重，不馳報上臺，必不爲守土者寬也。"公曰："此犯易獲，萬一稍遲，敝戚不上控，大府烏得而知之？明公恩威並用，敝戚必仰體德意，毋庸過慮也。"侯韙公言，翼日元旦，一舉而獲七犯，逸脱旋亦就擒，皆失主宗族鄰居者也。邑侯歎曰："鄧先生一言活十二命矣！"各予重懲，屬其親屬，具保狀而宥之。從侄文濱渭卿氏謹記。

誥授奉政大夫增廣生光禄寺署正和卿公傳

士之重於世者三，曰德行，曰學問，曰功名，而有功名者，未必有真學問，有學問未必有真德行。惟吾友鄧公和卿兼此三者。公幼穎異，應童試，府縣俱列前茅。年十七，即游庠，旋列優等，補增廣生，與兄紱卿矢志芸窗。辛亥，紱卿捷鄉闈，公益厲面壁者，久之，咸豐八年援例貢成均，官光禄寺署正，供職九年，歸籍課弟及子侄，弟食餼，子侄皆蜚聲庠序，幾如德星聚一門矣。時丁嚴慈憂，主同治甲子始入都就職，館於余家，庚午北闈鄉試堂備，是歲請假歸。乙亥恩科本省鄉試，副主考執公卷擬中元，與正主考互争甲乙，因兩意齟齬見遺。文已刊入同門録後。丙子、乙酉序之云。光緒己丑從堂兄布衣老人文濱撰。

荆楚文库

附　　録

《萬家堡略》序

喻同模

遠鄉村落，非縣治之區，其民力最弱而情常涣。然有一二詩書殷實之家，才略出群之士，就其民而鼓舞之，則弱者可使之强，涣者可使之聚。其平居無事，不可見，而恒見於多難有事之秋。何則？患難初起，人各爲逃死計也。乃不自爲計，而環伺夫詩書殷實之家、才略出群之士以覘其動静。如以爲可守，則僉曰守善；如以爲可遷，則僉曰遷善。此鄉村與縣治之勢異，而民力、民情之大可恃也。咸豐初，賊竄黄梅，寸土蹂躪。鄧子渭卿與其兄弟居龍坪山中，出私山築堡，曰萬家堡，以號召一村一鄉，使各各爲其財穀妻孥守，而他鄉村之願附者聽。於是一人之自爲守，而不啻爲一村一鄉守。即鄧氏兄弟之能爲一村一鄉守，而適所以自爲守。負隅乘勢，力雖弱而强也；死生相依，情雖涣而聚也。使賊進無可掠，退無可據，堅壁清野之法莫善於此。鄧子又繪圖刊説，爲文勸募，設問答譬曉若干言，籌豫備事宜十一條，聞警事宜八條，守禦事宜十二條，善後事宜四條，名曰《萬家堡略》。勒爲成書，深切著明，迥非談兵紙上。今夏出以示余，余披閱再四，慨然曰："凡言力不敵、情不固者妄也，特倡率無其人耳。使盡如萬家堡，則由鄉村以及郡縣，由郡縣以及天下，賊豈有容身地哉！"

事往矣，鄧子已有成效矣。吾聞善治兵者無赫赫之功，竊願鄧子是編，如陰符韜略，藏之千百年而不用，而不必復睹其效也。吾又恐後世之變，皆前代所已經，安知千百年後，不復有如鄧子者，本是編委借箸而籌也。

書鄧渭卿題字刻石事

喻同模

余嘗感於峴山之碑刻，竊歎古人之重夫名也，皆其深於情者也。以羊祜、杜預之賢、之勳，固足以炳耀一時，聲施後世，而區區求之於半規之碣，以有待於陵穀變遷之後，抑末矣。幸也其賢、其勳足以副其碑之名，以致其情。不然，一牛山之涕已耳。

鄧子渭卿富於學，不得志於有司，遂以山水自放。嘗游京師，歷西山，過齊魯，覽泰岱。晚歸里門，悦紫雲、白蓮、碧玉諸名勝，流連信宿，不勝其情。於是題紫雲之噴雪岩曰“龍德而隱”，題白蓮峰下曰“福”，曰“德”，題碧玉流畔曰“泉”，皆就石壁爲擘窠大字，字五尺有奇，深寸許，命石工縋幽鑿險以成。

嗟乎，此渭卿名耶？抑渭卿情耶？吾知之矣。渭卿嘗著《醒睡録》數十卷，前後數十萬言，大而軍國重計，小而里巷瑣談，無不悉備。一旦付之剞劂，當必家有其書，渭卿之名自在。而必使之履巉岩，披榛莽，剔苔蘚，施椎氈，以規撫於數大字，則亦淺之乎言名矣。雖然，人亦自有其不朽耳。微特羊、杜之勳德，即文人、詩伯氣節文章足以自命一世。後之人溯其里居，傳其僑寓，志其釣游，爲故里，爲釣臺，爲讀書臺，比比然何限！名之所在，情輒生焉矣。而況渭卿之非徒以紀游也，寓醒世之意焉。“龍德而隱”之下，則又曰“立足如紫雲觀瀑，洗心若白雪噴岩”，“福”之上曰“自求”，“德”之上曰“自修”，“泉”字之上曰“有本如是”，字稍殺，大二三尺，深稱之。俾後之讀《醒睡録》者，微言緒論，慨然想見渭卿之爲人。及游覽名山，則又往往與其芳蹤相值。雖未必如峴碑之墮淚，而撫今追昔，即景情生，是渭卿以山水之情生警悟之情，固無往而不用其情者也，名何爲哉！

題詠摩崖

盤古未闢之奇，頓生此景；名山不朽之業，斷屬此人。

萬斛泉

没世無稱名自空，
三生石上顯神通。
南陽老叟今何在，
山色蒼茫一望中。

南陽布衣鄧渭卿公傳

帥培寅

公諱文濱，字渭卿，蘄黄之名宿也。幼穎慧，讀書有神勇，於古今載籍，一經寓目，皆能甄差派系，探索本源。爲文萬言立就。年二十，與家伯文毅公同補博士弟子員。以優行，後晋增廣生。累應鄉試，爲南北主司所激賞，而辛亥、己未兩科文藝尤爲士林傳誦。及下第時，人皆爲扼腕。公轉欣然，謂："科名爲利禄階梯，余之志趣本不在是。今而後可以謝親族矣！"遂棄去，專究心經世之學。

時髮匪騷亂長江，梅土受害較鄰邑爲甚。公留心桑梓，不肯聽其崩潰，因採古之兵法，建議修砦，與公之介弟達甫等創築萬家堡於邑西北大山中，壘石爲城，誅茅爲室，以杜皖贛游匪之後。援例開工之日親與工人雜作，一時鄉民均爲感動，争運畚築，未及期而堡成。達公至以身殉，御史以聞，得恤如典禮，公雖嬰此鉅痛，仍復勇往直前，卒能竟其遺志，以國人勸可謂難矣！工竣後，地方生靈賴以全活者，爲數無藝，而官軍之得以搜討皖贛匪氛，與梅邑牧圉之得以綏靖者，議雖出自達公，然非公之始終將事，亦未必能濟其成也。及粤亂耆定，又懼生民凋瘵，不務實業，則地方元氣不能復，民俗自無由敦厚，乃爲《蠶桑輯要》以貽父老，并躬身率子弟以爲之倡。視今議郎政客日以民生主義揭橥口舌而爲權利是圖者，誠不可同年語也。

梅邑縣志自嘉道後，已無完本，洎兵燹而存者益稀，公以方志爲國史之蹄涔，治化之關鍵，遂勸邑令踵事賡修，己則助其編纂，文字雖簡於前，而體例實則較勝焉。現在世界棣通，土訓失職，吾邑士民猶能擅研志乘，稽考文獻者，要非公之幸劬不能得此。

又著有《醒睡録》數卷，皆警世之文，其中寓有褒貶，是秉春秋之意也。

公性抗直，篤於至行。生平喜游歷，舟車南北，所至必交其賢豪英俊。然遇有言行不能相顧者，輒當面揮斥，不稍假易。以故海内外聞公名者，靡不争相接納，思一見爲幸。公之德量服人有如此者。

若其墓地不以禍福，信就田野間未擇來龍去水突立石窟，中空一立方丈有餘，命之“生壙”，與尋常之高碑大塚全殊，後有人路過其旁，無不以此詫異，而謂某氏某人之墓所在。但墓石不爛，而其名亦不衰。彼世之狃迷信而以風水是重者，何不以此爲法效也。

晚歲以國事日非，遂杜門不聞理亂，潔其身，以垂訓於後世，而未肯求顯於一時。於四五老祖及南北山各寺觀之旁，均親拓勒石，大小數百字，與泰山石峪摩崖相仿。事畢後，就已成之堡内築一餘園，親率子弟讀書，日以著述自娱。暇則負耒秉經，與山中野老談古今名人軼事，聞者莫不聳然起敬。因鄧氏受姓係出之南陽，故以南陽布衣自號。有生同里巷不能舉公之名字，而公之名則無遠近皆能樂道，從可知矣。寅雖未親炙其門牆，而聞公之名、讀公之文，與得諸邑名宿之所稱道弗衰者，有不拳拳服膺而弗失之者乎？兹因其侄國棟、侄孫咸壽臚陳行狀，次第傳之，以備異日之續修通志爲採訪之一助焉。甲午科舉人、民政部主事、前穀城縣知事、邑後學帥培寅謹撰。

《醒睡録》小引

大達圖書供應社

南陽鄧文濱先生爲清末知名之士，豐於才而慳於遇，遂無意進取，以著作自娱。此《醒睡録》之所由作也。上自天地陰陽之和，中至世運否泰之交，下逮人物妍媸之象，旁及神鬼善惡之兆，凡可歌可泣足式足矜之事，莫不據事直書，有聞必録。名曰"醒睡"云者，蓋欲扶正抑邪，撥亂反治；誅奸回於既死，發潛德之幽光，使夢夢者知所驚覺耳。全書雖分十卷，而以序文、題詞、例言、總目等占一卷，實九卷也。又例言内祇分天地、世運、人物、鬼神四項，而本文内則多人事一項，殊與體例有乖，並爲更正。

作者生於清之末葉，字裏行間，頗多封建思想，而目洪楊爲逆，尤無民族觀念，然皆受時代與政體之影響，不足爲《醒睡録》本身病也。是書最足引人注意者，厥惟民間疾苦之描寫，與夫忠孝節義之闡揚，所謂寄勸懲於貞淫，寓褒貶於善惡也。讀"無顔見黄青天"，及"不怕死的鐵漢"兩則，如見其人，如聞其聲。而《挑雪辭》數百言，則尤繪聲繪色，一字一淚，儼然一幅鄭俠所繪《饑民流離圖》也。幸讀者毋以是書爲筆記小説之流，而等閑視之，則《醒睡録》之作爲不虚矣。

邢繡娘與鄧文濱非同時代人

眉　睫

根據周濯街先生《黄梅戲第一代宗師邢繡娘傳奇》一書編成電視劇的《黄梅戲宗師傳奇》，早已開拍，據聞2012年春節在央視播出。原著和媒體對該劇的情節是這樣描述的：

> 黄梅戲第一代宗師邢繡娘如何熱愛、傳唱黄梅戲，如何執著地將黄梅戲發揚光大的創業奮鬥和人生傳奇故事。爲了成就黄梅戲，貌若天仙的邢繡娘謝絶了號稱湖北第一才子鄧文濱的瘋狂追求，先是遵從"父母之命，媒妁之言"嫁給了一個很窩囊的男人，後來又嫁給了一個隱姓埋名的"戲子"。她一生情路坎坷，但始終都未能與自小就相知相愛的鄧文濱相守一生……鄧文濱爲湖北第一才子，不入仕途，祇愛寫戲，是一位傑出的黄梅戲編劇，他也可以稱得上是黄梅戲的另一位宗師，就是他把黄梅調變成了黄梅戲。觀衆們很熟悉的曲目《天仙配》的創始人就是鄧文濱。

其實，原著在劇情中犯了一個時間上的硬傷，即邢繡娘與鄧文濱並非同時代人。據史料記載，邢繡娘爲乾隆、嘉慶年間人（劇情也將邢繡娘定格於此時代），生於黄梅縣孔壟鎮邢大墩，具體生卒年一説爲1749—1818年。而鄧文濱生於嘉慶十五年（1811年），逝世於光緒年間。邢繡娘出身寒微，而鄧文濱出身於科舉世家，並著有《醒睡録》、《萬家堡事略》等書。前者生活於清朝中期，後者活躍於晚清。因此，"邢繡娘謝絶了號稱湖北第一才子鄧文濱的瘋狂追求"一事根本不可能發生。至於二人相互切磋，共同發展了黄梅戲，將黄梅戲從採茶小戲提升爲高臺大戲，更是子虛烏有。

而且，鄧文濱並非風流才子。鄧文濱作爲晚清黄梅名士，雖雅好文學，並與黄梅第一大文學世家喻氏家族多有往還，但鄧文濱更愛好地理、軍事、歷史、書法等，非一文弱、浮華的才子形象。要説黄梅的風流才子，筆者認爲也衹有嘉慶元年探花、浙江巡撫帥承瀛之孫帥遠燡（逸齋）最有可能。至於鄧文濱是否編寫過黄梅戲劇本，由於史料有限不得而知，但鄧文濱肯定知道道咸、同光年間，黄梅有許多類似於乾嘉年間逃水荒唱戲的事蹟。在鄧文濱所著《醒睡録》中，就記載了很多太平天國時期黄梅農民抗租、抗税、逃荒的史料，不少研究近代史的學者都予以徵引。

其實，與邢繡娘同一時期的著名黄梅文人很多，比如正當鼎盛時期的黄梅喻氏，彼時族中能爲詩文者不下數十人。其中，著名性靈派詩人、“光黄一大家”喻文鏊（1746—1816）與邢繡娘所處時代完全吻合，而且喻文鏊亦雅好黄梅戲，曾多次寫詩反映逃水荒唱戲的百姓生活。不知原著作者周濯街是不是有意避開喻氏家族呢？因爲喻氏名氣大、影響大，倘若堂而皇之地“張冠李戴”，非常容易被人指出，而鄧文濱名氣、影響相對較小，不易被讀者察覺。

筆者作此文，並非否定邢繡娘對黄梅戲的發展所作的貢獻，衹是認爲任何一種創作，應該有基本的史識，如果亂點鴛鴦譜，難免讓人懷疑作品在文學之外的意義。畢竟邢繡娘作爲乾隆皇帝御賜“黄梅名伶”稱號的黄梅戲奠基人，理當與嚴鳳英同輝，也應是黄梅戲發展史上名副其實的具有里程碑意義的傑出人物。

二〇一〇年作於武漢

布衣鴻儒鄧文濱

商宏志

受摯友眉睫先生推薦，前不久我在網上郵購了一本清末鄧文濱先生所著筆記體小説《醒睡録》(1935 年版)，該書以黄梅人事題材爲主，兼及世間萬象，分爲天地類、世運類、人事類、人物類、鬼神類，共計 470 餘篇，筆觸凝練，訓詞深厚，醒世情殷，如暮鼓晨鐘，發人深省。據説，這衹是初集，還有餘集二十卷、續集八十卷，“前後數十萬言，大而軍國重計，小而里巷瑣談，無不悉備”，一時廣爲傳閱。爲該書作序、題詞、題跋的都是名重一時的人物，如黄梅知縣覃瀚元，梅邑名人梅雨田、鄧宗衡、宛名昌、喻璨烈、洪聯芳、程應玉等。

正如清末黄梅進士帥培寅先生所云：“公（文濱）所著《醒睡録》數卷，皆警示之文，其中寓有褒貶，是秉《春秋》之意也。”筆者認爲，該書是黄梅地方古籍中最具史料價值的文學作品之一。

鄧文濱（1811—1893），字繡章，號雅人、渭卿①。因其祖先受姓於南陽，故又自號南陽布衣。爲晚清增貢生，蕲黄名宿，時有才子之稱。清嘉慶辛未年（1811 年）五月二十日出生於黄梅的一個科舉世家，先世定居於張林鎮鄧家老屋（今屬杉木鄉），其祖父鄧朋（1761—1835）考取歲貢候選訓導後，舉家遷至壠坪鎮打鼓嶺紫雲山（今屬苦竹鄉）。黄梅鄧氏自元代落籍於黄梅（遷梅始祖鄧冕，文學生），傳至文濱，歷經十五世，代入邑庠，其中八世祖鄧起鳳、祖父鄧朋、父親鄧士藻（1787—1851）爲歲貢生。黄梅鄧氏雖没有帥氏、喻氏、蔣氏影響大，但與上述望族均有較爲親密的姻親關係。家族的世代家學淵源，使文濱兄弟五人

① 此處作者依據的是鄧氏家譜，内容與前文有不同——眉睫注。

均學有所成。二弟文焕（1815—1879），同治元年（1862 年）壬戌恩科舉人，官授襄陽縣教諭；三弟文鑒，文學生，修堡禦賊時殉難，世襲雲騎尉，崇祀本邑鄉賢祠；四弟文模（1828—?），例貢生，進士吴文林孫婿；五弟文桓（1836—1881），例貢生。

鄧文濱自幼聰穎好學，“幼穎慧，讀書有神勇，於古今載籍，一經寓目，皆能甄差派系，探索本源。爲文萬言立就。”道光十三年（1833 年）與帥遠燡（1817—1857）同補博士弟子員，先後四次縣試名列前茅，晋爲增廣生員。“累應鄉試，爲南北主司所激賞”，“文藝尤爲士林傳誦”，然而命運不濟，“富於學，不得志”，歷經丁酉科（1837 年）、甲辰科（1844 年）鄉試未中，咸豐辛亥科（1851 年）始被批中，恰遇當年“九月初三日正考官卒於闈，副考官始遺之”。己未科（1859 年）參與北闈順天鄉試時，題名時再次以額滿見遺。時人爲之扼腕不已，然而鄧文濱卻泰然待之：“科名爲利禄階梯，余之志趣本不在是。今而後可以謝親族矣!”遂無意於仕途，曾短期任從七品的文職官員——詹事府主簿，不久亦挂冠而去，潛心研究經世之學。

鄧文濱生性曠達，篤於至行。生平喜游歷，“嘗游京師，歷西山，過齊魯，覽泰岱”，所到之處，必交賢豪。他嫉惡如仇，遇到不平之事，必當面斥責，耿直的性格，贏得了時人的普遍尊重，因而在百姓中有較高的威望。邑舉人洪聯芳在《醒睡録序》中，較爲形象地勾勒出了鄧文濱先生的個性特徵：“先生爲邑知名士，天才宿構，困諸生累年，值粤賊跳梁，鬱鬱適燕趙，戰北闈，不捷。遂絶意進取，留心著作，以維風教而翼綱常。芳耳其名最久，歲戊辰，始親光霽，每談事時，目如炬，聲如洪鐘，不作囁嚅態，洵所謂鐵中錚錚者。”

鄧文濱與帥遠燡、梅雨田、喻同模等相友善。筆者在柳林商子灣老家查閱宗譜時，看到保存完好的清末貢生商可仁手抄本中，就收録了鄧文濱在帥遠燡咸豐七年遇難後所寫的哀挽聯：“白簡奏彤廷，數千言字挾風霜，今日實踐躬行，所謂不負吾君不負吾學；縞衣濡碧血，一個臣身騎箕尾，後人讀書論世，如此可以教孝可以教忠。”

同治三年（1864年），太平軍至黄梅，百姓深受刀兵之害。鄧文濱“留心桑梓，不肯聽其崩潰”，建議採用古之兵法，壘石築城，與三弟文鑒（1821—1864）等在黄梅西北部創築萬家堡以禦賊，斷絶安徽、江西等地游寇的後路。開工之日，文濱親與百姓一起築工事，鄉民非常感動，築城的積極性大增，争運奮築，大大提前了工期。在守城與匪奮戰時，文鑒不幸殉難，時年四十三歲。御史得知後，親自主持予以厚葬，並請示朝廷追贈其世襲雲騎尉，崇祀忠義祠。三弟遇難後，文濱悲痛萬分，帶領百姓奮勇禦敵，終使衆賊退去，百姓轉危爲安，紛紛感其恩德。

太平軍進駐黄梅之時，梅雨田曾攜眷到鄧文濱所居的萬家堡避難，其有詩爲證：“古芳（即梅雨田）攜眷避亂處，渭卿（即鄧文濱）摩崖萬仞顛。清風明月聯知己，終古兩人互爲緣。”喻同模（清貢生，喻文鏊孫）所著的《一勺亭文抄》，其中有兩篇重點介紹了鄧文濱的事蹟，其中《萬家堡略》序曰：“咸豐初，賊竄黄梅，寸土蹂躪。鄧子渭卿與其兄弟居龍坪山中，出私山築堡，曰萬家堡，以號召一村一鄉，使各各爲其財穀妻孥守，而他鄉村之顧附者聽。於是一人之自爲守，而不啻爲一村一鄉守。即鄧氏兄弟之能爲一村一鄉守，而適所以自爲守。負隅乘勢，力雖弱而强也；死生相依，情雖涣而聚也。使賊進無可掠，退無可據，堅壁清野之法莫善於此。鄧子又繪圖刊説，爲文勸募，設同答譬曉若干言，籌豫備事宜十一條，聞警事宜八條，守禦事宜十二條，善後事宜四條，名曰《萬家堡略》。勒爲成書，深切著明，迥非談兵紙上。”

鄧文濱除了著述甚豐外，在書法領域也有較深的造詣。祇要到過五祖寺，人們都會情不自禁地到後院捨身崖下駐足觀賞“福”、“德”巨型石刻，大字約兩米見方，筆力偉岸、敦厚挺拔，蒼勁有力，就是出自鄧文濱之手。黄梅老祖噴雪崖、南山南烏崖、西山碧玉流、萬家堡火焰洞等處，共有他書寫的摩崖石刻大小百餘字，都體現出了鄧文濱較爲深厚的書法藝術功底。喻同模作有《書鄧渭卿題字刻石事》一文，對鄧文濱題字梅邑摩崖之事也進行了評述，文曰：“余嘗感於峴山之碑刻，竊歎古人之重夫名也，皆其深於情者也。……鄧子渭卿富於學，不得志於有司，遂以山水自放。嘗游京師，歷西山，過齊魯，覽泰岱。晚歸里門，悦紫雲、白蓮、碧玉諸名勝，流連信宿，不勝其情。於是題紫雲之噴雪岩曰‘龍德而隱’，題白蓮峰下曰‘福’，曰‘德’，題碧玉流畔曰‘泉’，皆就石壁爲擘窠大字，字五尺有奇，深寸許，命石工縋幽鑿險以成。”“讀《醒睡録》者，微言緒論，慨然想見渭卿之爲人；及游覽名山，則又往往與其芳蹤相值，雖未必如峴碑之墮淚，而撫今追昔，即景情生，是渭卿以山水之情生警悟之情，啓後人以景行之情，固無往而不用其情者，名何爲哉?”帥培寅《南陽布衣鄧渭卿公傳》亦有記載，“於四五老祖及南北山各寺觀之旁，均親拓勒石，大小數百字，與泰山石峪摩崖相仿”。興國州處士萬斛泉先生觀之摩崖，觸景生情，當即賦詩曰：“没世無稱名自空，三生石上顯神通。南陽老叟今何在，山色蒼茫一望中。”此詩文亦刻於萬家堡遺址。

光緒年間，鄧文濱於苦竹鄉萬家堡安享晚年，杜門不聞理亂，潔其身以垂訓於後世，親課子孫以讀，日以著述自娱，閑暇之時則與山民野老談論古今軼事。至今，鄧文濱著書處（餘園）、洗筆池（五福泉）遺址尚存。光緒二年（1876年），鄧文濱參與了《黄梅縣志》（丙子版）的纂修工作。光緒十五年（1889年），與同宗進士鄧宗衡、貢生鄧廷杞、長子鄧在中等人續修《鄧氏宗譜》，並欣然爲之作序。

淵博的學識，豐富的閱歷，使鄧文濱思如泉湧，一生留下了大量的詩文著述。據我所知，除了力作《醒睡録》外，鄧文濱主要還有《萬家堡略》二卷、《餘園古文》六卷、《南陽家言》一卷、《楹聯觸書》一卷、《示兒草》前後篇各兩卷、《蠶桑輯要》兩卷、《堅壁清野略》一卷、《平原堡基式》兩卷、《水守事宜》一卷、《粤逆槭聞》四卷等著作，或刊行，或傳抄，或待梓。

鄧文濱先後娶了兩位夫人，均先他而去。元配石氏（1809—1849），太學生朗軒公女，年長文濱兩歲，四十歲時去世，育有一子一女：長子在中（1838—?），例貢生；長女適太學生吴道傳長子。石氏去世後，文濱繼娶朱氏（1827—1886），文學生名華之妹，育有三子三女：次子厥謀

(1854—1871)，未婚，卒；三子國鈞（1862—?)，業儒，出嗣五弟文桓，舉人吴鐸孫婿；四子在申（1865—?)，太學生，宿松舉人徐曾之岳父；次女適文學生帥之楨，三女適文學生盧士彬，四女許陳。鄧文濱生前即爲自己在壠坪鎮下灣吕家大壟選好了墓址，兩位夫人之墓分葬其虚位兩側。

光緒十八年臘月二日晨，鄧文濱溘然長逝於萬家堡，享年八十二歲，在當時來説，算是比較高壽的了。